经典与解释(51)

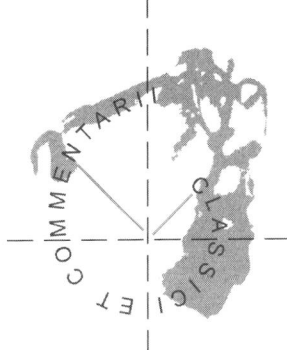

地缘政治学的历史片段

■古典文明研究工作坊 编
顾问/刘小枫 甘阳
主编/娄 林

华夏出版社

古典教育基金·"资龙"资助项目

目 录

论题　地缘政治学的历史片段（刘小枫 策划）

2　拉采尔之前的政治地理学及其最新发展 ……… 奥伯胡默尔

39　为了新世纪的瑞典 – 德国地缘政治学 ……………… 图南德

63　《地理与世界霸权》德译本导言 …………………… 豪斯霍弗

71　为德国"地缘政治学"申辩 ………………………… 豪斯霍弗

83　禁止外国势力干涉的国际法大空间秩序 …………… 施米特

158　豪斯霍弗与太平洋地缘政治 ………………………… 坦布斯

古典作品研究

182　《曼陀罗》中的卢克蕾佳 ………………………………… 赖特

思想史发微

212　日本江户时代知识人对朱子《家礼》思想的继受

……………………………………………………… 彭卫民

旧文新刊

236 美国与亚洲 ………………………………… 拉铁摩尔

评　论

270 评西塞罗新译两种 …………………………… 弗里德兰德
280 《以美为鉴》与中国问题 …………………… 贺晴川

（主编助理　柯常咏）

论题　地缘政治学的历史片段

拉采尔之前的政治地理学及其最新发展

奥伯胡默尔（Eugen Oberhummer） 撰

史敏岳 译

［中译编者按］本文为奥伯胡默尔为拉采尔的《政治地理学：或诸国家及其贸易和战争的地理学》（Friedrich Ratzel, *Politische Geographie or die Geographie der Staaten, des Verkehres und des Krieges*, München, 1923第三版）写的后记，此时拉采尔已经去世，第三版由奥伯胡默尔审读并有所增订。标题中的所谓"最新发展"，指拉采尔去世至1920年代初。

本文提供了政治地理学的发展简史，文献丰富，行文一贯到底。为便于阅读，本编者划分了小节，并加了小节标题，个别较长的自然段落也作了调整。

作为政治地理学的开创者，拉采尔使这门学科成为普通人类地理学（allgemeine Geographie des Menschen）的一个独立分支。他为这个着实已经声名狼藉的名字重新赢回了声誉,并为其注入了新的精神。实际上,此前的政治地理学很难算得上是一门科学,尤其上世纪([译按]指19世纪,下文同)最后几十年通行的地理学和政治学阐述,更是与科学相去甚远。如果要继续往前追根溯源,寻访对国家进行科学探讨的源头,就必须跨界进入政治学和国民经济学领域。拉采尔的主要功绩在于,他吸收了这些领域的成果,并赋予其地理学基础。更早理解和重视其著作的,也是政治学界,而非在熟悉新材料上迟疑不决的地理学家。

古代的地理学与政治

古代和中世纪没有我们今天意义上的政治地理学。希腊人的地理学,注意力或者偏向作为整体的地球及其在宇宙中的地位,从而为数理地理学奠定了基础,或者放在对地球的描述和地图的构建上。当时,人们已经比较深入地阐述了人类地理学的某些基石,如民族学、城市描述、边界、交通道路和贸易等,尤其是斯特拉波(Strabo),甚至包括托勒密(Ptolemäus)。在本质上,托勒密的地理学局限于确定地表上的每个地理对象的坐标,这让我们得以在古代世界的地图上抽离出政治边界。但国家本身几乎从不是古代地理学家考察的对象。确实,斯特拉波着重强调了地理学对君主的功用(1.1,18),[1]但他本人却偏偏拒绝了这种地理学,比如,在引自恺撒的关于高卢的导言(4,1)之后,他评论道:

---

[1] [译按]括号中的数字表示斯特拉波《地理学》中的篇目。

一切在自然状态和民族学上相区分的事物，地理学家都必须加以阐释，但对于掌权者与时治世、多次变更的事物，给出一个一般的轮廓足矣，至于具体描述，可留待他人。

所谓"他人"，显然指史家和哲人。相对于地理学家，史家与国家的关系自古就直接得多。希罗多德（Herodot）笔下的波斯帝国、古埃及和吕底亚王国，修昔底德（Thukydides）的希腊城邦世界，珀律比俄斯（Polybius）和李维（Livius）的罗马政权，这些在我们眼前何等生动！但探讨普遍的国家概念，则是哲人的领域。柏拉图以其关于国家的名作开启了一系列论著的先河，许多人认为这是柏拉图哲学创造的顶峰。但是，若忽略其文学和艺术价值不计，则柏拉图的理想国离真实太远，无法为我们的观察提供一个触手可及的基础。即便他最后未完成的著作《法义》（*Die Gesetze*），虽然更多地探讨现实状况，却也并无什么内容可为我们所用。

直到亚里士多德，我们才被引入对城邦世界的实际考察。他的《政治学》（*Politik*）没有柏拉图笔下的文采飞扬，却更加冷静客观，立足现实，讨论政治学的基本问题，但依然未能脱离希腊小邦分立（Kleinstaaterei）的狭窄视野。在亚里士多德的观察中，最重要的是从家庭到村镇、再到城邦的发展顺序，对于我们当今的观念而言，这当然不再完全适用。随后，他过渡到对前人的批判性分析，主要针对柏拉图，并演变到对不同国家形式的深入探讨，最后描述了"最好的国家"（bester Staat）。我们时代谈论得很多的"自给自足的封闭体制"（Autarkie），最先来自亚里士多德的定义，但并非在我们今天国民经济学的广泛意义上，而是在古代城邦经济的狭小框架内。

这种经济在城邦附属的农田中获取必要的食物和原料,通过城市手工业来满足其他简单的生活需要。① 亚里士多德还突出了气候对国家形成的影响。② 在一部浩大的汇编《政制》(Politien) 当中,他论述了许多城邦的政体,其中关于雅典城邦的著作于1890年重见天日,这对雅典政制史而言是无比珍贵的史料,但对我们的研究来说,意义不大。

在罗马文献中,西塞罗以残篇传世的《论共和国》(de republica) 给我们留下了和柏拉图、亚里士多德相对应的作品,但与希腊人相比,显然比较薄弱。和柏拉图一样,西塞罗晚年也留下一部未竟之作《论法律》(de legibus),作为续篇。其中的论述主要围绕最好的国家形式的问题。在地理学上最值得注意的是其中被称为《斯基皮奥之梦》(somnium Scipionis) 的残篇,但其内容的方向完全不同,讨论的是地球作为天体的位置。

在罗马晚期的文献中,需要指出的有民族大迁移之初的史家马克利努斯(Ammianus Marcelinus,330—391/400)及其大量民族志和政治-地理说明(如 Gallien XV,10-12),成书于公元400年前

---

① 亚里士多德,《政治学》(Pol. I. 2):"最终,由多个村镇构成的完美社会就是国家,这个共同体达到了自给自足的目标,因为生活而产生,也为了完美的生活而存在。" VII. 4 f.:"关于一个国家所允许的规模的边界,最好的定义是:在可维持自给自足生活、状况一目了然的前提下最大的人口数量……论其特征,每个人都会称赞一个最能自给自足的国家,若要如此,则国家必须能够供给一切产品。" 比较 Supan, *Pol. Geogr.* 2. A. S. 147 A。关于位置,参见上文 S. 293. A。[译按] 中译本见:亚里士多德,《政治学》,吴寿彭译,北京:商务印书馆,1983,页7及页356;或颜一、秦典华译,北京:中国人民大学出版社,2003。

② Pol. VII,7,见拙著 *Völkerpsychologie und Völkerkunde* (Wien, 1922),页25。

后被称为《百官志》（Notitiadignitatum）的罗马帝国国家手册（Staatshandbuch），六世纪希耶若克勒斯（Hierokles）和十世纪君士坦丁七世（Konstantin VII）的拜占庭帝国行省志，以及关于东方教会品秩等级的类似的概要（Notitiaeepiscopatuum）。君士坦丁七世有一部用于外交的外国地理手册，载于他论"国家行政"（Staatsverwaltung）的著作中，是外交部门的一本工具书。①

另外还有一部罗马人和外部民族之间相互遣使的记录汇编。② 特别有意思的是因弗莱塔格（Gustav Freitag）的《德意志的过往画卷》（Bilderaus der deutschen Vergangenheit）而流行的两则出使记录，其一出自普利斯库斯（Priskos），载其446年奉狄奥多西二世（Theodosius II）之命出使阿提拉宫廷一事；其二是梅南窦（Menander Protektor）关于569年查士丁尼二世（Justinus II）与新兴中亚强国突厥的可汗互派使节的记载。③

近代以来的"国家"观念

与古代哲人关于国家的论著相对应的基督教作品，是奥古斯丁的《上帝之城》（de civitatedei）。这本书对经院哲学产生了长久的影响，但就强烈程度而言，即便是在经院哲学内部，仍然不及亚里士

---

① Krumbacher, *Byz. Lit.*, 252ff.; Dieterich, *Byz. Quellen z. Länder – und Völkerk.* I, 页34，节选亦见该书 II, 49–76, 101以及下。

② *Excerpta de legationibus*, edd. Boissevain, de Boor etc., Berlin, 1903; Krumbacher, 258ff.

③ 译文见 Dieterich II, 14–20, 相关内容，参见 Oberhummer, *Die Türken und das Osman Reich*, 页26。

多德的作用；后者在大阿尔伯特（Albertus Magnus）和阿奎那（Thomas Qquin）卷帙浩繁的评注中达到了顶峰。

一个世纪之后，文艺复兴精神也为国家观念树立了新旗帜。西欧和中欧各文化语言共有的"国家"一词都源于拉丁文 status［状态、位置］，① 并非偶然。这个语词起初的含义是"存在"（Bestand）和（共同体的）"维系"（Erhaltung），其今义最先来自 15 世纪的意大利，取代了 civitas［城市］和 res publica［共和国］这些古老的名称。马基雅维里在《君主论》（*Principe*, 1514）第一章中说："一切国家（stati），不是共和国，就是君主国。"② 可见，那时人们对这个概念已经习以为常。在他笔下，甚至 ratio status［国家理性］也已经出现。在英法两国，③ estat 和 state［国家］二词按"国家"的含义来使用，已经是 16 世纪。

在德国，"等级"（Stand/Stände）的含义（如尼德兰的"国会"等）④ 仍占主导地位。18 世纪末，人们用 Staaten［诸邦］来指代一个国家经过特别组织的各个领域。⑤ 而瑞典开始使用该词，则更是晚至三十年战争时期。⑥ 同时，在很长一段时期内，传统的拉丁文名称也仍然通行，比如斯来丹（Johannes Sleidanus, 1506—1556）《论皇

---

① Cic. p. Sest. § 1 *pro statucivitatis*；p. Sulla § 63 *status rei publicae*.

② ［译按］中译本见：马基雅维里，《君主论》，潘汉典译，北京：商务印书馆，1986，页 3。

③ Shakespeare, *Hamlet* I, 4, *something is rotten in the state of Denmark*.

④ ［译按］原文 Generalstaaten，荷兰语为 Staten - Generaal，该词在历史上亦作"尼德兰七省共和国"（1581—1795）的代名词，因为该机构是共和国主权的所有者，Staten 一词今作"国会"解，原为"阶级"之义，故历史上也将尼德兰国会译作三级议会。

⑤ H. Rehm, *Allgemeine Staatslehre* (1907), p. 16 f.

⑥ Kjellén, *Der Staatals Lebensform* (Leipzig, 1917), p. 20, A.

帝查理五世治下之国家与宗教状况》（*Commentarii de statu religionis et rei publicae Carolo V Caesare*，斯特拉斯堡，1555），包括17世纪的孔灵（Conring）等（见下文）。① 博丹（Jean Bodin）也用《国是六书》（*De la République*，巴黎，1577）作为其政治经济学奠基之作的题目。国家学说的继续发展从格劳秀斯开始，受到笛卡尔、斯宾诺莎、莱布尼茨、休谟、康德的影响，要了解相关情况，必须参照专业文献。②

中古以来的地理学与政治

这种发展没有波及地理学。在文艺复兴时期，地理学的任务是把托勒密为古代完成的工作重新拾起。各种新发现必须经过地图学上的修订，从而统一于人们对地表的一种新印象，其中并未给强调政治状况留下什么空间。但通过绘入分界线、徽章和零星的传说，政治学还是得到了相应的重视。此外，对异文化世界中组织程度更高的国家建构形态的认识，越来越多地为在个例中阐释政治地理学提供了契机。实际上，十字军东征与伊斯兰教各国密切接触，早已创造了类似的机会，更不必说去蒙古统治者宫廷所在地哈拉和林（Karakorum）的旅行了。在这些旅行当中，鲁不鲁乞（Wilhelm Rubruk）的经典描述（1253—1255）

---

① ［译按］Hermann Conring（1606—1681）被认为是德国法制史学科的开创者。

② Rich. Schmidt, *Allgemeine Staatslehre* I, p. 58 f, p. 74 f。关于更早时代的情况，参见 Friedr. Wilh. Schubert, *Handbuch d. allgem. Staatskunde von Europa*（7卷，Königsberg 1835—1848，未完成）I 48–76.

尤为突出。①

后来，马可波罗基于自身的世界观，第一次描写了中国，并根据调查了解，带回了关于岛国日本的消息。② 以利玛窦（Matteo Ricci, 1582—1610）为先驱，③ 耶稣会士深化了对这个东亚大帝国的认识，到卫匡国（Martino Martini）绘制宏图《中国新图志》（Atlas Sinensis, 阿姆斯特丹，1655）并把政治结构细分到省的级别，这一认识过程大致结束。德国医生坎普弗（Engelbert Kämpfer）在日本（1690—1692）奠定了他死后出版的主要著作的基础，④ 成为西博尔德（Philipp Franz Balthasar von Siebold, 1796—1866）之前的权威之作。而荷兰人达佩（O. Dapper, 1636—1689）在其编纂的《亚洲》（Asia, 阿姆斯特丹，1672）中，色彩丰富地描述了当时正处于鼎盛时期的印度莫卧儿帝国。

1145 年，弗莱辛的奥托（Otto von Freising）首先传播了一个观念，认为亚洲存在一个基督教帝国，受传说中的祭司王约翰统治。从 13 世纪开始，这个观念转移为非洲阿比西尼亚的基督教帝国。方济各派的修士们试图将联系引向那里，葡萄牙使者和将领为此找到了道路，如 1487—1527 年的科维良（Pero de Covilhão）⑤ 和 1541/42 年的达伽马（Christoph da Gama，那位伟大的发现者之子），而耶稣

---

① 文本见 Recueil de Voy. et de Mém. IV, Paris 1839，注释见 F. M. Schmidt，载 Zeitschr. Ges. Erdk., 1885，及 Rockhill（带译文），载 Hakluyt Soc., II, 4 (1900)。A. Batton, Wilh. v. Rubruk, Münster 1921。

② 最佳修订版见 H. Yule, The Book of Ser Marco Polo, London 1871, 3. A. v. H. Cordier, 1903。

③ Opere Storichedel P. Matteo Ricci, S. J.; Macerata 1911 ff.

④ History of Japan, London, 1726. Histoire du Japon, A la Haye, 1729. Geschichte und Beschreibung von Japan, Lemgo, 1777.

⑤ ［译按］原文如此，一般写作 Pêro da Covilhã。

会士一如既往，热心勤奋地维系着这些关系。①

西班牙人侵入美洲内陆高原，让他们开始了解那些在欧洲的想象范围里比非洲和亚洲各王国还要陌生的国家构建方式。在关于阿兹特克帝国的记载中，科尔特斯（Ferdinand Cortez）②写给查理五世的四篇叙述富有远见卓识，内容丰富，尤为突出。印加帝国的相关史料最近使萨尔米恩托（Pedro Sarmiento de Gamboa, 1532—1592）受到了更多关注。③如果再加入赫尔博斯坦（Herberstein）1549年关于俄国的名作，以及1553—1562年间布斯贝克（Busbeek）和同行的邓施瓦姆（Dernschwam）④两位使

---

① Mig. de Castanhoso 记载了达伽马英勇的远征和阿比西尼亚的独特状况。这些材料于1898年被里斯本的地理学会再版，英文修订版由 R. S. Whiteway 发表于哈克路特学会 II, 10（1902）并附 Bermudez 的报道，德文见 E. Littmann, *Die Heldentaten des Dom Christoph da Gama*, Berlin, 1907, 见 Pet. Mitt. 1908, Lb. N. 461/2。阿拉伯人 Fakih Schahabed-din 记录了当时威胁阿比西尼亚帝国的索马里王侯 Moh. Granj 的事迹，1898 年由 A. d'Abbadie、H. Paulitschke、Futuh al Habascha 在巴黎出版。参见 Kurt Krause, *Die Portugiesen in Abessinien*, Dresden, 1912。耶稣会士的报道今收在 *Rerum Aetiopicar. script. occident. ined. cur. C. Beccari*, 卷 I-XIV, Rom 1903-1914。

② ［译按］即埃尔南·科尔特斯（Hernán Cortés），西文有时亦称 Hernando 或 Fernando，中译较少用。

③ Wilh. Meyer, *Die Geschichte des Inkareiches von Pedro Sarmiento de Gamboa. Nachr. k. Gesl. d. Wiss. Göttingen*, 1893, Nr. 1。R. Pietschmann, *Geschichte des Inkareiches*（标题相同，收录了文本和一篇详细的导言）。Abhdl. d. Ges. d. W. Göttingen, N. F. VI, 4 (1906)。H. Steffen, *Anotaciones a la "HistoriaIndica" del Pedro Sarmiento de Gamboa*, Santigago de Chile, 1912（*Anales de la Univ.*, 卷129）。

④ A. G. vanBusbeek 的 "ItineraConstantinopolitanum etAmasianum" 首先于1581年在安特卫普出版，此后多次再版和翻译。此处相关，参见 G. Hirschfeld, *Ausdem Orient*, Berlin, 1897。R. Oberhummer 和 H. Zimmerer, *Durch Syrien und Kleinasien* 页8及以下，A. Viertel, *Busbeeks Erlebnisse in der Türkei*, Göttingen, 1902。当今关于邓施瓦姆的收官之作，当属 F. Babinger 的 *Hans Dernschwams Tagebuch usw.*, München, 1923。*Stud. z. Fugger-Geschichte*, herausgegeben von J. Strieder, 7. Heft。

者的游记，我们就进入了政治出使录的领域。

在中世纪末期的威尼斯，这种文体已经高度完善。1320年前后，老萨努多（Marino Sanudo，约1260—1338）就已在其实录《认信十字会之秘》(*Secreta fidelium crucis*)① 中陈说了东方各国的政治和经济状况，并阐述了对埃及的马穆鲁克帝国（Mameluckenreich）进行贸易封锁的计划。在当时的威尼斯，人们已经开始令使者在完成使命之后撰写实录，描述其在欧洲不同国家的活动和观察。这些实录保存了大量的政治-地理材料，最初属于国家机密，时人无从得见。其中一大部分，被小萨努多（Sanudo der Jüngere，1466—1536）收录在他1496—1533年间的《日记》(*Diarii*) 中，直到最近才印出，可供参考。②

兰克（L. von Ranke）最先在撰写教宗史时利用了这些史料，此后，这批材料在史家之中日益受到重视。③ 威尼斯可能是第一个有计划地搜集其海外领土数据的国家。这些资料为后世学者所用，如帕尔驰（Joseph Partsch，1851—1925）④ 关于伊奥尼亚群岛的专著，拉特里（Louis de Mas Latrie，1815—1897）⑤ 和我本人对塞浦路斯的论述。

---

① 录于"GestaDei per Francos"，II, Hannover, 1611. 比较 Kunstmann, *Abh. Bayer. Ak. d. W.*, II. Kl., VII, 3 (1855); Peschel, *Gesch. d. Erdkunde*, 2. A., S. 209f.; ders., *Abhandl.* I, S. 125ff. 以前托为萨努多所制的地图，现在认为系热内瓦人维斯康提（Pietro Vesconte）所作，见 Kretschmer, *Marino Sanuto*, 载 *Zeitschr. Ges. Erdk.*, 1891。

② 58. Bde. Venedig, 1879–1903.

③ 详见 Gustav Wolf, *Einführung in das Studium der neueren Geschichte*, §73–75。

④ ［译按］德国地理学家，19至20世纪最重要的地理学家之一，研究重点为以地理和古文字学方法考察希腊及希腊各群岛。

⑤ ［译按］法国史学家，研究重点为中世纪的塞浦路斯。

近代以来的世界地图集

如前所述，同时代的文献未能从这些尘封在档案馆里的宝藏当中获得任何益处。16世纪的世界地图集（Kosmographie），如1534年弗兰克（Sebastian Franck）的世界地图，和后来多次发行的1544年明斯特（Sebastian Münster）的世界地图集，是各种奇异现象的集合，其中绝大多数是史料，但也含有政治和统计的内容，特别是明斯特的后来各版，可视为政治-地理论述的开端。① 即使在19世纪后半叶，我们在风格较古的地理手册当中也依然能够感觉到这类论述的影响（如H. A. Daniel② 等）。

就我所见，1570年首次出版《寰球概观》（*Theatrum orbis terrarum*）的奥特柳斯（Ortelius），③ 是第一个把政治分色（politische Flächenkolorit）引入制图学的人。在18世纪赫曼（Homann）、苏伊特（Seutter）、洛特尔（Lotter）等人的地图册中，这一创举完全主宰了制图学的表达方法。尽管其他制图技术有了很高的发展，但时至今日，这种简陋而麻烦的表示方法仍在政治概要地图中应用，大多在英国和美国。比如美利坚合众国，包括各州及其郡县的政治地图，色彩斑驳，被私人作坊大量传播。17世纪荷兰的布劳（Blaeu）

---

① 比较 Hantzsch, *Sebastian Münster*, Leipzig, 1898, S. 54, 67f。

② ［译按］Hermann Adalbert Daniel（1812—1871），德国地理学作家，著有《地理手册》（*Handbuch der Geographie*）。

③ ［译按］奥特柳斯（Abraham Ortelius, 1527—1598），佛兰芒地图学家、地理学家，其《寰宇概观》是世界上第一本地图册。后文的赫曼（Johann Baptist Homann）、苏伊特（Matthäus Seuter）、洛特尔（Tobias Conrad Lotter）均为17世纪德国地图学家。

和杨森（Jansson）①等人绘制大地图册，从一开始就偏爱运用边界分色（Grenzkolorit）的工艺，更节制，更悦目，而且同样能达到目的。经过一百年，施蒂勒（Stieler）的地图册使这种工艺适应了素描及版画的一切进步。要论表现方法的专门化，精细到最小政治领地的刻画，没有任何现代地图册能够与伟大的荷兰先驱比肩，甚至连赫曼及其同时代人都比不上。这些人是政治地理学在地图绘制领域具有永恒价值的纪念碑。

近代国是文献中的地理学

在很长一段时间，文献中专为政治地理学而作的论述散见于各处。尚维诺（Franc. Sansovino）的《国家制度志》（*Del Governo*，威尼斯 1578）极不平衡地描写了欧洲各国的机构和体制，包括古代国家。以前，对这部作品的评价大多言过其实。论重要性，伯特罗（Giov. Botero，1533—1617）那些早已被遗忘的著作远远超过了该书：1596 年于威尼斯出版的《国家理性》（*Della Ragione di Stato*，驳马基雅维里）；1597 年在米兰问世的《城市伟大的原因》（*Cause della Grandezza delle Città*）；1591—1595 年在罗马刊印的《普遍关系》（*Delle Relationi Universali*）一到三部，其中第四部分于 1596 年在威尼斯出版。佩什尔（Peschel）②关于尚维诺的言论，用在伯特罗身上更有道理：

---

① ［译按］布劳（Joan Blaeu，1596—1673）、杨森（Jan Jansson，1588—1664）为 17 世纪荷兰地图学家，后文的施蒂勒（Adolf Stieler，1775—1836）是 18 世纪德国地图学家。

② *Gesch. d. Erdk.*，2. A.，S. 447.

最先按照威尼斯大使的精神,描述外国的政治状况和市民状态,这无疑应属意大利地理学家的功绩。他们还记录了城市和农村人口的第一批数据。

马纳吉(A. Magnaghi)① 的贡献在于深入探讨了伯特罗主要著作的意义,和它与其先导和后继者之间的关系。据此,不仅其国人马吉尼(A. Magini)② 和洛萨吉欧(G. Rossacio)③ 深受其影响,而且达维提(Davity)④ 的伟大作品也与之有高度联系。在那个时代的史家中,需要提到的是图阿努斯(J. A. de Thou/Thuanus),他的《我的时代史》(*Historai mei temporis*, 1547—1607)覆盖面广,包含异常丰富和精彩的地理评论,也指出了法兰西民族的帝国主义特征。在1552年起从帝国手中夺取洛林的过程中,在对德意志的斯特拉斯堡和

---

① *Le "Relazioni Universali" di Giovanni Botero e le Origini della Statistica e dell' Antropogeografia*, Torino, 1906.
② *Geographia universalis*, 1596 和 1597 年分别在威尼斯和科隆出版,是对托勒密著作的扩展。马吉尼的主要贡献并非该书,而是其意大利地图。相关的大型出版物为 R. Almagià 的 L'"*Italia*" *di G. A. Magini*, Napoli 1922。
③ *Geografia Universalie*, 1598 年出版于威尼斯。相关信息参见 Magnaghi S. 130ff。
④ Pierre Davity (d'Avity),蒙特马丁领主(Sieur de Montmartin),1573—1635,将其作品 *Les Estats*, *Empires*, *Royaumes et Principautez du Monde* 编码为 D. T. V. V. ,1614 年首先在奥梅尔(Omer)出版,1625 年和 1628 年分别在巴黎、鲁昂出版。达维提去世后,该书以 *Le Monde* 为书名,被不同出版商多次扩充,最终由 Rocolles 扩为六卷,于 1660 年和 1665 年分别在巴黎和日内瓦出版。拉丁文修订版"*Archontologia cosmica - op. J. L. Gothofredi*"附 Merian 的铜版画,于 1629 和 1649 年在法兰克福出版,附铜版画的德文版也于 1646 和 1695 年在同一地点出版。比较 *Allg. Enzykl.* , I, 23, S. 228;Schubert I, 57;Peschel S. 448;Magnaghi S. 42, 113ff。A. Gilbert, *Pierre Davity*, *His Geography and Its Use by Milton. The Geogr. Review* VII, New York, 1919, S. 322 - 37。

莱茵河边界表现出明显的占领意图时，这种帝国主义特征都在发挥着作用，从路易十四到拿破仑，一直持续威胁着欧洲文化的当下。[1]

埃尔策维尔家族（Elzevirschen）印刷的小巧的《共和国》（*Respublicae Elzevirianae*）丛书（莱顿，1625—1640）含有某些在当时看来非常珍贵的国家说明，但丛书并不统一，缺少一种共同的规划。[2] 相反，博学的孔灵[3]却在1666年凭借其《公共事务研究》（*Examen rerum publicarum*）成了现代统计学的先驱。一般认为，这门学科的创始人是阿琛瓦尔（G. Achenwall）[4]和聚斯米尔希（J. P. Süßmilch），[5]但其开端却可追溯到更早的时候。统计学本身经过加特尔（Gatterer, 1773）和施略策尔（Schloezer, 1804），一直发展到今天。[6] 在此，我们不想追寻这个过程，只关注统计学对政治地理学的影响。

政治地理学的兴起

"政治地理学"这个名称最先出现在何处，似乎至今尚未确证。

---

[1] 比较 E. Schönfeld, *Das geographische Bild Frankreichs in den Werken de Thous.* Mitteil. Ges. f. Erdk. Leipzig 1914；S. 184ff。法国北部和东部边界。

[2] 书籍目录见 *Allg. Encykl.* I, 33, S. 480f., 亦见 G. Frick, *Die Elzevirschen Republiken.* Hallesche Abhandl. z. neuer. Geschichte 30 (1892)。

[3] 关于孔灵，见 *Allgem. Enzykl.* I, 19, S. 107ff.；Bresslaui. d. Allgem. D. Biograph. IV；Magnaghi S. 44 ff., 135ff。其著作共7卷，1730年于布伦瑞克出版，其中《考察》（*Examen*）在第四卷，篇幅与之差不多宏大的 *Opus de finibus Imperii Germanici* 在第一卷。

[4] *Abriß der neuesten Staatswissenschaft der europäischen Reiche*, Göttingen, 1749, 7. A. 1798.

[5] *Göttliche Veränderungen des menschlichen Geschlechtes.* Belrin, 1742, 5. A. 1790.

[6] *Literarische Nachweise bei* S. Günther, Gesch. d. Erdk. S. 229，亦见 Meyer 的《百科全书》"统计学"条目。

据瓦格纳（H. Wagner）《地理学教科书》（*Lehrbuch der Geographie*）第13章的说法，这个概念最先见于桑松（G. Sonson）的《地理学导论》（*Introd. à la Géogr.*，巴黎，1684）。该书把地理学分为三种，"天文地理学、自然地理学和历史地理学"（Géographie astronomique, naturelle, historique）。历史地理学逐渐被"政治地理学"（politische Geographie）或文明地理学（*geographia civilis*）的说法取代。但这个概念最先被用在何处，至今不明。1757年，在其《自然地理学讲义》（*Vorlesungenüber physische Geographie*①）第五章中，康德区分了数理地理学、道德（民族）地理学、政治地理学、商业地理学和神学（宗教）地理学五种概念，并强调了自然地理学作为政治地理学基础的必要性。

加特尔在其《地理学概要》（*Abriß der Geographie*，哥廷根，1775）和《地理学的简要概念》（*KurzerBegriff der Geographie*，哥廷根，1789）中强烈关注自然地理学，也做出了贡献，但正如瓦格纳第13章中所说，加特尔的尝试失之肤浅。他在目录中写入了"国家学"的计划，但却没有执行。② 其作品当中没有出现政治地理学的名称，甚至在这门学科早先的主要著作，毕兴（Anton Friedrich Büsching）的《地理新描述》③（*Neuen Erdbeschreibung*）当中，也没

---

① 1802年，林克（Rink）根据康德的笔记扩充出版。我使用基希曼（Kirchmann）"哲学丛书"（Phils. Bibl.）第77卷版本。1757年夏，康德首次讲授自然地理学。也许他当时就已阐明了上述观念。"政治地理学"一词在他似乎也是一个接受过来的名称；至于在何处，我目前无法说明。

② 比较 Wisotzki, *Zeitströmungen in der Geographie* S. 201f。

③ 关于毕兴，比较 *Allgem. Enzykl.* I, 13, S. 385 – 389。Löwenberg 在 *Allgem. D. Biogr.* III 中撰写的简短条目，部分内容源于此处。Schubert, *Staatsk. v. Eur.* I, 24f., 66；Peschel S. 803ff。

有出现这个名词。自从 1754 年这部巨作的前几部分在汉堡出版以来,很快出现了大量版次和翻译,包括翻印(特罗保,1784ff.)。这些书确实迎合了某种需求,因为到那时为止,从未有著作系统地处理过如此丰富的统计材料。

他(毕兴)第一个敢于介绍某些国家的详细状况,而此前,人们一直把这些信息当作国家机密,谨慎地隐藏起来。

毕兴的描述按照国家边界划分结构,这种方法为地理学手册处理各国地志(Länderkunde)提供了方向性指导,一直持续到上世纪后半叶。由此,在很长一段时间里,毕兴无疑阻断了关注地表自然状况的各国地理学的道路。当时的政治状况错综复杂,比如古老的德意志帝国的局势。作为反映政治状况的史料,即使时至今日,这部在毕兴死后由他人继续编纂但从未完成的著作仍旧非常珍贵,不应受到轻视。而今人却往往站在方法先进的各国地理学的立场上,对其表示鄙夷。①

洪堡和李特尔的贡献

洪堡(Alex. v. Humboldt)在其《关于新西班牙王国的政治论文》(*Essai politique sur le Royaume de la Nouvelle Espagne*)一书中,展示了如何完善这门学科。这部政治地理学杰作虽饱受赞誉,却少有

---

① 1754—1992 年,毕兴本人所撰为欧洲部分(I - V)和亚洲开头部分(XI, 1)。后来的出版情况:1802—1807 年间 Sprengel 和 Wahl 所撰亚洲部分(XI, 2 - 4),1799 年 Hartmann 所撰非洲部分(XII, 1),1800—1803 年 Ebeling 的美洲部分(XIII, 1 - 6)。

人阅读。① 在处理统计材料方面，该书和毕兴及其后继者之间的区别在于，构成该书基础并贯穿始终的是真正的地理观察。佩什尔在给这部著作定性的时候写道：

> 洪堡关于新西班牙和古巴的著作，带来了国家描述方式的一些新类型，此后即成典范。我们甚至可以宣称，正是凭着这些作品，地理学才得以在级别和声誉上与那些更早成熟的科学比肩而立。②

这位著名的思想家在撰写关于新西班牙的作品之时，还未预知，他描述地球空间的方式必将成为一切地理学家的任务。通过他论著的标题，洪堡告诉我们，他当时仍把自己论述的内容归为政治学。而他对材料的处理则表明，要更好地描述各国家，就必须掌握完备周密的国民经济知识。

严谨克制与这部作品类似，但却不那么著名的是《古巴岛政治论文》（*Essai politique sur l'île de Cuba*）。③ 洪堡的朋友阿拉戈（Ara-

---

① 原版是 1811 年在巴黎出版的两卷四开本，同时出版的还有 Friedrich Friesen 参与编辑的 *Atlas géogr. et phys. de la Nouv. Esp.*。内容概览载于 Bruhns, *Humboldt* II, 510ff。缩减版后印的一个德语译本（译者不详）见 A. v. Humboldt, *Gesamm. Werke* 9/10 (Stuttgart, Cotta, o. J.)。原文中地文学的导言见 Krümmel, *Klass. d. Geogr.* I, 58–83。关于洪堡在墨西哥的作品，今见 E. Wittich 等, "Festschr. z. Enthüll. d. v. Kais. Wilh. II. gest. Humboldt–Denkmals", Mex. 1910, 亦见 Oberhummer *Reseña*, XVII. Congr. American. Mex. 1912, S. 329 ff., Ann. Géogr. XX, S. 65ff.

② Bruhns, *Humboldt* III, 200–209.

③ 先作为 1825 年 *Relation historique* 的第三卷出版，后于 1826 年在巴黎独立出版。节选见 Krümmel II, 27–47。德译文见 Therese Huber 出版但未获成功的 *Reise in die Äquinoktialgegenden*, Stuttgart, 1815–1832, Teil VI, 1, 亦见 *Gesamm. Werke* Bd. 12, 相反, H. Hauff 于 1859/60 年所译的 *Reise* 一书，虽然流行，但未载洪堡此文。关于书目，比较 Bruhns II, 514–518.

go)在谈及《考据性考察》(*Examen critique*)时恰如其分地指出了洪堡作品的外部缺陷。① 这种不足也表现在《古巴岛政治论文》中，体现在导向性概要和索引的缺失，但这完全无损该文的内在价值。不过，它作为地理描述典范的影响，并不像佩什尔认为的那么大；我们很少从此后一段时间的文献中感受到这种影响。在时人看来，洪堡完全不是一位地理学家，而是一个自然研究者，他的《考据性考察》和《新西班牙》也被视为向历史和政治学领域的偏离。当时世界瞩目的地理学家是李特尔（Karl Ritter）；在佩什尔为这门学科指出新路之前，李特尔的《地球志》(*Erdkunde*) 被认为是地理学阐述的最高目标。

如果我们自问李特尔如何看待政治地理学，那么乍看之下，结果几乎完全是负面的。在其青年时期所作的《欧洲，一幅地理历史的静态油画》(*Europa, eingeographisch – historisch – statisches Gemälde*, 法兰克福，1804/07）中，李特尔和毕兴、加特尔一样，遵循着根据国家进行政治划分的方式，论述之中也没有导言，直接从俄国开始；甚至将"丹麦帝国"（丹麦连同挪威和冰岛）合为一个单位。而他后来在柏林大学所授的课程《欧洲》(*Europa*)，材料的划分却与此形成极为鲜明的反差。当时，这门课大获成功，他去世之后，讲义由丹尼尔（Daniel）出版（柏林，1863），其富有启发性的阐释惠及后世长达数十年。无论在这里，还是在大作《地理学》当中，我们都看到一种努力，试图根据自然区域来划分地球表面，从而完全摒

---

① "洪堡，你不懂如何写书；你写起来没有完结；但这不是书，而是一幅没有边框的画。"De la Roquette, *Corresp. inéd.* I, 35。《考据性考察》的初版是一部巨大的对开本，没有任何结构、内容概览和索引；Ideler 的德文版才附上了索引。

弃以国家为参照的定界方式。

  对地理学，李特尔只能描述，而无法在今天的意义上做到地貌学上的把握，但李特尔地理学的贡献恰在于强调地理学的自然基础，对一切时代和文献中可得的材料，严格地追本溯源，详尽地吸收修订。他的学说完全排除了一般意义上的邦国志（Staatenkunde）。但在大量有关历史和民族的说明当中，《地理学》似乎包含了该学科向政治地理学发展的足够基石，而国家本身没有出现在书中的任何地方，即使有所涉及，比如在关于印度的几卷（第5、6部分）中，国家也只是论述的框架，而不是对象。非洲卷（第1部分）里并未出现特殊的巴巴里海岸诸邦（Barbareskenstaaten）。而以往详细探讨的埃及，若作为政权单位，在书中也无处可寻。李特尔青年时期的作品《欧洲》关注较多的统计学，在《地理学》里完全受到了冷落。①

  尽管同时代人对李特尔的论述推崇备至，却没人模仿他的作品。以库尔提乌斯（E. Curtius）《伯罗奔半岛》（*Peloponnesos*，1851/2）为代表的少数特例，虽对历史地理学有价值，但就政治地理学而言，几乎没有受到关注。试图总括当时地理知识的诸多手册和教材，则毫不因洪堡和李特尔而动摇，仍然固守自毕兴以来就被引入的按照国家来划分材料的方法，却不从地理上把握这些国家的本质。国家及其行政划分往往延伸到最小的行政区，再加上无法回避的面积和人口数据，只构成了外部框架。一切知识价值都在这个框架内合为一体，细化到宪法和行政机构的细节，徽章、建筑、纪念碑和名胜的描述等。住所的分类和描写并不按照其地理位置，而是根据其所

---

① Bruno Schulze, *Char. und Entwickl. d. Länderk. K Ritters*, Diss., Halle, 1902, S. 59, A. 1：“排除统计学，绝对是李特尔地理学的一个缺陷。”

归属的行政单位，一一列举。对自然地理学的探讨也过于贫乏，流于外部，大多仅限于对山脉、平原、河流、湖泊等地形的枚举。

占大多数的邦国志材料压倒了自然地理学研究，以至于在把地理学分为数理、自然和政治地理学的普遍三分法当中，政治地理学囊括了今天被我们称为各国地理学的一切内容，而前两个概念则对应后来的"普通地理学"。范围上受限的学校教科书，包括课程本身，被设计成陈旧的条条框框和干巴巴的名词汇编，使学校地理学成了没有思想性的记忆训练和教学科目中的灰姑娘。

世界地理学的兴起

相反，内容丰富的手册至少在某些段落里提供了值得一读的材料，但罕有科学性质的论述。上世纪初，在这些地理手册当中，首屈一指的是马尔特布戎（Maltebrun，本名 MaltheBrunn，丹麦人）的《普遍地理学详解》(*Précis de la géographi euniverselle*，八卷，巴黎，1810—1829)；在书中，统计学材料被精简在插入的表格里。

在自毕兴以来的德国地理手册类型当中，加斯帕里（Gaspari）、哈瑟尔（Hassel）、卡纳比希（Cannabich）、古茨穆茨（GutsMuths[①]）和乌克特（Ukert）等人编纂的 23 卷本《最新地理描述全书》(*Vollständiges Handbuch der neuesten Erdbeschreibung*) 可谓典范，1819—1832 年在魏玛出版。在该书的第一卷第 393–463 页，我们发现了一种一般性的政治地理学（包括交通和经济），第 395 页还有其定义：

---

① 这是这位著名教育家名字的正确写法，他是李特尔的老师，见 *Allg. Enc.* I, 98, S. 299f。他和 Jul. Fröbel 一起探讨了南美洲各国的状况。

政治地理学的研究对象是人类在大的政治体（großepolitische Gesellschaften）当中的分布，这种政治体被称为国家。这门学科的延伸范围也只到国家所及之处为止。没有国家的地方，也就没有政治地理学。

站在史家和政治家的立场，舒伯特（F. W. Schubert）为他所称的欧洲的"政治学"（Staatskunde, 1835—1848, ob. S. 600 A. 3）写下了导言和参考书目，这些内容在今天看来依然珍贵；他还考虑了政治学的地理学基础，当然还非常不充分。在地理学手册的作者当中，尤其要突出罗恩（Albrecht von Roon），他是后来著名普鲁士军队的组织者。其师李特尔促使他撰写了《地理学、民族学和国家学的基本特征》（*Grundzüge der Erd - Völker - und Staatenkunde*，柏林，1832，第二版扩充明显，出版于1837—1840）。这部作品的第三部分，也是最宏大的部分，被冠以"政治地理学"的标题。李特尔在为该书所撰前言的末尾处写道：

> 整体来看，《基本特征》一书的第三部分可看作一种尝试，要从一个更高的立足点出发，理解政治地理学，并科学地把它与自然地理学联系起来。

从中可以比较清晰地看出，李特尔自认为不知道一般意义上的政治地理学；我也想不起来他本人在著作中使用过这个名称。他在这里谈到的一种更高的理解，大概是指书中已经包含了普通人类地理学[①]基本特征的一般性内容。作者怀着特殊的热爱而写出的民族学

---

① 我很惊讶地在 Kämtz 撰写的、以往非常注重数学的条目"地球"当中，找到了人类地理学（Anthropogeographie）这个名称，见 *Allg. Encykl.* I, 36 (1842), S. 273。至于该词是否在拉采尔之前就已出现，我并不知道。

部分，成了佩什尔著名的民族学（1874）的基础。在"论社会和国家"一章，我们也能找到普通政治地理学的一些征兆。相反，其专题部分和当时其他手册一样，受到同一些非地理学的附属物（如币制表等）的消极影响。

克略登（G. A. von Kloeden）也觉察到了这一点。他撰写的地理学手册（三卷本，柏林，1859—1862）因其材料的丰富性而大受欢迎，但其专题部分却往往可读性很差。他在关于"政治地理学"（"各国地理学"）的导言中写道：

> 政治地理学由自然地理学和统计学当中互相连接的各部分构成。

实际上，这些部分并没有相互融合，而是外在并立。丹尼尔的地理手册（三卷本，1859—1861）和施泰因（Chr. G. D. Stein）早在1808/9年就编定的《地理学和统计学手册》三卷，也具有同样的特征。其中，丹尼尔的这本书流传甚广，除了难以下咽的公式化概要，充满了对祖国的热忱和情感洋溢的描述。这两本书的早期版本也指出，政治地理学是普通地理学在各个国家上的应用，提出了关于这门学科的著名的三分法和定义。后来的版本在赫尔舍尔曼（Hörschelmann）以及瓦佩乌斯（Wappäus，第7版共12卷，1849—1871）的领导下经过了明显的扩充，但因为编写的任务分配给了不同的人，而且出版过程漫长，这一版本最后变得很不统一。关于欧洲的几卷主要是统计-地形上的材料，可以说更适合当作工具书来查阅，而不适合阅读。最珍贵和最丰富的是瓦佩乌斯自己修订的关于美洲的几卷。对拉丁美洲国家的详细论述，尤其是关于巴西（完成于1871年）的内容，属于较早的地理学文献所做的最好的工作。

作为对这些国家当时发展阶段的描述，它们具有恒久的价值。在导论部分（1855），瓦佩乌斯讨论了普通地理学，其中包括政治地理学，当然，阐述过程强烈地体现了这位统计学家的立场。

一般而言，随着这部自魏玛手册以来规模最大德国地理学全集的完成，各国地理学似乎到达了一个死点。以目前为止各种纲要的方式，即使重新出版已有的内容，也无法有进一步的发展。古特（Herm. Guthe）的地理学教科书在方法上具有重要意义，声誉鹊起，当该书于1868年出版之时，古特写道（1874年第3章导言）：

> 最终，历史地理学才是真正的地理学，仅把其他两种（即数理地理学和自然地理学）看作其辅助手段。它告诉我们，人类控制地球到了何种程度。对被称为国家的各独立人类集群的描述，则被叫做政治地理学。无论这些知识对当下的实际需求多么有价值，却和真正的地理学关系不大，甚至没有关系，而如果我们在下面以政治地理学的方式来描述各国状况，那就是在迎合通行的偏见。

在这里，古特完全师承李特尔，并在"历史地理学"中为自己树立了一个目标。但是，和李特尔一样，在他展开研究的时候，这个目标终究只是一句空话，但他却用寥寥数语剥夺了政治地理学存在的权利，[1] 或者宣称这门学科的科学完善是无望的。在其教科书第四版（1879）具有重要方法论意义的前言当中，瓦格纳不无理由地驳斥了这种观点。这版教科书和第五版（1882/83）一样，展示了全新形态的各国地理学。

---

[1] 类似的态度见 Supan, 1876, s. u. S. 616。

瓦格纳的态度无独有偶。此前，佩什尔就将各国地理学纳入了他短暂的大学教学工作（1871—1875）当中；他的学生克吕默尔（Krümmel）在其讲义的基础上修订了《欧洲国家学》（*Europäische Staatenkunde*，莱比锡，1880），其中出版的只有第一部分关于北欧和不列颠帝国的内容。在拉采尔《北美合众国》（*Vereinigten Staaten von Nordamerika*，1880）第二卷当中，论述一个大国体制的政治地理学才呈现出比较圆满的形态。

拉采尔时代的世界政治地理学

在"文化地理学"的标题之下，拉采尔从多方面振奋人心地探讨了整个地区的民族、经济、社会和政治状况。到 1904 年，帕尔驰也在其《中欧》（*Mitteleuropa*）当中再次研究了这个话题。不过，拉采尔这本书里对各国的具体描写，包括枯燥的地形和统计数据汇编，仍然体现着传统地理手册的特征。第二版（1893）不仅略去了这些内容，标题也变成了"美国政治地理学"（*Politische Geographie der Vereinigten Staaten*）。由此，拉采尔第一次为政治地理学这个概念正名，但他的行为仍属个例。

为各国地理学打开新路的，是何克律（E. Reclus）的巨著《世界地理》（*Géographie universelle*，19 卷，1876—1894）。在这里，卓越的论述和丰富的设计融合为一幅鲜活的全景图，面向更广阔的读者圈；除了法国部分（第二卷）之外，书中的列国志更加简短，具有可读性，省去了众多表格中的统计材料。

鉴于何克律的典范和成功，德国人纷纷效仿。与他的《地球》（*La Terre*，1869）对应，德国的哈安（Hann）、霍赫施泰特（Hochstetter）和珀科尔尼（Pokorny）创立普通地理学，多次出书。在基希霍夫（A. Kirchhoff）的领导和一系列专业人士的合作之下，《我们的地球知识》(*Unser Wissen von der Erde*）代表一种一般性的各国地理学，融入了哈安等人开创的普通地理学。从一开始，这本书就不像何克律的作品一样，建立在广泛的基础上，但它图文并茂的设计却与之类似。凭借一流专家的合作，其阐述胜在科学的深化，但恰巧由于这个原因，再加上德国书市的不利行情，该书未能对一个广泛的读者群体产生预期的影响。

可见，这种规划全面的各国地理学，其繁荣未能超出欧洲范围，而对欧洲大陆本身的研究，也在经过漫长的中断（1893—1907）之后，才经克拉斯诺夫（Kraßnow）对俄国的探讨而画上一个句号。一种欧洲的各国地理学，显然无法绕开政治地理学，哪怕后者从未在任何地方以政治地理学这个名称出现，而只是位于人类地理学的框架下。彭柯（A. Penck）在关于德意志帝国（1887）和尼德兰及比利时（1889）的论述中，借用了这个因拉采尔而流行的名称，费舍尔（Theob. Fischer）在讨论南欧各半岛（1893）时也接受了政治地理学一词。相反，苏潘（Alexander Supan）论奥匈帝国（1889），雷曼（P. Lehmann）论罗马尼亚（1893）时，则将相关段落概括为"文化地理学"（见上文），哈恩（F. Hahn）论西欧和北欧（1890）时只提到民族分布和定居区。

直到西弗斯（W. Sievers）出版《普通各国地理学》(*Allgemeine Länderkunde*，五卷本，1891—1895），我们对欧洲以外的世界才有了现代的更详细的论述。此后，该书的第二版以完全不同的面貌问世（六卷本，1901—1906，美国内容为三部分，1913/4）。而第一版，成书比较匆忙，其缺陷也多遭诟病。就整个地区而言，第一版考察各国地理的各部分（地貌、气候、人口等）相互独立，分别进行，使地理学自然的统一性无法产生效果。

另一方面，这种状况突出了在联系之中研究政治地理学的必要性。不过，即便在这一版当中，编者也谨慎地避免了政治地理学的概念，而只谈到国家或殖民地；在其中一个案例（欧洲）当中，承担这种必要性的甚至并非地文学部分（physiographische Abteilung）的编者（Philippson），而只是另一位工作人员（L. Neumann）。除此以外，在其他方面，新版有了质的提升。但无法否认的是，这一版没有第一版中清晰的概要，而且和传统的地理手册对自然区域的处理一样，政治统一的地区也往往被划分得支离破碎。自然和政治这两方面，并非到处都互相结合。最理想的状况，是论述对象具有对外封闭、自成一体的独特性，如日本和印度。于是，我们就可以直接得到关于这些地区的一幅完整的地理学图像，而不必从描写整个地区的不同段落当中选取合成。

同理，对北美洲进行自然划分而造成的分裂，对描述一个像美国那样在政治、民族和经济上特色鲜明的共同体，就会产生负面影响。为了在《北美》（*Nordamerika*）一书中摆脱这种弊病，德克特（Deckert）在著作结尾处对三大国土区域进行综合，使该书成为关于该地区的一种真正的政治地理学。

在今天的文化生活中，国家是一种非常强大的元素，因此无论其边界如何随意，也不能忽视。国家的划分也构成了描述各国的基础，不仅意大利人巴尔比（A. Balbi）[①] 撰写的比较传统的地理手册

[①] *Abrégé de Géographie*，共两卷，巴黎，1832，此后多次再版，有多种译文；德文第 8 版由 F. Heiderich 编订，共三卷，维也纳，1892—1894。Heiderich 的新作 *Die Erde*（维也纳，1923）即基于该版。

是这样，马里内利（G. Marinelli）与不同编订者合作出版的七大卷《世界》（*La Terra*，米兰，1887—1902）也是如此。前者完全遵循了德国地理手册的范式，广为流传，后者则是何克律的作品在意大利的翻版，当然论述有所不同。其中，马里内利《世界》的概况部分在第二册第160-174页刊载了比戈尼（G. Bigoni）对政治地理学的勾勒。

就学界对政治地理学的探讨，逐一检视最新的各国地理学文献，似乎不着边际。因此，我们在这里只突出少量内容。赫特纳（Hettner）的《欧洲》（*Europa*，1907）把欧洲划分为与各大国几乎重合的各自然区域，在一般的概要框架下分别探讨各个国家本身。① 由斯科贝尔（Scobel）主编、多位编者参与修订的地理手册（第五版，1909/10）则主要遵循根据国别来划分地区的原则，具体的地貌描述服从于这种安排。在麦金德出版的《世界的区域》（*Regions of the World*，始于1902）当中，国家学退居次要地位，分散在关于历史、军事和经济地理学的各章节之中。但是，其中的某些卷，却出版过特殊的一章《政治地理学》（*Political Geography*，1904年Holdich撰写印度部分，同年I. Russell负责北美部分）。

拉采尔的贡献及其影响

最后提到的这些作品，产生于拉采尔为政治地理学的概念注入新内容之后。1882年，拉采尔发表《人类地理学》（*Anthropo geographie*），引起关注，此后的1885至1888年，又出版了宏大的《万民

---

① 第二版（1923）目前不在我手头。

志》(Völkerkunde)。我曾经与我这位尊敬的老师和后来的朋友谈到《人类地理学》的丰富性，指出文献中没有与之类似者。当时，他认为，这一工作的科学内涵将在该书的第二卷表达出来。

1891年，第二卷问世。新的研究和思想势不可挡地涌向这位善于创造的学者，使第二卷和第一卷并没有共同的基本布局，而是新观察和新思考的结果。在《民族学》经过重新修订（1894/5）之后的几年里，一种政治地理学的思想也以类似的方式趋向成熟。《美国》第二册新版的标题就体现了这一点。1896年，四篇学术论文发表，① 合为《地理学视角下的国家及其土地》(Der Staat und sein Boden geographisch betrachtet)，成为这种思想的先驱，非常鲜明地突出了不久以后于1897年末出版的《政治地理学》(Politische Geographie)的核心。该著作根据国家的空间状况和地表位置来研究国家，和政治学的抽象理解相比，其新颖之处展露无遗。

因此，正如本文开头所述，该书的影响最先发生在政治学上，从一个新的方面抓住和照亮了政治学、国民经济学和社会学自身的问题。② 而地理学界最初对这部新作持负面看法，有些学者甚至表明了拒绝的态度。广大公众对"政治地理学"这个概念的理解显然存在偏差；这本渗透着哲学精神的著作充满了催人思考的丰富思想，甚至专业人士也难以从其思想库存中提炼出清晰的概念和具体的事件。③ 大

---

① *Abh. d. phil. – hist. Kl. d. Sächs. Ges. d. Wiss.* XVII, 4.

② A. Schäffle, *Der Staat und sein Boden*, Zeitschr. f. d. ges. Staatswiss. 1899, S. 193–240; L. G. Gumplowicz, *Gesch. d. Staatstheorien* (Innsbruck 1905) S. 530–540, 566.

③ 在少数比较深入的分析当中，尤其要突出的是 H. Hertzberg *Geog. Zeitschr.* 1898; O. Schlüter, *Zeitschr. Ges. f. Erdk.* 1898; Vidal de la Blache, Ann. *Géogr.* 1898。

学生在面对该书时更是一筹莫展，无所适从。教科书式的简练表述从来都不是拉采尔的风格。

尽管如此，该书仍然很快就流传开来，早在1903年初，第二版就已完成。新的副标题"政治地理学，或诸国家及其交通和战争的地理学"（*Politische Geographie oder die Geographie der Staaten, des Verkehres und des Krieges*）说明了其内容扩展的方向。对两版的目录做一对比，就能发现数字和文献之外的多种改动。字体从哥特花体改为罗马圆体，也推动了该书在国外的传播。帕尔驰曾在其批判性的书评[①]当中查明并列举了一系列讹误和疏忽；对此，这一版尽力进行了修正。[②] 实际上，这些缺陷很少是因为实质性谬误，而往往是由于写错或草率，但书中所载的事实和具体知识，来自地球各部分和一切历史时期，浑浑无涯，作者随时取用，游刃有余，鉴于这一点，即便些许错讹，亦无足轻重。

在那个时代，自然地理学和早先的数理地理学一样，已经演变成了固定的原理，具备了完善且不断发展的术语体系，而且自然科学的方向已经决定性地占据优势地位。在此背景之下，要将"人类地理学"和"政治地理学"体量巨大的材料纳入普通地理学的体系，诚非易事。在他著名的教科书中，[③] 瓦格纳第一个开始从事这项

---

① Deutsche Lit. –Ztg. 1903, Nr. 45.

② 参照第三版第5、6页上的前言，特别是其中写到的，第二版第451页关于菲希特尔山脉（Fichtelgebirge）的一个无法理解的句子。最值得注意的一个偏差，也许是上文提到的在第255页"乌拉圭（178700）"之后删去的一句，原在第二版第360页（第一版第325页）："（中美洲各国的）平均面积不比布伦瑞克公国大多少"（3670平方公里！）。拉采尔在这里想到的是不是西印度群岛各岛屿的平均面积？其他例子见第二版第217页，第一版第529页。

③ 第六版相当于一部新作品，取代了古特（见上文第603页）出版、瓦格纳重新修订的《地理学教科书》。该书第1卷（数理地理学）出版于1894年，第4卷（传记和人类地理学）1900年，即《政治地理学》出版3年之后。

事业。他的理解和阐述大多适应学生的需求，也讨论了拉采尔没有考虑或只是匆匆带过的那些核心问题，如国家法的（staatsrechtlich）形式、① 国家的规模等级（世界帝国等）、讨论内部结构②的章节等。而最后一项，自学界背离传统风格的政治地理学以来，就大多受到忽视。

瓦格纳在"人类地理学或人类和地球"这一部分共八章当中，用一章的篇幅给出了天然紧凑的概述，在关于各国地理学的著作中，他又为各部分国土提出了解决问题的实际方案。除去这两点，地理学界对待普遍意义上的政治地理学的态度仍然非常保守。赫特纳表示（《地理学杂志》，1898，页318）：

国家学和民族学已经不再属于地理学，但外界仍然不愿意

---

① 谁若认为这个问题在地理上不重要，也许应该首先考虑以下问题：英国和其下各自治领域之间的联系是否可以脱离君主而存在？君主制的首脑在这里并无实质意义，但恰因为如此，方显出其重要性。发端于希腊人的共和制政府形式，是否可能发生在其他种族（Rasse）或非印度日耳曼（nichtindogermanisch）民族当中？我们需要想到欧洲各民族倾向共和制或君主制政府形式的不同基质（Veranlagung），想到在美国的土地上，君主制不可能扎根，而联邦体制意义重大。

② 关于行政单位的地理意义，W. Tuckermann 的论文提供了一个很好的例子。该文发表于 *Geog. Ztsch.* 1923, S. 1 ff., 论述了帝国主义的法国通过犯罪和暴力，使莱茵兰地区深受其害。尽管该地区从四分五裂的不同领土中脱胎而出，构成行政单位的历史还不满百年，但我们仍可清楚地认识到：

通过行政管理组织，共同体思想是如何强烈地进入了民众当中，使地理学家不得不估计到这一点。南德意志各邦国的状况也与此类似，比如由不同部分组成的巴登。

还需注意的是奥地利的各大皇冠领地（Kronländer），也拥有广泛的自治权和独立的国家意识（蒂罗尔）。

适应这一事实。而作为旧时代遗物的地理手册，也还在不断堆砌国家学和民族学的材料。

不知道这位作者现在是否还能写下这样的句子？当然，民族学本身就是一门独立的科学，其中一大部分完全和地理学无关；但在本质上，民族学的其他部分难道不属于人类地理学？除去少数无人类居住的地区之外，地理学的描述难道可以不考虑民族学和国家学？在1898年，除了丹尼尔和克略登之外，已经有人做过与此相关的尝试。

在赫特纳的思想丰富的方法论阐释（《地理学杂志》，1905/7）当中，也完全没有他在《欧洲》一书中尚未忘记的政治地理学的影子。施吕特尔（Schlüter）深入分析了拉采尔的著作，但最终仍得出结论：①

> 即便是政治地理学，我们也必须将其限制在地理学本身的边界之内。在文化地理和人口地理现象的形成当中，国家往往是起实质性作用的元素之一；但国家本身是不可见的，它是法统的产物，在地理学条件下描述其生存和发展，是**地理政治学**（geographische Politik）的任务。根据我们的理解，政治地理学在这一点上无法与之抗衡。

尽管拉采尔和新的各国地理描述已经出现，但无论是这里，还是在赫特纳的观点之中，建立在传统风格地理手册基础之上的旧式偏见仍然发挥着持久的作用，使"政治地理学"从表面上看似乎受到排斥。不过，这种状况还是出现了一个转机。赫特纳在他

---

① *Die Ziele der Geographie des Menschen*. München 1906, S. 39 f.

最近的方法论文章当中就地理学和民族学及国家学的关系发表了看法。① 他认为，民族学和国家学都是独立的科学，但后者仍然有待发展。

  因为普遍的政治学仅限于理论，而不能研究国家的真实状况。在政治地理学这个分支当中，地理学与国家学及民族学之间的关系是类似的；但前两者之间的联系也许更加紧密，因为和民族相比，国家与生俱来更加依赖土地。正如契伦（Kjellén）的主张，国家学要向着真正的国家学的方向发展，囊括不同国家不同的形成方式。对于这样的国家学，我们欣喜地表示欢迎；但我们不能失去政治地理学，因为没有它，对各国的理解就始终无法完整。现在，施吕特尔也已经坚信，不可能将政治地理学从地理学当中排除出去。

从拉采尔的学生薛讷（Emil Schöne）为自己的《政治地理学》②所撰的前言当中，我们可以看出，拉采尔本人对同行们的保守态度感到心情沉重。据我所知，薛讷的这本书是自拉采尔以来以这个标题出版的第一部地理学著作，是对拉采尔巨著的主要思想进行介绍的一部精炼的概论。薛讷写道，

  [该书的出版]满足了1900年拉采尔对作者的一个私人愿望。拉采尔对自己作品的接受状况并不满意，因为几乎所有评判他著作的人都未能深入了解这部巨著的思想内涵。即便是瓦格纳所作的阐释，他也没有认可。

---

① *Methodische Zeit – und Streitfragen.* Geog. Ztsch，1923 S. 39 f.
② Leipzig 1911，Nat. u. Geist. Nr. 353.

最新的进展

拉采尔之后很久,学界才出现构建政治地理学自身体系的独立尝试。世界大战的爆发带来了这方面的转机。历史事件的力量把狭义上政治地理学的具体问题推向前台,填满了那些以往拒绝这门学科的地理学杂志的栏目,但对这些问题的讨论,并不总是建立在纯学术的基础上。此后出版的作品在书市上大获成功,这证明无论在地理学界还是在广大受众当中,要求进行一般性理论阐述的呼声日益高涨。出于显而易见的理由,我必须在此稍作介绍。一代地理学泰斗苏潘人生中最后的工作,不仅时间更早,也更重要。为了刻画理解方式上的这次转变,我们也许应该注意这位大师青年时期的作品《自然地理学的基本特征》(*Grundzüge der physischen Erdkunde*),书中写道:①

> 所谓的政治地理学,即关于当代国家建构的学说,在地理学的科学体系之内没有位置。自李特尔以来,这就是确凿无疑的事实。

彼时的苏潘,显然还不是数十年辛勤治学,编审宫廷官职人员手册(Hofkalender)统计学部分的苏潘,也不是出版《地球上的人口》(*Bevölkerung der Erde*)并在其《欧洲殖民地的领土发展》(*Ter-*

---

① *Begriff und Inhalt d. geogr. Wissenschaft. Mitt. Geogr. Ges.* Wien 1876, S. 73。在当时地理学注重单一自然科学方向的观念的影响下,W. Götz 曾影射我关于历史地理学任务的报告(1891年地理学家大会,维也纳),解释称"不存在历史地理学",但他后来(1904)却自己撰写了一部历史地理学著作。

ritoriale Entwicklung der europäischen Kolonien，1906）中创造了历史地理学和政治地理学阐述典范的那个苏潘。非常令人惊讶的是，在重新修订的第六版《自然地理学》（*Physische Geographie*，1916）出版后不久，已经病患缠身、无法下床的苏潘，赫然写成《普通政治地理学纲领》①（*Leitlinien der Allgemeinen politischen Geographie*，莱比锡，1918）。正如他在前言中所述，这些纲领是他所授各国地理学课程讲义的成果，根植于他的一个信念：为了给地理学中充斥的单调的地貌学方向提供一个对立维度，使其均衡，必须将政治地理学置于新的基础之上。

单凭此处，我们就可以看出，拉采尔的论述并不能使他完全满意。尽管《纲领》一书在内容的宏大丰富上远远不及拉采尔，但却表现出了独特的视角，在材料的安排上也呈现出一种完全独立于拉采尔的方式。其主导动机是各国的形态、大小、区位和结构，而国家本身又被划分为自然、民族和经济三类。他认为行政划分只适用于实践，而与学术无关（见《纲领》第64及以下各页），但在我看来，这种观点不无偏颇。和拉采尔（第二版）一样，《纲领》也把交通地理学纳入研究范围。我认为，政治地理学不能不考虑交通，经济地理学（Wirtschaftsgeographie）亦然。但作为研究对象，交通地理学过于重要，也过于博大，无法成为某一种地理学的一部分，而是要求在普遍人类地理学（allgemeine Geographie des Menschen）的框架下拥有独立的地位。

苏潘著作中的新动向是"海洋性"②（Maritimität）的数字表达

---

① ［译按］以下简称《纲领》。
② ［译按］指沿海和内陆气候对海洋的依赖性。

（海界和陆界构成的商）和"压力比"（Druckquotient）等。在弥留之际，苏潘意识到自己即将去世（1920年7月），因此在病榻上仍在筹备第二版。1922年，第二版问世，经过了明显的扩充，并适应了世界大战造成的崩溃之后的状况。这些对德意志民族而言具有灾难性和压倒性后果的历史事件，也影响了我们另一位学术前辈帕尔驰的演说。他就"政治地理学的教育价值"做了一场细致而丰富的报告。① 演说的标题就足以让我们认识到，面对地理学中这个前不久还评价不高的分支，当时人们的态度已经发生了彻底的转变。

不久以后，多弗（Karl Dove）就写出了《普通政治地理学》的概述（柏林，1920，Samml. Göschen 1800），该书篇幅简短，选取了原作的启发性思想。自此往后，比较年轻的历史地理学代表人物福格尔（Walther Vogel）特别注重研究国家学。他的《新欧洲》（*Das neue Europa*，波恩，第二版，1923）第一次用德语②在历史的基础上阐述了今天欧洲的国家世界，他的《政治地理学》（莱比锡1922，Nat. u. Geist. 634）是一次新的尝试，试图给一种普遍地理国家学（allgemeine geographische Staatenkunde）勾勒出一条基本方针："建立一个由清晰明了的概念构成的体系，为具体研究提供坚实的支点，指出明确的任务。"书中材料的安排不依赖早先的范例，处处维护地理学的立场。

与之相比，迪克斯（Arthur Dix）的《政治地理学》（慕尼黑1922，第二版正在筹备）篇幅宏大，有着根本不同的特征。与主标题相比，其副标题"世界政治手册"（Weltpolitisches Handbuch）也

---

① Geogr. Abende im Zentralinst. f. Erzieh. u. Unterr. 7. Heft. Berlin 1919.
② 早先在敌国出版的文献，我们大部分无从参考，因此这里不作讨论。

许更加贴近主旨。作者因其大量著作而闻名,在《地理学杂志》上发表过文章。在《政治地理学》的第一部分,他多次效仿拉采尔,通过插入统计表格,指明了大方向,其中,经济地理学和交通地理学占据了很大的篇幅;而第二部分明显比第一部分更加广博,专门研究当代政治地理学(1914 年及和平协议之后的各国状况,符合德国实际利益的运作等)。精简的《政治地理》(*Politische Erdkunde*,1922)则在狭小的框架下再现了他《政治地理学》的主要思想。

关于近年来这些现象的详细特征,我推荐读者参考齐格尔(Robert Sieger)在《地理学杂志》中的专题学术评论。他的多篇论文曾被多次提起,就其中与我们的研究对象相关的内容而言,这些文章一方面特别关注奥地利问题,[1] 另一方面探讨普通政治地理学的相关问题,包括他曾多次辨析的概念"国家、民族和国家性"("Nation, Volk und Nationalität")以及"自然边界和政治边界"("Natürliche und politische Grenze")。[2] 他为政治地理学所作的系统性阐释一简一繁,分别为下一个时代(应用地理学)和更远的将来做了准备。

哈兴格尔(H. Hassinger)对此也将有所探讨,但大约只是在人类地理学框架下较短的一个概述。[3] 此外,还值得注意的,是齐格尔

---

[1] *Die geogr. Grundlagen d. öst. - ung. Mon.*,见上文第 554 页,第 1 部分;*Der österr. Staatsgedanke und das deutsche Volk*, Zeitschr. f. Politik IX, 1916; *Vom heutigen Deutsch - Österreich*(1917, Dürerbund 166);*Die geogr. Grundl. d. polit. NeugestaltungÖsterreichs*, SchmollersJahrbuch 42(1918)。*Der österr. Staatsgedanke und seine geogr. Grundlagen. Österr.* Bücherei Bd. 9 Wien 1918。

[2] 这两方面的问题合于"Zurpolitisch - geographieschenTerminologie"一文,Zeitschr. Ges. f. Erdk. 1917/18。

[3] 见肯德(Kende),《地理学百科全书》(*Enzykl. d. Erdk.*)。

为即将出版的《政治简明词典》(*Politisches Handlexikon*, Kochler 1932)撰写的"政治地理学"、"国家学"、"地缘政治学"、"边界理论"(Grenzentheorie)、"自然边界"等词条。

当然,政治学本身仍在地理学家的工作领域之外。然而,正如在某些情况下,地理学家必须考虑和地理学相关的一些学科的重要文献,如天文学、地质学、生物学、史学等,因此,政治地理学同样不能绕过国家学说,正如它无法回避社会学、统计学和国民经济学。限于这篇概述的框架,我们不能在此具体地深入探讨。但瑞典人契伦的著作,也许可以说是例外。他多次以德文出版的著作如《当代大国》(*Die Großmächte der Gegenwart*, 1914)、《世界大战的政治问题》(*Die politischen Probleme des Weltkrieges*, 1916)、《作为生命形式的国家》(*Der Staat als Lebensform*, 1917)等,具有高度关注地理因素的特点,架起了一座从政治学通向政治地理学的桥梁。迪克斯、苏潘、齐格尔、福格尔等人的论著都清晰地表现出这座桥梁的影响。契伦的术语体系(如地缘政治学等)也逐渐成为地理学文献的一部分,而他本人的地理学转向,则要归功于那位赋予政治地理学生命的天才研究者:拉采尔。

(译者单位:南昌航空大学德语系)

为了新世纪的瑞典 – 德国地缘政治学

——契伦的《作为生命形式的国家》[*]

图南德（Ola Tunander） 撰

方 旭 译

引 言

契伦（Rudolf Kjellén）是 20 世纪上半叶一位重要的政治学家，而且也许是斯堪的纳维亚史上最有影响力的政治学家。契伦与地缘政治学家拉采尔（Friedrich Ratzel）一起，创立了德国地缘政治学派。据我所知，他的所有主要作品都被翻译成了德文，但从未翻译成英文。这些著作是杰出的地缘政治理论家和军事将领豪斯霍弗的

---

[*] 本译文系国家社科基金"西方马克思主义视阈下'例外状态'社会治理及其应用前景研究"（17XKS016）阶段成果。文章来源：Ola Tunander, "Swedish – German geopolitics for a new century: Rudolf Kjellén's 'The State as a Living Organism'", 载于 Review of International Studies, 27, 2001, pp. 451 – 463。

主要灵感来源。① 1935 年豪斯霍弗造访瑞典时，契伦的《诸大国》(*Die Grossmachte*) 德文本第二十五版即将出版。②书中关于国家不是固定的法律实体，而是在国际舞台上竞争的动态生命形式的思想，这一观点吸引了豪斯霍弗。他要把这一思想与拉采尔关于生存空间的概念融为一体，后来也被希特勒所采纳。

然而，契伦并非纳粹。他的政治思想并非倾向于带有民族浪漫性的血与土（Blut und Boden），而更倾向于德国人多元文化的统一传统，致力于建立多国联盟，尊重中央领导下各个国家自由和独立的联盟。③契伦对这个联盟的描述，实际上与后来对北约的描述相同。他相信，德国——而非美国是欧洲大陆或至少是中欧国家的保护国。"冷战"之后北约继续存在，并且关注种族、领土和话语分析，这使得契伦提出的观点显得更有意义。我们可以看到，契伦的地缘政治思想，不仅出现在 20 世纪初的单一国家状态下，而且存在于同一世纪后半叶的多民族和世界性军事联盟。我们也注意到近几年关于"文明冲突"的讨论。所有这些观念都植根于契伦思想的不同方面，

---

① Karl Haushofer, *Grenzen in ihrer geographischen undpolitischen Bedeutung*, Berlin Grunewald: Kurt Vowinckel Verlag, 1927; Dan Diner, "Grundbuch des Planeten—Zur Geopolitik Karl Haushofer," *Vierteljahrshefte fur Zeitgeschichte* 32: 1 (1984), pp. 1 – 28; Barbro Lewin, "Johan Skytte och de skytteanska professorerna," *Acta Universitatis Upsaliensis Skrifter utgivna av Statsvetenskapliga foreningen i Uppsala*100, Stockholm: Almqvist & Wiksell International, 1985; Rainer Sprengel, *Land und Meer—Eine diskursanalytische Betrachtung*, Welt Trends, 1994, pp. 61 – 84.

② Edward Thermœnius, "Geopolitik och politisk geografi," *Statsvetenskaplig tidskrift*, 19, 1937, pp. 213 – 328.

③ Rudolf Kjellen, *Vdrldskrigets politiska problem*, Stockholm: Albert Bonniers forlag, 1915.

而对地缘政治史的讨论离不开他的作品。事实上，契伦是一位政治学家，早在1899年，他就发明了"地缘政治学"一词。①

契伦于1864年出生，在哥德堡学习，1890年参加乌普萨拉大学的博士论文答辩，获得博士学位后的第二年，在哥德堡新成立的学院教授"地理政治学"。1901年，他成为"统计政治学"教授。1916年，他去了乌普萨拉，在那里获得"修辞学和政治学"教授讲席——直到1922年去世。②

契伦是一名歌唱家、政治家和学者。他同其他歌唱家一起环游世界，也有机会访问美国，在那里他被"'黑人'和那无言的优雅迷住了"。③契伦是一位保守派议员，致力于促进君主立宪制，而不是激进的议会制度，试图将瑞典政治的"捷径"定义为"在危险的左右河岸间蜿蜒前行的河流之下的暗流"。④契伦是一位关心社会的民族主义者，反对自由主义者和他们对国家可有可无的态度，也反对社会主义者以及他们把国家看得无以复加的思想。尽管他对当代社会主义怀有敌意，但他的社会理想与现代社会主义民主有相似之处。契伦对社会主义民主经济学家和政治家缪尔达尔（Gunnar Myrd-

---

① Thermœnius, "Geopolitik och politisk geografi," pp. 213 – 328; Sprengel, *Land und Meer*, pp. 61 – 84; Peter J. Taylor, "Geopolitische Weltordnung," *WeltTrends*, 4, 1994, pp. 25 – 37.

② Ruth Kjellen – Bjorkquist, *Rudolf Kjellen: En manniska i tiden kring sekelskiftet*, Stockholm: Verbum, 1970; Lewin, *Johan Skytte och de skytteanska professorerna uppsala*, 1985; Fredrika Lagergren, *Pa andra sidan valfardsstaten* [On the Other Side of the Welfare State], Goteborg: Brutus Ostlings forlag, 1999.

③ Lewin, Johan Skytte och de skytteanska professorerna, p. 168.

④ Rudolf Kjellen, *Politiska Essayer*, vol. II, Stockholm: Hugo Gebers forlag, 1914, p. 215.

al）产生过巨大影响，①并倡导"国家社会主义"，而不是他那个时代的"阶级社会主义"。契伦认为，后者对国家是毁灭性的。②但与后来德国的民族社会主义相反，契伦并不是反智分子或种族主义者。他主张尊重其他种族和文化，并认为普选将作为打击政治极端主义的工具。契伦的思想更接近瑞典社会民主党和前首相阿尔宾汉森（Albin Hansson），而不是纳粹领导人。但与社会民主党不同，契伦认为战争是一种可以用来加强国家力量的工具，他反对和平主义、唯物主义和宽松的自由主义。③在瑞典民主的形成年代，契伦发现自己处于政治中心。1905—1908年，他当选为国会第二议院议员，1910—1918年当选为第一议院议员，在那里他代表着所谓的"青年右翼"或"青年保守派"。④

作为一名学者，契伦致力于一门独立的政治学学科，反对自由法律主义。在他看来，政治学不应沦为法学、地理学、民族学、民族经济学或历史学等其他学科的分支学科。契伦认为，政治学必须得有自己的身份。不应将国家缩小而且划分为许多不同的职能。在契伦看来，国家并不代表他所说的"地缘政治、族缘政治、经济政治、社会政治和团体政治"的杂烩，而是一种联合一致的生命形式，是一种"力量和意志"，它将所有这些政治领域融合。

---

① Gunnar Falkenmark, Rudolf Kjellen—Vetenskapsman eller humbug?, Gunnar Falkenmark ed., *Statsvetarportrdtt—Svenska statsvetare under 350 ar*, Stockholm: SNS forlag, 1992, pp. 89 – 109.

② Kjellen, *Politiska Essayer*, p. 22.

③ Nils Elvander, *Harald Hjarne och konservatismen – Konservativ idedebatt i Sverige 1865 – 1922*, Stockholm: Almqvist & Wiksell, 1961.

④ Rudolf Kjellen, *Politiska Essayer*, vol. I, 1914; Lagergren, *Pa andra sidan valfardsstaten*, 1999.

由于纳粹在第二次世界大战中的失败，地缘政治学——尤其瑞典人的德国地缘政治学被玷污了。许多政治学家对契伦表示反感。他们对契伦的生命形式理论、"强大士气"以及地缘政治学的接受都持轻蔑态度。①然而，今天我们看到，契伦的思想、他对种族和领土的关注、他的话语分析以及他对国家的起源和政治联盟的形成的看法，再次占据了学术讨论的中心舞台。经过更仔细的审视可以发现，他的思想事实上在整个20世纪都具有很大的影响力。然而，契伦并不是真正的民主党人，因为"大众情绪不受理性支配"，"多数人并不会担忧少数人"。与此同时，他在许多方面是走"中庸路线"的政治学家，其影响力远远超出了他的保守派追随者。然而，尽管契伦在欧洲大陆分量十足，但他的政治思想几乎无法影响英国。

契伦的实际政治经验塑造了他的政治思想，反映在下列这些文本，比如说，《诸大国》（1911—1913）、《当代大国》（1914）、《政治随笔》（1914—1915）、《世界大战的政治问题》（1915）、《作为生命形式的国家》（1916）。在介绍《作为生命形式的国家》时，契伦称之为自己的主要作品，它将关于理论和实践的不同政治主题的作品统一起来。各种研究就像溪流一样，汇聚成一条含有统一政治思想的共同河流。②

---

① Falkenmark, Rudolf Kjellen—Vetenskapsman eller humbug?, 1992, pp. 89 – 109.

② Rudolf Kjellen, *Der Staat als Lebensform*, Stockholm: Hugo Gebers forlag, 1916, p. 5; Rudolf Kjellen, *Stormakterna I – II*, earlier edition 1905, Stockholm: Hugo Gebers forlag, 1911, p. 13; Rudolf Kjellen, *Politiska essayer*, vols. I – III, Stockholm: Hugo Gebers forlag, 1914; Rudolf Kjellen, *Varldskrigets politiska problem*, Stockholm: Albert Bonniers forlag, 1915.

契伦的有机国家概念:整体的国家

契伦的作品读起来很有趣,尽管他局限于政治学尚处于萌芽阶段的时代,但读者还是会发现自己处于当前关于种族和领土、权力和身份、隐喻和话语分析的辩论的核心。他的有机国家概念力图把国家看作一个独立的研究对象,它具有自身的动力和逻辑、权力和意志,是国家与人的有机统一、身心有机的生命形式、国际舞台上的人格。契伦进一步用诗歌和散文中的隐喻来解释这一思想:和人一样,国家可能会失去一部分肢体而不死,但"还有其他成分,缺了它们,国家就无法生存"。即使是作为国家的身体,也有他们的阿喀琉斯之踵和心脏。这些重要的部分首先是首都和交通要道。①举个例子:

> 拿破仑认为,通过打击莫斯科,就攻击了俄罗斯的心脏;这是他军事战略背后的一个错误的概括,因为俄罗斯至今还没有西方意义上的心脏所在。(同上,页53)

西方文学描绘的"俄罗斯游牧性质"的特性,使俄罗斯能够从其中心城市撤出,而不会作为一个帝国解体。②

契伦接近他的研究对象,不是通过建立一个模型,而是通过使用日常经验形成的隐喻,这篇文章将证明这一点。这是一种经验主

---

① Rudolf Kjellen, *Der Staat als Lebensform*, p. 50.
② Iver B. Neumann, *The Geopolitics of Delineating "Russia" and "Europe" — The Creation of the "Other" in European and Russian Tradition*; Ola Tunander, *Geopolitics in Post - Wall Europe*: *Security, Territory and Identity*, London: Sage Publications, 1997, pp. 147–173.

义的方法，说明我们——或者更确切地说——政治家、记者和作家如何谈论国家，以及如何直接描述这一大致概念。契伦引用报纸的话说："奥地利是武装专制主义的拥护者"，"土耳其遭到伏击"，"德国报复性地孤立了英国"。他的结论是：国家显然不仅仅是一个法律实体。契伦试图分析我们面前所展现的国家，分析其作为法官和强制力、作为主政者和家长、作为外交官和战士之时是怎样的，因为"国家必须通过其行动证明其本质"。①

根据契伦的语言学研究，从17世纪中叶瑞典语言引入"国家"一词开始，"国家与土地"就统摄着这个词的内涵。契伦特别反对自由个人主义下的最低限度国家，这种状态被视为"门框背后脾气暴躁还不讲礼的老头"（同上，页6）。学术理想集中在对当前话语的经验审视和批判以及对事物本质的探索上，但他与自己的隐喻保持着幽默和略带讽刺的距离。单调乏味的概念、模块，以及对国家随机表现形式的狭隘描述，并非契伦风格。国家的概念由无数的隐喻发展而来。通过阅读《作为生命形式的国家》，我们得以进入契伦的政治学实验室。

对契伦来说，政治学总充满风险，因为理想中的国家状态不知会如何实现，而现实极可能与理论不符。但是，契伦在对自由主义的批判中说道，国家与它的土地和人民分不开。我们谈到英国、芬兰、波兰和荷兰、丹麦和瑞典、俄罗斯和法国（德语），国家都是作为土地和人民组成的单位，作为地理和人种的分类。他引用拉采尔的《政治地理学》的话说："每个国家都包含着人类的一部分，也包括其中一块土地。"②我们还谈到了瑞典母亲（Mother Sweden）和

---

① Rudolf Kjellen, *Der Staat als Lebensform*, p. 9.
② Friedrich Ratzel, *Politische Geographie*, Munchen & Berlin: R. Oldenburg, 1897, 1903, p. 4.

山姆大叔（Uncle Sam）。国家给人的印象是一个脚踩在地上的"有机个体"。在对当时风靡一时的自由主义学派的批评中，他再次引用了拉采尔的话，并声称只要政治科学仍"在流行"，那么"地理就必须填补空缺"。①

如上所述，"国家－身体"，作为土地和人民的有机统一，以及一个具有"心脏和动脉"等重要部分的有机个体，必须被视为一种隐喻，阐明一个过程或内部逻辑，而不是一个教条化的固定概念。契伦用这句话说，一个国家失去的部分不能简单比作财产的损失，

> 毋宁说是一次手术；其后果不仅是组织的脱落，同时也失去了一定的力量。现如今，健康还在，人们本能地需要通过加强内部发展重获已经失去的东西。（同上，页50）

据契伦说，1809年瑞典败于俄国失去芬兰之后，瑞典不得不通过内部发展来弥补其损失，尤其开发北部的森林和河流。他引用了瑞典诗人泰格奈尔（Esaias Tegner）的话：

> 芬兰就像从国家的心脏上被撕下的一磅血肉！[…]斯韦亚（Svea），让你的山加倍地倾注它的税收；让你的森林在夜晚收获发芽；像引领忠诚的臣民那样引领河水的波涛，让瑞典腾飞，让芬兰回归。②

今天我们可以补充一点———一些欧洲国家，特别是中欧国家，

---

① Rudolf Kjellen, *Der Staat als Lebensform*, p. 22.
② Esaias Tegner, "Svea," Lars Gustavsson ed., *Svensk Dikt*, Stockholm: Wahlstrdm och Widstrand, 1978, 1815, p. 255.

似乎急于分离部分领土。欠发达、冲突和不民主的地区被认为是"赘肉",人们主动寻求截肢。这就是为何捷克对斯洛伐克的独立乐见其成,也可以解释斯洛文尼亚(和克罗地亚)对军国主义(落后的)塞尔维亚、黑山和马其顿的放弃,同样也适用于90年代([译按]指20世纪90年代)初有意排斥中亚地区的俄罗斯。

通过切割中亚地区,主要是土库曼共和国,这个总是落后、低效和对莫斯科来说代价高昂的地区,俄罗斯得以成为一个更接近欧洲中心的欧洲国家。1991年10月,三位自由派部长——布里斯(Gennady Burbulis)、科济列夫(Andrei Kozyrev)和盖达尔(Yegor Gajdar)向叶利钦总统发出一份备忘录:建议土库曼共和国独立,从而摆脱这个人口过剩、落后和不民主的地区。在解体前两周,苏联的哈萨克苏维埃社会主义共和国主席纳扎尔巴耶夫(Nursultan azarbaiev)说:

> 我正在尽我最大努力维护苏联作为一个完整的国家,但是你们,莫斯科知识分子的代表,应该要知道叶利钦的团队有着完全不同的策略。①

尽管土库曼共和国的民族运动很弱,但莫斯科于1991年12月给予中亚国家独立。它保留了对中亚和外高加索的军事责任,在"塔什干条约"中明确,并参与格鲁吉亚、塔吉克斯坦和车臣的战争。总的来说,莫斯科设法摆脱了土库曼人民的落后,以及他们的高出生率,多年以来这一直是俄罗斯人担忧的根源。1993年,俄罗

---

① Alexander Tsipko, "A New Russian Identity or Old Russia's Reintegration?", *Security Dialogue* 25:4, December 1994, pp. 444 – 445.

斯议会国际事务委员会主席阿姆巴祖莫夫(Evgeni Ambartsumov)表示,俄罗斯对与中亚国家结盟并不感兴趣,因为这将使俄罗斯脱离欧洲。[1]

柏林墙倒塌后,一些匈牙利领导人开始讨论边界修订的问题,包括将来可能重新获得"匈牙利的摇篮"之称的罗马尼亚特兰西瓦尼亚。尽管几年后,这个想法被放弃了。安塔勒(József Antáll)在1990年宣布,他的"灵魂"是"一千五百万匈牙利人的总理"(包括邻国的匈牙利人口)。然而,为了实现欧盟经济发展的目的,发展更有效率的经济,匈牙利发现它必须强调政治现状。1995年,新总理霍恩·久洛(Horn Ggula)宣布自己为"一千万匈牙利人的总理"。

自柏林墙倒塌以来,中欧的这种趋势似乎与契伦的思维方式相矛盾;他们已经接受失去一部分"国家-身体",但只是为了加强国家在更大的"生命形式"中的地位,并摆脱效率较低的周边地区。在捷克斯洛伐克,斯洛伐克领导人煽动民众的民族主义从而反对布拉格,作为捷克-斯洛伐克权力博弈的一张牌。捷克人选择认真对待斯洛伐克对独立的追求,以使自己摆脱斯洛伐克的负担--效率低下和传统主义。引用布拉格周刊的话,在分裂前夕:"单独去欧洲,或者一起去巴尔干半岛"。[2]布拉格愿意放走斯洛伐克,或者更确切地说,捷克希亚的重要权力精英们快快乐乐地切断其"骄傲的肉体",切断民族主义的东方,从而加强捷克经济,为的是与西方机

---

[1] John Lough, "Defining Russia's Relation with Neighboring States," *RFEIRL Research Report* 2: 20, 14 May 1993, p.60.

[2] Jacques Rubnik, The International Context, 载于 Jiri Musil 编, *The End of Czechoslovakia*, Budapest: Central European University Press, 1995, 页274。

构的谈判更容易,并将重心向西移向欧盟和北约。更国际化的西方国家的目标是向中心靠拢,以及加入欧盟和北约,这一事实表明,新的欧洲地缘政治不太倾向于强调自己的领土,更倾向于强调自己在国际等级体系中的排名。

然而,这种"切割赘肉"的想法并不与契伦的世界相矛盾。相反,它利用契伦的隐喻来解释已经发生的剧烈变化。这种将国家作为研究对象的方式——利用口语,利用日常隐喻来描述一个过程并将其转化为一个概念——从根本上脱离了法律,甚至更偏离了经济学家的方法。在第一次世界大战的灾难中,把战争行为人说成经济或法律上的对象,对契伦来说毫无意义。另一方面,战争和外交不可能转移到史学家的领域。它们是国家活动的一个组成部分,如果排除在政治学之外,就无法理解国家的总体情况:一个国家的独立宣言如果没被国际法承认则等于废纸,因为其相当于是大国的承认。

> 现行的国际法体系没有新来者的余地。[……]他们生来就犯了违反法律的罪。已建立起来的制度,拥有灵巧的分配和细致平衡的法律关系,但终究必须重新安排,以腾出空间给新来者。在国际法和国际舆论的眼中,每个新国家的诞生显然是一种丑闻,在国际法的登记册中,这个新生儿将被视为一个私生子。①

在契伦看来,当时政治学的问题在于它的跨学科和细分性质,以及缺乏独立的身份定位。对于今天的政治学家来说,这是一个奇怪的问题。政治学既不缺乏身份,也不缺乏学生。相反,它专注于

---

① Rudolf Kjellen, *Der Staat als Lebensform*, pp. 163–164.

自己的领域和完善自己的身份,以避免受到其他学科的干扰,这将使其具有跨学科、"多元文化"的特征,从而自然地降低学科教授的能力并限制他的权力。即使是契伦所描述的特定的政治科学身份,也在许多大学遭到抵制,因为他提倡随笔形式写作,并用大量的隐喻使人走近他的概念。同时,契伦的早期分析不仅直接影响了20世纪上半叶大陆政治学,对"冷战"时期的政治以及尤其是当今国际政治的讨论具有共鸣效应。

地缘政治学与族缘政治学

对契伦来说,"地缘政治学"即对国家行为的地理影响,必须辅之以研究族群组织(ethno organism)的族缘政治学(ethno-politics),也就是将一个族群人口视为一个个体的人来研究。"地缘政治学"看国家,"族缘政治学"看民族。

> 土地不能脱离国家,没有土地,国家的概念就会失去意义,人民离开了土地也就杀死了国家。(同上,页50)

根据契伦的说法,"地缘政治学"和"族缘政治学"是国家的一部分补充。它们共同构成了国家的"自然面",而"经济-政治"(家庭)、"社会-政治"和"团体政治"或"行政部门政治"(政府政治)构成了国家的"文化面",在这一面里"国家将显得更有创造性和更自由"(同上,页38)。因此,国家应被视为自然之物:

> 就像生物意义上的生命形式一样,其唯一的定点是它们的

利益、偏见和欲望：实现和成长的愿望、生命的意志和权力的意志。我们不应否认利他主义倾向，它们有时甚至可能成为权力，但只有在不与利己主义倾向直接冲突的情况下，它们才会发展。(同上，页96)

在契伦的著作中，他倾向于强调国家的"自然面"，认为这限定和塑造了"文化面"，而前者正是通过后者的合理性才受到约束。

> 国家有感情，有社会（和家庭）利益；军队意味着责任。这个军队（政府机构）把它的理性野心与国家的本质要求相对立，建立了永久的机构，也拥有合法捍卫自由的权利，与阶级斗争和社会的胁迫相抗衡。因此，军队是国家"文化面"的本质。它试图在自由和有目的的行动中超越自然或者欲望的统治。(同上，页149)

"瑞典－德国地缘政治"，正如契伦所表达的，他把民族、地理、经济和政治有机地融合在一起，这在今天的政治发展中得到了很好的体现，但这种地缘政治传统重新定义和拓展了地缘政治概念。我们不得不接受这一点。由于地缘政治在今天的用法中已经与政治学的某一特定学科联系在一起，而不是像契伦那样，作为国家的一个方面，因此"地缘政治"一词也包括他所称的"族缘政治、经济政治、社会政治和团体政治"。

契伦认为民族国家是土地和人民之间统一的自然表达———一块有着或多或少"自然边界"和一定程度的自给自足的土地。在契伦看来，地缘政治、族缘政治和经济政治似乎在民族国家中找到了它们的自然形态。人民通过国家寻求自由，国家在人民中寻求

"精神内容"（同上，页112）。以前的动态调整——似乎以双重方式，一方面在巴尔干半岛，另一方面又在意大利的事态发展中发挥作用：

> 作为一种离心力，几个在同一个国家中的不同民族渴望自由，并作为向心力，同一民族的不同国家渴望统一。（同上，页106）

他显然受到黑格尔的影响，并写道："国家为民族提供了一种精神内容，而这本身是它所缺乏的。"国家的盲目本能受到法律和理性观念的削弱和控制。它的自然力量已经进入一个理性形式更高层次的意识。在自由之光下，它把自己与历史责任联系在一起（同上，页103）。

在前几段中，人民和土地及其"自然边界"被想象成某种既定的事物。我们可以想象，像英国这样的岛国，或者西班牙、意大利和斯堪的纳维亚半岛这样的国家，它们有着明显的边界和相对同质化的人口。但对契伦来说，这只是一种倾向。人民是经过几个世纪才能形成。他描述了西班牙人民是如何从最多样化的民族中成长出来的。

> 英格兰的形象也一样。在凯尔特人、罗马人和日耳曼人的种族基础上，有皮克特人和苏格兰人、英国人和高卢人、罗马人和法国游牧民聚集在这里；丹麦人直接从斯堪的纳维亚南部而来，盎格鲁人和撒克逊人来自德国西北部；然而，没有人反对英国这个独特而固定的民族。[……]事实上，不存在纯粹的种族，将政治建立在人种学分析的基础上，就是建立在某种幻

想的基础上。(同上，页 86-88)

因此，人们必须将民族国家的概念从实际政治中区分出来，契伦认为，民族国家这个概念不足以满足 20 世纪的政治和经济需要。举一个离我们很近的经典例子：如果说弗里德里克大帝的普鲁士足以维持 18 世纪的平衡，那么 19 世纪则需要俾斯麦的德国才能肩负重任。现在，当标准已经膨胀到囊括了英国、俄罗斯和美国这样的庞大帝国时，若想实现平衡，似乎就要建立一个中欧，无论是以德国-奥地利-匈牙利（诺曼的主张）这样的小形式，还是以更大的形式，包括黎凡特（Jaeckh 的主张）。[1]这活像是合成的国家或是拼凑而成的国家以满足地理的变化（同上，页 67）。换句话说，这些指标都指向北约或欧盟这样的联盟。与此同时，契伦强调，这样的国家集团缺乏民族团结，必须尊重特定民族的身份，以免转变成一个"用自身文化扼杀所有其他自治存在"[2]的政权。无论是中欧还是泛美国家都与种族单位没有关系。前者试图将德国人、斯拉夫人、芬兰人和土耳其人等不同种族团结起来，后者则尽力忽视基本的种族矛盾，将德国人（以及美国佬血统中的其他成分）与罗马人联合起来。在这方面，地理学比人种学有着明显的优势。[3]

瑞典-德国地缘政治是地理、民族和经济因素的融合，它塑造了国家政治，并基于文化的原因，通过"团体政治"塑造了它的"自然一面"。这一思路与盎格鲁-撒克逊地缘政治存在根本的不同，

---

[1] ［译按］黎凡特（Levant）是个不精确的历史上的地理名称，它指中东托罗斯山脉以南、地中海西岸、阿拉伯沙漠以北和上美索不达米亚以东的一大片地区。
[2] Rudolf Kjellen, *Varldskrigets politiska problem*, p. 167.
[3] Rudolf Kjellen, *Der Staat als Lebensform*, p. 115.

我们从"冷战"时期的形象中就能明白。尽管瑞典-德国的地缘政治在过去有过阴暗面,但今天人们发现了它更有意义的一面。

日耳曼和盎格鲁-撒克逊地缘政治学

在"冷战"期间,地缘政治与其说是在学术上,不如说是在政治军事领域起了关键性作用。20世纪40年代末开始的遏制政策和北约联盟的形成,及其过去几十年来的发展,加上70年代和80年代的武器部署,都受到地缘政治论点的推动。但官方上,这些论点首先得到了盎格鲁-撒克逊地缘政治学家的支持,随后又由麦金德(Halford Mackinder)、斯皮克曼(Nicholas Spykman)、格雷(Colin Gray)和布热津斯基(Zbigniew Brzezinski)①等人发展。和契伦一样,麦金德也警告说,由于新兴铁路对海上运输的优势,俄罗斯可能会扩张。但与盎格鲁-撒克逊传统不同的是,契伦和德国地缘政治不仅强调技术发展与地理之间的关系,这是首要强调的,但其还强调它们与种族、政治思想和经济空间的联系。毫无疑问,美国的政治学——特别是摩根索(Hans Morgenthau),继承了德国传统的重要思

---

① Halford Mackinder, *Democratic Ideals and Reality*, New York: Norton Library, 1919; Nicholas J. Spykman, *America's Strategy in World Politics: The United States and the Balance of Power*, New York: Harcourt Brace, 1942; Nicholas J. Spykman, *Geography of Peace*, New York: Harcourt Brace, 1944; Colin Gay, *The Geopolitics of the Nuclear Era: Heartland, Rimlands and the Technological Revolution*, New York: Crane, Rusak, 1977; Zbigniew Brzezinski, *Game Plan: A Geostrategic Framework for the Conduct of the US-Soviet Contest*, Boston & New York: The Atlantic Monthly Press, 1986.

想，尤其出自韦伯（Max Weber）和施米特（Carl Schmitt），① 但对于盎格鲁－撒克逊传统来说，国家和身份或多或少是固定的。对"德国人"来说，这是一个持续不断的过程。盎格鲁－撒克逊的普遍主义与德国的"文化主义"或"语境主义"相对立。

今日欧洲，风起云涌，变化无常——关注武器和通信系统的影响已是明日黄花。不考虑种族、文化认同和政治观念，就不能再思考政治。当亨廷顿（Samuel Huntington）②讨论"文明的冲突"时，这表明政治已经变得更加接近于契伦提出的观点。亨廷顿在东西方之间划出的地理分界线几乎与80年前的契伦划定得一模一样，强调并称之为"俄罗斯和欧洲之间的伟大文化分界线"。契伦转而反对普希金的"所有斯拉夫小溪都汇入俄罗斯海"的想法。③在这条历史分界线的西边，白海——佩普西湖（Peipus）④——罗基特诺（Rokitno）沼泽——顿河［……］属于欧洲——在种族出现之前有文化。最大的分歧不是日耳曼人与斯拉夫人之间，而是日耳曼人加（+）西部

---

① Alfons Sollner, German Conservatism in America: Morgenthau's Political Realism, in *Telos* 72, Summer 1987, pp. 161 – 177; Tarak Barkawi, "Strategy as a Vocation: Weber, Morgenthau and Modern Strategic Studies," *Review of International Studies* 24: 2, 1998, pp. 159 – 184; Hans – Karl Pichler, "The Godfathers of 'Truth': Max Weber and Carl Schmitt in Morgenthau's Theory of Power Politics," *Review of International Studies* 24: 2, April 1998, pp. 185 – 200.

② Samuel Huntington, "No Exit—The Errors of Endism," *The National Interest* 17, Fall 1989, pp. 3 – 11; Samuel Huntington, "The Clash of Civilizations," *Foreign Affairs* 72: 3, 1993, pp. 22 – 49; Samuel Huntington, "The West is Unique—Not Universal," *Foreign Affairs* 75: Nov – December 1996, pp. 28 – 46.

③ Rudolf Kjellen, *Varldskrigets politiska problem*, pp. 122.

④ ［译按］佩普西湖（Peipus）位于俄罗斯联邦和爱沙尼亚边境，亦称楚德湖。原文存在笔误，将Peipus写成Peijus，译文加以更正。

人和南斯拉夫人加（+）芬兰文化部落对东方斯拉夫人。种族的概念被淘汰了（同上，页124）。

契伦指出，日耳曼人或者西部斯拉夫人的中欧和东部斯拉夫人的俄罗斯之间具有文化分歧。他预测，这种分歧可能会以中央集权政体的形式，或者以德国领导的中欧国家联盟的形式，促成更高层次的政治组织。以德国－奥地利为中心的联邦国家联盟是西部斯拉夫民族免遭俄罗斯统治的唯一机会。然而，这需要德国选择国际化奥地利（哈布斯堡），而不是它的普鲁士。普鲁士对波兰人的种族偏见必须转变为对个人习俗和文化的尊重，这类似于奥地利的国家概念，相比于捷克、波兰人等（同上，页171），奥地利的国家拥有多民族的自由制度。我们现在知道，这个中欧联盟或联盟从未实现过。第一次世界大战后，胜利者反而建立了一个广阔的缓冲区，使独立国家在第二次世界大战期间灭亡。直到后来，同盟国才感到有必要建立一个政治军事联盟，一个有中央领导的国家联盟。然而，这一角色属于美国而非德国。

契伦的想法和构建北约的想法惊人相似。因此，在保障自由和安全的中央力量领导下建立一个多国和非霸权国家联盟的想法，并不是当前的创新。契伦曾认为，如果德国选择了多民族的奥地利－哈布斯堡人，它就会被斯拉夫邻国所接受。这样一个在德国军事和政治领导下的多国联盟将被认为是合法的，而契伦还认为中欧人民将像从前的西欧一样转向德国，而现在中欧人民已经转向美国。

这一解释再次促使我们审视北约的性质。在"冷战"期间，北约给我们大多数人的印象是，一个加强西方对抗外部敌人苏维埃联盟的组织。但是，苏联解体后，这个联盟其实本应解散了。尽管有新现实主义的预言,①但一切并没有发生。北约似乎拥有组织和政治特性,以及一个有效的领导,使该组织得以生存。北约代表着某些价值观——民主、法治、市场经济、个人自由、国家多元化——这些价值观需要一个政治-军事组织,或者,如果愿意的话,就是联盟。这个统治西方的政治军事组织与契伦所说的解决中欧问题的方法有着更大的相似之处,而不是传统上与"联盟"一词相关的任何东西。

契伦的同时代人、英国地缘政治之父麦金德提出了他对中欧的解决方案。②他主张在德国和俄罗斯之间建立一个由独立小国组成的区域,以遏制这些大国统治欧洲。麦金德将这些国家视为自治单位,从英国传统的力量平衡观点来看,它们可以通过比如说与英国结盟的方法来确保领土完整。事实证明,这是一个重大错误。第二次世界大战使这些国家不再独立。小国转而向大国寻求保护,并服从于这些强国的政治议程,这正如契伦所预料的那样。麦金德的追随者、美国地缘政治家斯皮克曼在战争期间提出了结盟的主张。③他认为,美国与西欧国家的联盟对于遏制苏联至关重要。但和麦金德一样,他指的是联盟,而不是在中央领导下的政治军事联盟。北约被认为是独立国家的联盟,换句话说,这是斯皮克曼思想的实际实现。

直到"冷战"结束后,我们才可以不受惩罚地说这些想法是错误的。现在我们认识到北约不仅仅是一个联盟。北约在苏联解体后

---

① John Mearsheimer, Back to the Future: Instability in Europe after the Cold War, *International Security* 15:1, 1990, pp. 5–56.

② Mackinder, *Democratic Ideals and Reality*, 1919.

③ Spykman, *America's Strategy in World Politics: The United States and the Balance of Power*, 1942; Spykman, *Geography of Peace*, 1944.

并没有解体,这表明北约更加一体化——其具有共同的政治理念,在明确界定的领导下具有共同的价值观。实际上,这种等级结构几乎与契伦所说的"国家联盟"或德国地缘政治哲学家施米特所称的大空间(Grossraum)① 完全相同。然而,这两位作家都是德国人,而不是美国领导人。他们主要谈论中欧,而非西欧。但正是德国地缘政治,在其国际化的形态下,证明了自己能准确描述欧洲的未来。随着北约更加统一,盎格鲁-撒克逊地缘政治被德国地缘政治所取代,尽管到目前为止,这一点仍未得到承认。

德国地缘政治以契伦为根基分为两派:一是城市、国际和多民族传统,契伦称之为"奥地利面孔",建立在哈布斯堡帝国承认个人身份和相对自由的基础上;另一个是更为乡村的浪漫民族主义血与肉的传统,即"普鲁士面孔",将边界视为不同民族和国家之间的战争区,并认为,小国建立自己国家的可能性是大国不易察觉到的弱点。后一种思想影响了像豪斯霍弗(Karl Haushofer)这样的理论家。他对犹太人的批判指向的是隐喻意义上的、城市的和见多识广的犹太人,而不是寻求自己的家园和土地的犹太复国主义犹太人。他的地缘政治思想实际上是通过他们的熟人赫斯(Rudolf Hess)传递给希特勒,但豪斯霍弗对纳粹反犹情绪的批评也让他被排除在纳粹党之外。②

对豪斯霍弗来说,第一次世界大战的结果——中欧和巴尔干半岛诸国的建立——是俄罗斯和德国软弱造成的。当俄罗斯和德国重整旗鼓时,处于灰色地带的中立小国被迫屈服(参《苏德互不侵犯

---

① Carl Schmitt, *Volkerrechtliche Grossraumordnung mit Interventionsverbot fur Raumfremde Machte—Ein Beitrag zum Reichsbegriff in Volkerrecht*, Berlin: Deutcher Rechtsverlag, 1941, 1938.

② Diner, "Grundbuch des Planeten," 1984, pp. 1–28.

条约》)。在豪斯霍弗看来,俄罗斯是自然盟友。他更喜欢"草原强盗",而不喜欢"海盗"。对他来说,德国对俄罗斯的进攻在政治和军事上都是一场灾难(同上,页 10-16)。国家的文化基础是豪斯霍弗理论的基本要素,这使他反对盎格鲁-撒克逊(但也反对布尔什维克)的普遍主义——它的个人主义、自由主义和民主——其认为自己的文化放之四海而皆准。契伦和施米特的著作中也存在同样的批判,但他们的理想和政治观点却有所不同。亨廷顿对福山的批评中也有同样的争论。① 用亨廷顿的话说:

> 西方是独一无二的,但不是普遍的。②

契伦提到了戈特利布(Albert Gottlieb)(1914)的一篇文章,并谈到双重普遍世界:中央集权(die zentralistiche Herrscaft)和家长集权(die patriarchalische Vorrherrscaft)。前者是古罗马,它以其文化的力量扼杀了所有独立的生活,与现代拜占庭——俄罗斯——所希望实现的理想相同。后者是当代英国:在海外照顾她的孩子,把他们绑在松散的纽带上,但对其不熟悉的身份缺乏理解和尊重[……]。以"自由"的名义,戈特利布引入了第三种类型:统而不治(Fuhrung ohne Herrschaft)。Herrschaft[统治]是建立在武力或狡猾的基础上,要求更多的是领导力;它不仅要求优越,而且要求有能力理解异国(文化),尊重和维护它的特性。但这恰恰是德国的传统。③

---

① Huntington, "No Exit—The Errors of Endism, pp. 3-11; Huntington, "The Clash of Civilizations," pp. 22-49; Francis Fukuyama, "The End of History?" *National Interest* 16, Summer 1989, pp. 3-18.
② Huntington, "The West is Unique—Not Universal," pp. 28-46.
③ Rudolf Kjellen, *Varldskrigets politiska problem*, pp. 167-168.

除了契伦的血统隐喻和某些历史的夸张之外，这还引起了对普遍主义的相关批评。根据契伦的说法，正是普世主义和拿破仑所表达的个人主义思想创造了民族主义。

> 这种滥用，这种过度的个人主义，对于使整个国家觉醒来说是必要的。对于被西班牙、德国和俄罗斯践踏蹂躏后又复活的民族意识来说，是它们，也只有它们，可以让列强马失前蹄。到那时，人们会发现一个政治事实，而诸如此类的事情自基督教发现个体以来还从未出现过，那就是，历史上还有另一个特征，就是民族。①

与豪斯霍弗的伟大德国建设相反，契伦的大德国是一个世界性的国家联盟，一个尊重特定国家的特性和特质的中欧联盟。契伦的想法是一个德国领导下的独立国家组成的国家联盟，这将保证它们的安全，并为德国创造一个经济利益圈，就像殖民地代表着与英国相似的领域一样。或者，再一次引用契伦关于未来国家集团形象的说法：

> 当标准已经膨胀到囊括了英国、俄罗斯和美国这样的庞大帝国时，想要平衡似乎就要建立一个中欧，[……]这活像是合成的国家或是拼凑而成的国家以满足地理的变化。（同上，页67）

这一想法被施米特（1941年）进一步发展，他没有提到豪斯霍弗的"生存空间"，而是谈到，德国是主要力量或帝国的中欧。施米特的想法以门罗主义为基础，门罗主义剥夺了欧洲和其他国家干涉

---

① Rudolf Kjellen, *Der Staat als Lebensform*, pp. 104.

北美和南美事务的权利。这赋予了美国霸权和领导地位，同时也为拉丁美洲国家提供了相当大的独立性。门罗主义反对欧洲殖民势力对拉丁美洲进行干预的要求，并由独立国家联盟形成这一原则，而其安全则得到美国的保障。施米特试图将这一思想应用于中欧，让德国作为军事保障者：德国领导下的独立国家联盟，属于德国的利益范围。这一思想的繁荣缘于威尔逊总统关于建立一个国家联盟的建议：这将门罗主义延伸到了"世界主义"。施米特认为，不干涉的大空间概念被美国的"帝国世界主义"所挑衅，而根据人道主义原则，这种理论可以使干预在任何适当的地方合法化。①

就像契伦把民族主义描述为拿破仑普遍主义的对立面一样，施米特描述了威尔逊和布尔什维克的普遍主义，而后在更高层次上创造了大空间这一对应概念；这一思想在契伦的作品中已经存在，即使只是在萌芽阶段。从历史上看，毫无疑问，到了40年代末，苏联军队在东方的崛起，加上一个无能的联合国，导致了欧洲－大西洋国家联盟的建立。我们称之为北约的大空间，围绕西方政治思想精心策划，且有其核心军事力量美国作后盾。但直到"冷战"结束后，人们才意识到，这个联盟并不像盎格鲁－撒克逊政治传统所认为的那样，构成一个联盟，而是一个按照瑞典－德国地缘政治学派所说的有着明确定义的某大国领导下的大空间。这种等级化政治联盟再次引发了关于民族国家、主权和"同心圆"联盟的争论。②无论如

---

① Schmitt, *Volkerrechtliche Grossraumordnung mit Interventionsverbot fur Raumfremde Machte—Ein Beitrag zum Reichsbegriff in Volkerrecht*, pp. 23.

② Stephen M. Walt, Ole Wæver 以及 Charles A. Kupchan in Charles 三者的辩论，参 A. Kupchan 编, *Atlantic Security—Contending Visions*, New York：A Council of Foreign Relations Book, 1998。

何,益格鲁-撒克逊的论述不得不重塑这些思想。在德国,契伦的作品有12种译名和25种版本可供参考。据我所知,英文译本却无迹可寻。正如奥莱威尔(Ole Wæver)[1]所言,益格鲁-撒克逊国际关系理论可能没有我们所希望的那样具有普遍性。

(译者单位:中共重庆市委党校马克思主义学院)

---

[1] Ole Wæver, The Sociology of a Not So International Discipline: American and European Developments in Itnternational Relations, *International Organization* 52:4, Autumn 1998.

《地理与世界霸权》德译本导言

豪斯霍弗（Karl Ernst Haushofer） 撰
史敏岳 译

［中译编者按］本文为德国著名地缘政治学家豪斯霍弗为英国政治地理学家费尔格里夫（James Fairgrieve，1870—1953）《地理与世界霸权》所写的德文版（1925，译者是豪斯霍弗夫人）导言。无须特别提醒读者，1925年正是德国因第一次欧洲大战的结局而动荡不安的年代，用豪斯霍弗自己的话说，是"祖国处于危难时刻"。

费尔格里夫的《地理与世界霸权》[①] 与德国读者见面了。尽管地缘政治学一词在整本书中未曾出现过一次，但本书作为对地缘政治学的基本介绍，至今在德国文献中仍付阙如。实际上，今天德国

---

① ［译按］中译本见：费尔格里夫，《地理与世界霸权》，胡坚译，杭州：浙江人民出版社，2016；菲尔格里夫，《地理与世界霸权》，龚权译，上海：上海人民出版社，2016。

的地缘政治学著作，包括瑞典人契伦（Rudolf Kjellén，1864—1922）关于"作为生命形式的国家"的重要研究（他在其中论证了扩大完善地缘政治学的要求），都预设了一个前提，即作为一种概论，本书给读者提供的知识已经众所周知。由此，本书也为从政治地理学向地缘政治学的过渡奠定了一个必要和可嘉的开端。

出于高端入门读物的引介使命，加之作者不仅是称职的教师，还是天生的教育艺术家，本书具备很高的教学价值和超常的归纳整理能力。出版社认为，正是由于这两种特质，本书足以成为其所代表的这片新科学领域的基石。当然，细心的读者以及译者和出版人都不难发现，本书的一些不足也与此相关。这种风格壮阔的湿壁画，在表现上很容易误入粗糙泛化的歧途，遗漏微妙的色彩层次。此外，本书第一部分对我们古代历史的理解，着重依据传统的地中海中心史观，（尤其是为了在中学普及使用）很大程度上将世界史与地中海盆地的历史混为一谈。这种必然性决定了本书的欧洲中心主义的狭隘片面，比如，本书认为东南亚的文化发展微不足道，而且完全无视阿拉伯人和非洲之间长达数百年的交流。

还有一种观点仍旧不乏争议，这种观点似乎实际上更加唯物主义，似有陷入一种过度唯物论和宿命论的态度之嫌，就连作者本人也感到必须反对。但在试图从整体上正确评价这种观点之前，作为德国人，我们必须承认本书的一个优点，这也是我们最终决定翻译本书的关键因素：无论本书多么强烈地代表了"幸哉占有者"（beati possidentes）的盎格鲁-撒克逊本位立场，尤其"世界的本貌"一章，我们依然可以将其奉献给德国读者，而不至于失去自尊。很遗憾，在面对许多英文地缘政治学著作时，要做到这一点不可能，比如，麦金德（Halford Mackinder，1861—1947）的某些著作，充斥着仇视德国的粗暴而不公正的态度，因此绝不可能译成德文，尽管我们必须承认，少数中欧人可以从这些著作中学到许多，那是因为这些人能够远离这些敌意精神工具的原定用途，不会因此而造成自身历史正义感（geschichtliches Rechtsbewußtsein）的混乱以及民族和国家的损失。

然而，德国读者阅读本书，必须永远抱着清醒的批判意识，必须保持精神的独立，行文离我们自身的时代越近，作者的客观性因其民族参与历史事件而受到的考验越严峻，就越要如此。作者对德国一直表现出一定程度的理解和公正：他体谅我们所在中心位置的难处，从地理条件出发解释我们永恒的分裂状态，再三强调强势政府（starke Regierung）的必要性：

> 欧洲半岛的这片中央区域没有清晰先定的核心，四周围绕着历史上一切重要民族，本身也存在各种显著的差异和独特性，各处都是世界观不同的人们。外部刺激的影响来自四面八方，对它的每个单位产生不同的作用，而德意志就开放地面对着这些刺激。只有在政府强大的时候，德意志才曾经是一个统一体……

关于现在的德国，作者说，

> ［它是一个］现代国家，占据着欧洲的中心位置，只要受到强有力的统治，它就会享有这个中心位置的优势！

这一章的结尾形式简约，表达了一种认可：

> 为了战胜德意志民族的才干，人们用去了几乎全世界的合力。即使斗争就像现在这样结束了，也丝毫没有改变德国的地理位置和它民族的特质。

这里奏响的我们听来充满希望的音符又在另一处响起：

> 在某种意义上，德国——甚至中国都属于在大陆中央国和众多海洋边缘强国之间来回拖曳的生命形式所构成的地带。欧洲中部没有组织，分裂为互相敌对的小团体，在本质上属于缓冲地带，可是一旦组织起来，强大起来，它就会处于一种完全不同的状态。由于和海洋相接，并由此受到走向大洋的诱惑，德国是海上强国之一，而它处于这个广大中央区域的西侧和人口最稠密的边缘，无论如何，它的位置已将其先定为一个潜在的中心，可由此出发将该中央区域组织起来。（［译按］比较胡坚中译本页297）

面对作者自己承认的这种可能性，这位英国人在平静客观地论述不列颠世界帝国的发展时，还坦陈英国的颠覆政策在欧洲的所有战争中产生了何等灾难性的作用，英国为自身的利益而"煽动"（angefacht）了这些战争。相反，在阅读作者对获得殖民地和统治区的描写时，我们应该谨慎；对印度本土各国的吞并，绝不像这里所描写的那样无害：

> 自从这段时间以来，虽然印度国家的有些部分因为恶政或缺乏直系继承人而让渡给了英国统治，但不列颠权力的扩张已经不再通过武力。

尽管如此，促成和加快这种"让渡"的方法，仍然是使用各种权力手段！在论述两次布尔战争之后兼并南美洲的几句话当中，我们也完全读不到关于集中营（Konzentrationslager）和其他极端手段的内容，而在行文的不同之处，这个因为占据空间而沾沾自喜的盎格鲁-撒克逊人透露出了典型的自满，他认为，世界的分割理应有利于他们，而且应该保持现状。

贯穿本书的还有另外两个性质更普遍的基本取向需要阐明。第一个基本取向是以实际利益为目的，这种导向有时直接表达在文中，有时则是无意识的，但却很强烈。在目的明确地贯彻这一导向时，书中甚至偶尔还出现史实不确的错误。比如，费氏声称，在克劳狄乌斯①之前不存在道路工程。为了突出罗马文化是进步的更高阶的文化，作者无视波斯和中国有过历史远比罗马悠久的出色的帝国道路的事实。我们必须着重指出这种狭隘，以免人们也如此看待我们。不过，作者本身在引言中也已经承认了这种片面性，他坦率地宣称，自己在论述中有意识地排除了一切形而上和宗教的重要因素：

> 如果我们不考虑一切宗教问题……那么就可以说，物质的历史在广义上就是人类控制力不断增强的历史。

这是一种刻意的狭隘，而且必须如此；在文中另一处，他也承认，对历史的理解还有另一层面，虽在书中没有得到应有的重视，但它也许是更高的维度。

> 生命还有一个更高的目的，而引导力量的那个存在比力量

---

① ［译按］Appius Claudius（公元前340—前273年），罗马共和时代的政治家，曾主持修建罗马和坎帕尼亚之间的第一条道路"阿庇亚大道"。

本身意义更加崇高。

由此，作者承认精神相对于自然事件的权利，但这种认可需要我们从本书的言外之意去探寻，不可拘泥于词句。

我们绝对不能忘记，地缘政治学的考察方式必须有英雄崇拜（Heldenverehrung）作为补充，必须兼顾人类英雄的一面，如果它从人类所处的环境出发去解释人类，就只能从地理决定的原因中得出人类发展问题的四分之一，完全忽略了必须从人类及其种族（Rasse）的内心、道德意志、对环境有意识而迫切的对抗出发，去解释其余四分之三。有了这样一种观念，就不可能出现任何新的宿命论。在我们看来，囿于技术思维的现代人过于自满，他们的这种状态会让许多人感到诧异。他们到处看见绝对的进步，而在我们眼里，这些至多是肤浅的文明传播或促成进步的技术前提而已。但要争取和实现进步，我们不得不借助"受节制的力量"。

与此相关的还有对美国文明的高估。如果我们看到美国人到底如何处置他们更大的自由，就无法理解"那里的人们获得了更大的自由，是为了做值得的事情"。对一个"将众多古老思想弃如敝屣"的民族，我们抱有怀疑，我们也不能无条件地承认，如今在北美安营扎寨的这个文明"可以和欧洲文明一较高下"。而且，在优雅的文化、宗教、哲学、艺术和音乐等领域，美国是否具有更大创造力还有待考验。

对于我们所掌握的力量，要想不受到它强大的机械性压迫，第一要义就是要知晓遵循道德目标而运用这种力量的目的。我们认为，只有符合伦理的运用，才会生发出我们真正愿意承认的进步和更高的发展。

第二个基本取向是我们已经提到的精神守成。正是由于照顾了普通中学的智识水平，这部地缘政治学导论让古典语文学的史观发挥了广泛影响。相对于本书，拉采尔的学生赫尔默特（Hans Ferdinand Helmolt, 1865—1929）凭其《世界史》（*Weltgeschichte*），早已给出一个对当今整体世界观而言在地理上更加正确的史观，但也并未克服古老的地中海中心论。只消看看费氏如何满怀崇敬地从以往世纪所公认的地理关联中突出耶路撒冷的地位，就可见相对于地中海盆地，这里暴露出一种对南亚和东亚及其文化圈（Kulturkreis）的低估。但在这个文化圈中，一方面是保护性的高地和荒漠带，另一方面是海洋文化（ozeanische Kultur）更加盛行的南亚地中海（austral - asiatisches Mittelmeer），它们在更大的空间中为文化进步（Kulturfortschritt）创造了条件。而［在本书中］这些条件却被说成仿佛唯独为了我们那浪漫的地中海而存在。

当然，作者在后文的一处转折点上写道：

> 亚洲野蛮人的侵袭……拓展了我们的世界观……他们用暴力把世界比地中海周边地区更大的观念教给了西方各民族。

直到这句话，更大的欧亚空间（eurasiatische Raumauffassung）概念才横空出世；我们有理由怀疑，作者究竟是为了基本的教育目的，才一直在用精巧的教学艺术，牵着地中海教育影响的襻带，把那些由西方文化圈（westlicher Kulturkreis）中心出发而形成自身视界的欧洲人引向这种扩大了的视野，还是他本人也多少立足于地中海或大英帝国观念的魔力之下。

然而，这一切不过是诸多大美之中的小瑕疵，仅仅表明这部著作中隐藏着何等丰富的地缘政治学教育价值，以及何等鲜活的启发力,既触发认同又不时引起反驳。作为地缘政治学考察方法的导论,本书为自学和教学提供了一目了然的引导和难能可贵的具体指示。尽管此书的行文看似不容置疑,却是一部我们必须和应该不断对其发表观点的著作,一部我们至今没有的一流教科书;一部只有将不言自明的目的性和简化外物的、健全的人类理性(为了避免"常识"一词)融为一体才能写成的典型英式作品。这种融合在盎格鲁-撒克逊人的地缘政治实践中已经司空见惯,而德国人,包括瑞典人,在这些问题上很容易变得沉重,罗曼人对它的理解又过于拘泥形式。

盎格鲁-撒克逊人是我们时代至今最成功的帝国缔造者。一家把维护地缘政治学视为己任的德国出版社为此而从他们的实践中引进这门学科的基础手册,可谓良有以也。

为德国"地缘政治学"申辩

豪斯霍弗(Karl Ernst Haushofer) 撰
袁 媛 译

[中译编者按]慕尼黑大学教授豪斯霍弗(1869—1946)是德国魏玛共和国时期著名的地缘政治学家,史称"地缘政治学之父",其代表作为《太平洋地缘政治》(*Geopolitik des Pazifischen Ozeans*, 1925)和《地缘政治学的基石》(*Bausteine zur Geopolitik*, 1928)。1946年,纽伦堡国际军事特别法庭传讯已76岁高龄的豪斯霍弗,聆讯组长为美国乔治敦大学外事学院教授沃尔什,本文为聆讯结束后豪斯霍弗所写的书面认识。

写下这篇书面认识后不到半年,豪斯霍弗与陪伴了他近50年的妻子玛莎一起双双自杀(1946年3月)。一年前,即盟军攻克柏林前夕(1945年4月),他们的大儿子,地缘政治学家兼著名诗人阿尔布莱希特·豪斯霍弗(Albrecht Haushofer)因参与谋杀希特勒被纳粹党卫军执行绞刑。

这篇书面认识今存哈特什姆霍夫（Hartschimmelhof）私人档案馆（Privatarchiv H. H.），1979年由德国史学家雅可布森首次刊布。中译依据 Hans‐Adolf Jacobsen 编，*Karl Haushofer：Leben und Werk*，2 vols., Boppard：Harald Boldt Verlag, 1979（卷一，页639‐645），标题为德文版编者所拟。

根据1945年10月5‐6日谈话，[我]得出[如下]认识。

1. 关于人称（Ad Personam）：即使我不是地缘政治学专业术语的首创人，也有权算是该学科在德国的主要代表人。在提笔尝试对事件进行客观阐述之时，笔者迟疑：应该使用第三人称还是第一人称？

使用第三人称可能具有更强的客观性，这是优势所在，但也可能不可避免带有矫揉造作的痕迹；因此，作者宁可成为在别人看来不谦逊的人，还是使用第一人称。

2. 让一个由于年龄和长期苦难在体力和精神上都受到压抑的个体，在没有任何提示能够帮助记忆的情况下，面对一个更年轻、精力旺盛、配有书面材料的问讯人群体，这大概会妨碍纽伦堡聆讯。

这份叙述应被视为对10月5‐6日谈话所留印象之总结，因此，人们当然不能期待它有多么完备。

3. 关于事件（Ad Rem）：1919年，德国地缘政治学作为公开的学说出现在高等学校，它的形成过程同时就是它对自己的辩护，因为它是困境的产物。

在三组问题上，情况尤其如此。按照美国的教学方法，这是德国地缘政治学最重要的三类知识：关于生存空间（Lebensraum）的知识，关于边界（die Grenzen）的知识，以及关于海洋地缘政治学和大陆地缘政治学分歧的知识。

一门在自己国家危难时刻出现的学说,即使其首创人试图严格地按照科学合法的要求行事,只要他不是一个学术机器人,而是一个生动敏感的、有血有肉的人,这种学说就一定会带有某种痕迹和不足,这种痕迹和不足脱胎于该学说的形成时期与形成情势,以及首创人本身晚年投身学术研究的经历。

在当时,让一位德国学者对彼时中欧生存空间分布不足的情况(这是欧洲过度工业化和城市化的结果)和中欧的分裂局面视而不见,造成分裂局面的边界不能长久维持,故而从地缘政治角度看并不合理,这种要求既不人道,也无法做到。(因此我另著拙作《边界的地理和政治意义》。)

4. 针对[第一次世界大战]战后德国青年进行的教学活动,似乎从一开始最缺乏的就是思维的广博性(在各个大洲方面!),以及对其他民族,特别是对海洋民族生活情况的了解。不能再感受海洋令人振奋的呼吸,被剥夺了海外联系,战后德国青年被束缚在狭小的大陆上,也被束缚在他们的世界观里,他们变得目光短浅,迷失在大量的小摩擦中,这一点可以从政党分裂为 36 个派别以及无数的联盟看出来。

我们对近东和中东、欧亚、苏联的了解尚且不够,相形之下,针对大型的、特别是海洋因素起决定作用的国家,如大英帝国、美利坚合众国、日本与荷兰巽他王国(niederländischer Sundareich),我们对于它们生活形态的认识更加不足。

因此,对于德国地缘政治学而言,显得特别必要的是,设法了解沿海国家以及印度洋—太平洋地区,并由此抗衡 1919 年至 1933 年间国内的纷争。遗憾的是,在后期内部各党派斗争的压力下,这样的纷争越发遮蔽和黯淡了德国对外国的认识。

柏林大学国际关系学院（die auslandswisschenschaftliche Fakultät）以及我儿子阿尔布莱希特·豪斯霍弗（Albrecht Haushofer）教授的研究所，也为这些任务服务，德国只有这一个政治地理学和地缘政治学研究所。

关于第4点，地缘政治学研究所在慕尼黑从未存在过。我的个人图书馆是我辛苦得来的私有财产，可惜部分遭到美国专员（Lt. Morgenstern中尉和Kaufmann）收缴。我作为战争伤残者领取军队养老金，所以没有从大学获得任何资金或工资，否则我就成了"赚取双薪的人"（Doppelverdiener）。

德国的地缘政治学没有在任何方面得到国家支持，草创初期贫乏不足，困难极大。

5. 无论在哪个国家，没有任何一个正常的、有感知的人可以否认，在这样艰难的经历之后，一位德国学者也有权在追求一切客观性的同时，利用他在自己的知识领域诚实、合法获得的知识，在这样一场为生存（Dasein）而进行的斗争中，如同1919年至1932年间一样，以他的精神力量支持他的人民。

"无论对错，祖国就是祖国"（Right or wrong, my country），即使我从来没有把这一原则完全变成自己的原则，但是仍然要承认，在这些高度紧张的时代，纯科学和应用科学之间的界限很容易模糊，我也偶尔越界，我也对讯问者公开承认了这些并感到遗憾——他们承认，从1933年开始，我的口头和书面言论处于四重审查之下，我只能在压力之下①工作。

---

① ［译按］此处作者附上英文"在压力下"（under pressure）以示强调。

6. 如果审讯人员承认，与美国认为"合法"的地缘政治学相比，德国地缘政治学中能够被普遍接受的知识大约占 60%–70%，那么，这里必须严格区分所有 1933 年之前和之后出版的学科书籍。

我本可以展示大量 1919 年至 1933 年间的讲座，这些讲座在结构方面，与 1944 年 7 月 1 日乔治城大学（Georgetown University）外事学院（School of Foreign Service）开设的地缘政治学课程模式 II "方法论"等一致。如果我的整个科研工作室没有于五月初被美国摩根斯坦中尉和考夫曼先生指导的委员会破坏以及部分被收缴的话（但承诺会归还），其中包括我精心编写的讲课草稿。

7. 我于 1933 年后写就和出版的作品，是处于"压力之下"完成的，对他们进行评判时应考虑相应的情况。这些压力最终如何发挥影响（对此赫斯［Rodolf Hess］从未参与，他更多是试图保护），可以从以下事情上得到证明：对我的家庭几乎三年的监禁或居留限制，我本人被关押在达豪（KZ Dachau）集中营，1945 年 4 月 23 日我的长子被盖世太保杀害，我受到严格的限制，之后《地缘政治学》月刊（die Zeitschrift für Geopolitik）停办。

8. 第三帝国的执政党没有实施或了解地缘政治学说的官方机构，以至于他们只能误用出自这种学说的口号，其实自己也没有理解；只有赫斯和外交部部长冯·纽赖特（v. Neurath）对地缘政治学有一定了解，但没有能够执行，其中前者在纳粹党存在之前曾经是我的学生。

与此相反，1922 年至 1933 年间典型的政治家或政治科学代表人物了解地缘政治学，是很常见的事。如德国外交部部长施特雷泽曼（Gustav Stresemann），舒伦堡大使（Schulenburg）等人，奥地利总理塞佩尔（Seipel）和文化部部长冯·瑟尔比克（Von Srbik），匈牙利的泰勒基（Graf Paul Teleki）伯爵和根伯什（Gömbös）伯爵，布拉格的马萨里克总统（Masaryk），一些有名的俄罗斯人与罗马尼亚人，以及法国人如安塞尔（Ancel）、白里安（Briand）、德曼根（Demangeon）和蒙丹顿（Montandon），意大利人如加贝蒂（Gabetti）、图齐（Tucci）、马西（Massi）和罗莱托（Roletto），他们与库登霍夫－卡莱基（Coudenhove - Kalergi）的泛欧圈子（Paneuropa - Kreis）关系良好，并在布尔诺（Brünn）、奥洛穆茨（Olmütz）、布拉格、维也纳［等地］为圈子的成员做报告。

9. 我已经对分别来自第三军（6月14日－18日）、艾森豪威尔将军（8月24日－9月2日）以及杰克逊法庭职员（10月2日－10日）的审讯者们作了更详尽的解释：这些合法的地缘政治学的实际发展情况，淋漓尽致地体现在与我的理论之间的关系上，我的理论是关于海洋与大陆的科学的地缘政治学。从1933年起，合法的地缘政治学的发展开始受到干扰。

我的这些理论最初受拉采尔（Friedrich Ratzel）的《地球与生命》（*Die Erde und das Leben*）、《政治地理学》（*Politische Geographie*）、《人类地理学》（*Anthropogeographie*）以及他在美国和瑞典的后继者森普尔（Semple）和契伦（Rudolf Kjellén）启发，主要参考英美而非欧洲大陆的文献成形，并遵循了英美"让我们教育我们的师傅"之原则（Let us educate our masters）才应用于德国。

马汉（Mahan）、亚当斯（Brooks Adams）和张伯伦（Joe Chamberlain）在1899年的一次私人谈话中表示，期望构建一个大英帝国－美国－日本－德国联盟；霍尔迪奇爵士（Thomas Holdich）的《政治边疆和边界制定》（*Grenzschöpfer*），麦金德爵士（Halford Mackinder）的《历史的地理枢纽》（*The geographical pivot of history*），

以及基奇纳勋爵（Kitchener）（1909年），此后还有鲍曼（J. Bowman）的《新世界》（*The New World*），这些人给我提供了极大启发，我一再引用。在海洋政治和大陆政治之间摇摆不定的做法，在威廉二世时期已酿成灾难性后果。第三帝国曲解了这一警示，更严重误解了［日本］首相伊藤博文所作的比方，伊藤把文化欧洲、文化东亚与欧亚之间的关系，比作俄罗斯三驾马车（Troika）。相比之下，1939年和1941年单方面的东方扩张，是严重的错误。

10. 无论在我自己的著作中还是我的讲座中，都没有利于帝国主义征服计划的表述。如同我在关于边界的书中所写的，在公开报告中我也抗议过凡尔赛规定的边界关系造成的德国残缺不全的状况，我也维护南蒂罗尔（Südtirol）的德国人，对收回苏台德地区（Sudetendeutsches Gebiet）表示欢迎，但从不认可兼并非德国人定居的外族地区的行为。

我始终认为幻想通过这样的方式将其他地区并入德国是危险的，并予以拒绝。

在我领导海外德国侨民联盟①（V. D. A.）工作的时候，该协会耗财耗力从东部遣返数以千计的德国移民回到德国，这就是最好的证明，说明当时无论如何没有占领这些地区的计划，至少想要占领的愿望不为人知。如果占领异族地区，纳粹就相当于自己放弃了早

---

① ［译按］海外德国侨民联盟（Volksbund für das Deutschtum im Ausland），简称V. D. A.，德国文化组织。该协会与在全世界范围内居住的德国人保持联系，是他们与祖国之间的文化纽带。协会通过集中支持青少年交流、资助海外德国学校、幼儿园等设施建设以及海外德国媒体和出版物，促进德国语言和文化发展。1881年成立，多次易名。豪斯霍弗曾任领导。1998年改名为海外德国文化关系协会（Verein für Deutsche Kulturbeziehungen im Ausland），沿用至今。

些年宣告的理想,而我只要一有机会就强调,包括在1938年11月8日表示,我反对这些征服计划。那时我相信(希特勒)1938年所做出的、表示满足的承诺(Saturierungsversprechen)。

在一种语言相互杂糅、经济构成纠缠不清的状况下,特别在这种情况非常典型的东欧,不可能有一种边界划分能够真正公正,让所有人都满意,且不用暴力压制任何民族。不仅仅我,还有我的儿子阿尔布莱希特以及我的其他学生们和同事们进行了长时间的协商,徒劳地尝试为这样一种边界划分建立一个完全公正和持久的基础。在这方面,我一直致力于不要出现任何形式的收复故土情况。

在欧洲内部,我都坚信要克制,在这种情况下,把征服计划以及精心制作的涌入世界其他地区——例如南美洲——的地图归咎于我,完全是凭空捏造,这本身很好理解。①

在这些事情上,媒体热衷于制造耸人听闻的效果,也通过大量伪造的地图肆无忌惮地聒噪。

11. 我对日本文化地理的偏爱来自对这个国家和人民两年的了解。我特意准备了关于古代亚洲文化史和宗教史的知识,在那里,我在高尚的、令人愉快的人身上看到了古老文化的传承,相反,几乎完全没有接触令人不悦的新日本之现象,这些都加强了我的偏爱。

我认为1937年的中日战争是一场灾难,我的儿子阿尔布莱希特·豪斯霍弗教授在战争爆发期间,从美国到过日本和中国,他也是这样的看法。我力图阻止。相反,朝鲜在1909年给我的印象是,

---

① 对于豪斯霍弗此处涉及的问题,参第二卷,文件编号69、125、201,尤其是234以及我的评论,页462及以下。

它只能在日本、中国、俄罗斯或海外监护权之间进行选择，不能够独立，当时中国的东北（die Mandschurei）也如此。

每一次西欧与中国、日本或东南亚这些远东文化之间的武装冲突，我都认为毫无意义，并试图通过明智的文化政策促进弥合双方差异，以期预防武装冲突。因此，我写了《德国在印度洋地区的文化政策》（Deutsche Kulturpolitik im Indopazifischen Raum）。事实上，我早在1913年的《对大日本国防力量及其世界排名和未来的观察》（Dai Nihon）中，就已经提醒要警惕种族傲慢的现象，并指出在自治和重新崛起的趋势中人口众多的东南亚地区所具有的优势。

我也相信日本天皇的祖父，我本人认识的明治天皇（Mutsuhito, Meiji‐Tenno），绝不会像他的孙子那样失去对相互嫉妒的日本党派和宗族的控制。

《太平洋地缘政治学》（Geopolitik des Pazifischen Ozeans）初版恰恰强调，太平洋要摆脱战争的不利影响。在这方面，我与《太平洋事务》（Pacific Affairs）初版的出版者意见一致，他们当时还在檀香山，最早致力于泛太平洋地区的均衡发展，同时也是研究人员。例如澳大利亚人泰勒（Griffith Taylor），他给我寄来了《环境与种族》（Environment and Race），我很荣幸评论这本书。

我没有做任何给太平洋地区煽风点火的事情，恰恰相反，在一度大受欢迎的未来战争小说（Bayswater）的书评中，我警告这是危险的玩火游戏，只是在之后的报告中，才不得不提到了防务地缘政治事实。

12. 我第一次见到《我的奋斗》一书时，它已经印刷出版了，我拒绝为该书做书评，因为它和地缘政治学毫无关系。对我而言，它只是当时倏忽而过的许多宣传形式之一。我当然没有参与它的成书。一些歪曲事实的报道中提到我有共同参与的嫌疑，我认为通过任何一种科学的方法对我的和那些书的写作方式进行比较都能够保护我摆脱这种嫌疑。我从没有单独见过希特勒，最后一次见面是1938年11月8日，有证人在场，我和他发生了冲突。从那时候开始我就不受重用。1941年5月赫斯飞赴英国后，我受到盖世太保的迫害，直到1945年4月底我的长子被杀害方才结束。他被杀害的原因是对1944年7月20日的事件知情，以及和英美国家有联系。我与赫斯的友谊可以追溯到1918年，比纳粹党（N.S.）组建早四年，那时他来听我的讲授课程。我于1922年第一次见到希特勒。当时，很多人民领袖从狂热的人民中、从狂热的人民组成的不同联盟和运动中一跃而上，我视他为其中之一。

然而，直到1938年，我和亨德森（Henderson）和张伯伦之流一样，犯了类似错误，以为可能向好的方向发展，直到十月中旬我还希望能够和平解决。

13. 从一党独裁的压力直至被政府机构滥用与误解，自1938年秋起，德国地缘政治学开始了苦难的历程，应该说是中欧"政治科学"苦难历程的一部分——我们父子一人被俘，一人被杀的个体命运是为明证。

关于第13点，1919年至1932年，德国地缘政治学最初设立的目标与美国的非常相似。

在为它首次亮相制定的纲要中有这样的句子，德国地缘政治学应成为"国家的地理良心"。它原本可以例如在1938年提出，对在慕尼黑实现的成果感到满足和感激。但是，当我1938年11月8日从意大利回来终于将这份纲要呈交国家元首，试图贯彻它时，我失去了重用，并且再也没有见过它。直到那时，这位德国地缘政治学的承载者应该能够被视为美国意义上的合法的先驱。

14. 德国地缘政治学的目标最初和美国具有合法性的地缘政治学目标相同，即通过对各民族文化土壤和生存空间发展可能性的相互了解，尽可能排除未来的混乱，如同1914年至1918年间发生的那样；对少数民族而言则是获得最高程度的公正和文化自治，例如爱沙尼亚（Estland）就是这样的情况，以及在锡本布尔根（Siebenbürgen）短暂出现的成果。

这样的目标以一种正确的地理世界观为前提，继而要求各个民族和种族之间互惠互利，互相尊重，要求承认有"人格"（Persönlichkeit）的人权：高度忍耐、宽容。1919年至1932年期间，我的讲座和练习课充分体现了这些要求。否则，泛欧联盟（Paneuropa-Verbände）肯定不会让我在总统的邀请下赴布拉格进行讲座，邀请我前往布尔诺和奥洛穆茨，以及前往塞佩尔的维也纳，匈牙利和爱沙尼亚的文化部部长也不会在布达佩斯和雷维尔（Reval）听我的讲座，文化机构也不会在国家关系紧张的时候请求我前往罗马、瑞士、牛津、里斯本，隶属于各种文化种族（Kulturrasse）的成员，无论中国重庆的地缘政治学协会（Geopolitikgesellschaften in Tschungking, China），还是耶路撒冷大学（Universität Jerusalem）的教授们，如孔恩（Kohn），也不会一直与我保持书面联系。

德国地缘政治学的这样一些文化政治魅力在1933年以后仍在持续产生影响，除了那些与德国政治关系紧密的国家，如意大利、日本、匈牙利、罗马尼亚，它还影响了瑞典和挪威、梵蒂冈、中国、英国（我是英国军团的名誉成员）、法国（安塞尔、德曼根、蒙丹顿、哈古恩璐尔、巴黎法国-日本协会）。

15. 我的长子被盖世太保杀害，令人遗憾的是，仅在他以手稿出版的手册第一卷中有关于政治地理和地缘政治学的内容，这些内容在任何一个盟国的人文科学地缘政治工作室都会同样出现；这本手册成文于他在我们这里度假的时候，我们一起进行了深思熟虑的思考。我完全赞同这本手册的内容。尽管我为这本书提供了重要的启发，然而由于缺少方法论的培训和教育，我并没有能力自己撰写。

16. 呈给审讯人员的备忘录，可以视为我对受艾森豪威尔将军指派进行的审讯所作的回答，其中我已经详细表明，在一种国际化的，在教授、教师、助教和学生之间最鲜活的思想交流和人员交流基础上建立起来的地缘政治学，将会是避免未来世界灾难的最佳手段之一。

按照它名字的含义，它可以再次让"大地的神圣"（Sakrale der Erde），让支撑人类之大地的神圣性，在它引导的政治艺术中获得应有的荣誉。

为了这个崇高的目标，德国的地缘政治学试图在1914年至1919年间与1938年至1945年间的剧烈震动中建造一条通道。

如果在这样的过程中，德国的地缘政治学出现了错误和不足，它们也还是令人欣慰地处在一句英语智慧箴言当中："人类的一切进步在于建设新的道路。"

签名：卡尔·豪斯霍弗博士
1945年11月2日
地点：巴伐利亚阿默湖畔（Ammesee）的哈特什姆霍夫
签名时本人在场
签名：沃尔什（Edmund A. Walsh）教授

（译者单位：北方民族大学外国语学院）

禁止外国势力干涉的国际法大空间秩序

——论国际法中的帝国概念（1939）*

施米特（Carl Schmitt） 撰
方旭 译 林凡 校

[英译者按] 这篇文章拥有一段复杂的出版史。1939年4月1日，施米特在基尔大学政策和国际法研究所成立25周年做了题为"国际法的大空间原则"的讲座，但只发表了本文的前五部分，随后在《德国法律》学刊1939年4月29日第11期发表了本文第五部分即《国际法中的帝国概念》。在学刊上发表的这篇文章，实际上比发言稿仅多了一句拉丁文 ab integro nascitur ordo ［秩序诞生于整合］。《帝国与空间》这一部分接近于1941年发表的第三个版本的《中欧和东欧大空间中的少数民族与民族法》，这篇文章关注1939年的

---

* 本译文系"国家社科基金西方马克思主义视阈下'例外状态'社会治理及其应用前景研究"（17XKS016）阶段成果。

《德苏互不侵犯条约》,以及1939年至1940年东欧的其他条约。第四部分即《国际法大空间秩序》发表于1941年,包括关注《1939年德苏友好条约》最后一部分"法理学中的空间概念",甚至这篇文章的第四个版本,都发表于德国入侵苏联之前。1941年7月28日,施米特在这个版本前增加了一个序言,间接提到这个事实。

英译依据1991年德文版(柏林 Duncker & Humblot 出版社)译出,这个版本基于1941年的莱比锡和柏林 Deutscher Rechts verlag 版。晚近的 Dirk Blasius, *Carl Schmitt*: *Preussischer Staatsrat in Hitlers Reich* (Göttingen: Vandenhoeck und Ruprecht, 2001, pp.184-202)和 Gunter Maschke, *Carl Schmitt*: *Staat*, *Großraum*, *Nomos*: *Arbeiten aus den Jahren 1916-1969* (Berlin: Duncker&Humblot, 1995, pp.321-351)两书提供了详细的历史背景以及相关评论。[中译按]本文从 Timothy Nunan,《施米特论战争文集》(*Writings on War*, Polity, 2011)英译本译出。

导 言

国际法作为万民法(jus gentium),作为各个民族之间的法,首先并且最早是一种人格化(personal)的具体秩序,换言之,一种以民族或国家为决定基础的秩序。赋予国际法以民族概念的秩序原则,即民族自决权。今天我们视其为一种原则。

传统民族各自生活,互相尊重,然而它们之间的每一种秩序不仅在人格意义上是被决定的,从地缘意义上来讲,这些秩序还是具体的空间秩序(spatial order)。至今为止,国家概念仍旧是空间秩序必不可少的因素,而不仅仅是一种人格化的统治领域,而国家首先意味着一个疆域上有限而封闭的联合体。从18、19世纪起,国家概念开始渐渐蔓延，但由于民族概念的人格化因素，国家概念还是飘摇未定。这一点会在后文进一步探讨（第四章和第五章）。无论如何，我们不仅必须通过国家的概念修正现存的国际法理论，还要从空间秩序的观点考察国际法问题。为达到这样的论证效果，我认为有必要跳出"国家"的普遍观点中关于领土问题的抽象思考，有必要引入具体的大空间（concrete Großraum）概念，并且结合大空间秩序（Großraum order）的概念与国际法理学。

大地的维度和大地的空间方式的改变，已经有人着手思考——这个改变主导着当前的全球政治发展，我们可以称之为大空间（Großraum）。然而，"空间"一词除了不同的具体定义之外，还包含着普遍的、中立的、数学－物理学的含义。但是，对于我们而言，当前大空间是一种具体的历史－政治概念。至于"大空间"一词的原初含义，我能够确认的是，就其本性而言，并不指国家领域，而是指技术、工业、经济、机构领域。从原则上看，很多词可以与"大"（Groß-）这一前缀结合，并在某一时间内使用：大权力（Großmacht）、大机构（Großverband）、大事业（Großbandel）等等。诺伊曼（Friedrich Naumann）① 的名作《中欧》（*Mitteleuropa*）中出现了大量此类词汇的结合：大国家（Großstaat）、大工业（Großbetrieb）、大实体（Großkörper）（页177）等等。尽管资本主义国家工业化进程已经实现，但诺伊曼看到工业－机构进程仍将继续。正如他所言，"国家的进程，不过是经济进程的扩张"（页173）。

实际上，世界大战之后，大空间经济（Großraum economy）的

---

① ［英译按］诺伊曼（1860—1919），德国政治家，以其《中欧》一书闻名，书中专门论及中部欧洲的地缘政治学。

建构中,"大空间"一词已经第一次有了具体的实现(关于它的概念的形成,也是颇令人瞩目的)。因此,这便是这个时髦词汇的历史的开端,也是当下我们需要的具体概念的开端。①通过冶金和焦化煤气②定义的德语词汇,这些能源经济产生了具体形式、基本计划、能源机构,并且与进一步电气化和长期的天然气供应的发展相结合。这一系列发展的最初步伐正好出现在世纪转折上,1900年,很多大型发电站和能源中心建立,但到了1913年,各小型城市和社区的电力设备就已经到了要淘汰的地步。简单说来,在第一次世界大战爆发之初,农业和人口聚集区的电气化以一股不可阻挡之势发展。

和其他领域一样,1914年至1918年间的世界大战大大提升了能源发展的能力和节奏。实际上,战后德国大规模工业取得了真正惊人的成就,因为这种成就的背景是1918年至1919年的大萧条,还有共产主义运动、通货膨胀以及法国入侵后陷入崩溃,以及1924年至1925年间所谓的青年和理性化运动。此后,"大空间经济"作为一个词和事实第一次变得日益明晰,"大空间经济"还呈现为一种远距离电力和天然气管网联合的成就——这些属于"关联性经济"。换言之,是理性开发能源产品的工业运输管道,并且对电力负荷的理性分类相互补充,实现出口和峰值负荷的供需平衡。这一切产生了一种技术-工业-经济的秩序,使得此前

---

① 对比 Walter Thieles 的 *Großraumwirtschaft in Geschichte und Politik*(Dresden, 1938)中的内容。这部优秀作品缺乏全球政治变革的背景讨论。因此,可以这么说,大不列颠全球经济的大空间,这种交通道路网络并非一种真正的大空间。参本文第三部分。

② [英译按] 德语:Hütten – und Zechenkokereigas。

的能源经济的小范围孤立性的空间和划分变得老套过时。"大空间"经济组织能够通过小区域空间将其自身"组织化",并与复杂的联合体系结合;然而,更多的例子说明,冶金和天然气技术实现了远距离供气,由此,所有小范围的网络相互联结构成"大空间"网络覆盖。

更多地谈论技术和机构化的经济特征,并非本文题旨。我们提到"大空间"经济、"大空间"以及远距离能源供应的发展背景,目的并不是将该词汇局限于经济、工业和技术领域。相反,只有在一个弱化(impotent)国家的领域和时代,才会出现普遍而重要的组织化进程,而我们在这一进程力图直接勾勒的原则,又极大地丰富了国际法新秩序的内涵。当然,巧合的是,关于"大空间"概念理论性和实践性的认识(这对国际法非常重要)首先是在经济-机构化的领域实现。

因此,我们这里应该尤其明确地提到帝国办公室首席官员、外交官戴兹(Werner Daitz)[1] 和国家顾问大臣沃尔扎特(Helmuth Wohlthat)[2] 的实践作品。我们也应提及尼德迈尔(Oskar Ritter von Niedermayer)[3] 影响深远的地缘学作品。[4]至于我们的"大空间"理

---

[1] [英译按] 戴兹(1884—1945),德国电气工程师、经济学家、作家。参 *Das Selbstbestimmungsrecht Europas*, Dresden, 1940。

[2] "Großraum und Meistbegünstigung," *Der Deutsche Volkswirt*, December 23, April 20, 1938; "Neoordnung in Europa und Deutscher Außenhandel," *Der Deutsche Volkswirt*, 1938 年 5 月 10 日。[英译按] Helmuth Wohlthat (1893—1973),德国政治家和经济顾问。

[3] [英译按] 尼德迈尔(1885—1948),德国将军,冒险家和学者。

[4] "Nord-und Ostsee," *Das Meer* VI, Kleine Wehrgeographie, 1938; "Wehrgeographie am Beispiel Sowjetrußlands," *Zeitschrift der Gesellschaft für Erdkunde zu Berlin*, 1940, p. 1.

论,它理当取代数学-中立的、空间的空洞概念,并将质性-动力的(qualitative-dynamic)崇高取代其位置:"大空间"源自人类计划、组织机构、活动领域等综合性的现代发展趋势。"大空间"对我们而言是一种互联性的现实空间。①

一、以空间不确定性或过时原则为例

在国家法和国际法中,许多空间概念和(相应的)"大空间"概念向来具有同等效力。殖民和帝国主义扩张时期,已经形成了所有类型的"利益划分区域"。最初是在尚未开发的不毛之地以及国与国相邻近的领土主张和优先权,最后,有的国家对北极地区虎视眈眈,以所谓的"区域原则"为理由②你争我夺。然而,这种领土性主张并非外部空间秩序的原则。

过去几个世纪的进程里,在对待空间秩序原则的重要问题时,我们完全忽视了国际法的体系和概念的形成。通过空洞的法律和

---

① 我从 Viktor von Weizsäcker 的重要作品中学到一个词语是构成现实空间(achievement space),参看 *Der Gestaltkreis*, Leipzig, 1940, p. 129。[英译按]更多分析参看第七章的评论,"The Concept of Space in Jurisprudence"。

② 适用于北极国家的专属经济区域原则是指,"所有土地区域,甚至包括没有被发现的那些土地,在北极圈(球面几何体),以及北冰洋沿岸国家最东和最西方的海岸点之内,属于这些相关沿岸国家版图之内。同样,这些北冰洋沿岸国家对国家版图之内的资源拥有优先权",Böhmert 对于国家版图的论述谈到了这个原则以及其他原则(地理相近原则、邻近原则),参 *Archiv für Luftrecht*, Volume VIII, 1938, p. 272, 更多文献参 Ernst Schmiz and Wilhelm Friede, "Souveränitätsrechte in der Arktis," *Zeitschrift für ausländisches öffentliches Recht und Völkerrecht*, Volume IX, July 1939, p. 219。进一步的内容参看第二部分。

契约性的实证主义可以解释这一点,但是,这种解释只是对现状进行合法性与正当性论证的法律工具,首先针对凡尔赛条约的现状。1919 年"巴黎条约"的签订对于任何理性秩序而言,都是一种对立面,法理学于是不得不退变为契约论的实证主义,如果法理学将自己局限在这些条约的系统内容之中,那么,它就不再有任何理念可言。我们理解的"自然界限"一词,就不再是内在维度的概念,能够保障和平,仅仅是一条河、一座山、一条铁路等等,是按照某种地理标志形态偶然组成的某种地理区域。[①]所谓的"空间理论"就为法学理论所控制。无论如何称呼,这都假定了一种与具体的"空间"概念相对立的东西,并认为国土、土地、疆域和国家疆域意义上的"空间",是以界限来划定的平面和深度意义上的空间维度。[②]

---

① 比如,参 Karl Strupp, "State Borders," *Wörterbuch des Völkerrechts und der Diplomatie*, Volume II, 页 615, 或者 Fauchille, *Traité de droit international public*, I 2, 1925, p. 108, cf. p. 486f。另参, Paul de Lapradelle, *Le Frontière*, Paris, 1928, 以及 Hermann Martinstetter, *Das Recht der Staatsgrenzen*, Berlin, 1939。

② 关于空间理论最著名的代表作是 Fricker, *Vom Staatsgebiete*, Tübingen, 1867, 以及 "Gebiet und Gebietshoheit", *Festgabe für Schäffle*, 1901, 以及 *Die Persönlichkeit des Staates*, Tübingen, 1901; Rosin, *Das Recht der öffentlichen Genossenschaft*, 1986, p. 46; Zitelmann, *Internationales Privatrecht*, I, 1867, p. 82f; Meyer – Anschütz, *Lehrbuch des deutschen Staatsrechts*, p. 236; G. Jellink, *Allgemeine Staatslehre*, 页 394 以下; Liszt – Fleischmann, *Das Völkerrecht*, 1925, p. 26, p. 129; F. Giese, "Gebiet und Gebietshoheit," *Handbuch des deutschen Staatsgebietes*, Berlin, 1933; 更多文献参看, W. Hamel, *Das Wesen des Staatsgebietes*, Berlin, 1933, p. 89, p. 302n。Meyer – Anschütz 也引用以上文献, 页 236 – 237。在此没有提及关于权能的纯粹理论的任何观点。例如某种反对 Hamel 重要理论的立场, 参看 Hermann Hel, *Gebiet und Boden in den Rechtgestalten der Gebietshoheit und Dinglichkeit*, Bereslau, 1937。更多的"空间理论"参页 118 "法理学中的空间概念"。

在19世纪国际法中，让国家之间保持均势平衡的理念，即便不是现实的基础，也是国际法的替代品，或者与国际法相应的某种保证；但它仍然呈现为某种国际法理论。①此外，毫无疑问，这种思想包含了一定的空间秩序元素；至少，这不能简单地把关于具体空间联系的理念视为非法学的理论。下文讨论现存的国际法整体结构，把它当做一种国家现象（第五部分），在这个讨论中我们会进一步讨论上述理念。

无论如何，真正的空间原则并不包含均势平衡的概念。另一种所谓"自然国界"的原则，将空间决定论表达得更为强烈和直接，并且几乎成为法国这几个世纪扩张政策的借口。18世纪末期，这种理论被广泛视为一种"理性的"法律原则，对年轻的费希特而言尤其如此。由于法国滥用这个理念，"自然国界"原则失去了合理性，尤其在掠得了莱茵河左岸之后，从1848年起，这个理念完全丧失了作为国际法现实原则的效力。无论如何，在国界的重要改变方面，在和平协议中关于领土割让的妥协中，在其他类似的与战略、经济-地理区划和其他概念相关的事情上，这一理念一再扮演重要角色。②

---

① 参 A. W. Heffter, *Das europäische Völkerrecht der Gegenwart*，第三版，Berlin，1855，第五章"国际法的同步性保障：国家均势平衡"。Franz von Holtzendorff, *Völkerrechtliche Verfassung und Grundornung der auswärtigen Staatenbeziehungen*，1887，页14以下，书中有具体一章为"所谓的欧洲国家均势平衡"。

② 参看 Bruns, *Fontes Juris Gentium*, 见 Series B (*Handbook of the Diplomatic Correspondence of the European States*)，Volume I, Part I，页399以下（Savoy and Nice in 1860, Schleswig, Venice, South Tirol, the left bank of the Rhein 等等）；另参 B. Fauchille, *Traité de droit international*，I 2，1925，页100以下（第486章）。

对我们而言,豪斯霍弗(Karl Haushofer)① 引领了新地缘政治学派,当下,他许多论述和观点呈现出了新的意义。尽管如此,在法国为了扩张政策取得效果而采取的形式里,这个原则无疑没有作废。事实上,在法国学术委员会授予国际法卓越贡献奖时,两位法国知名学者布伦塔诺(Th. Funck - Brentano)② 和索雷尔(Albert Sorel)③ 从根本上批判了这个原则。④

自然国界理论毫无疑问是地理和地缘政治学观点,但首先是由国家决定的。然而,从民族视角来看,从一个国家人口增长的视角来看,我们还常常提到另一个原则,即各个民族对空间、土地的权利,尤其是人口多的国家对人口不那么多的国家的权利。这个原则尤其受到19世纪的意大利和日本的青睐。在关于这个主题的文献中,我只想提及一篇短小但富有论战性的文章——意大利但丁学者瓦利(Luigi Valli)⑤ 所著的

---

① Karl Haushofer, *Grezen in iher geographischen und politischen Bedeutung*, Berlin, 1927。从近期的文献可见,尤其可见,Kurt O. Rabl, "Staat und Verfassung," *Zeitschrift für öffentliches Recht* XVIII, 1938, p. 213f; Ernst Wolgast, "Völkerrechtsordung und Raumordnung," *Zeitschrift für Völkrrecht* XXXII, 1938, p. 25f, 讨论了欧洲 Tallyrand 的计划 (Strasbourg Aide - Mémoire from 1805)。K. O. Rabl 使我想起 Hassinger 的一篇重要论文, "Das geographische Wesen Mitteleuropas," *Mitteilungen der K. K. Geographischen Gesellschaft Wien*, 1917。除了这些作品之外,真正的地缘学(与地理政治学相对)文献很少使用。[英译按] Karl Haushofer (1869—1946),德国地理学家和地理战略家。
② [英译按] Théophile Funck - Brentano (1830—1906),卢森堡 - 法国社会学家、学者。
③ [英译按] Albert Sorel (1842—1906),18、19 世纪法国外交历史上的法国历史学家,在整个19世纪期间是法国政府参议员。
④ *Précis du Droit des Gens*, 3rd printing, Paris, 1900, 页17以下, "自然国界的体系"。
⑤ [英译按] Luigi Valli (1879—1930),意大利哲学家、诗人和但丁学者。

《民族对土地的权利》。①瓦利称对这个权利的主张为"人口权利"。为这一说法确立基础的那些客观思考最引人注目。我们不能采取美国著名学者威洛比(W. W. Willoughby)②的方式,轻易放弃这些思考——他最近在回应日本人的主张时说,工业化导致了人口急剧增长,也教育各个民族享受更高的生活质量,他认为,为了维持这种生活质量,人口增长率会自行下降。③

对我们而言,这个论点看上去不太道德,也不人性,具有某种自由-个体主义的理念行为特征。联系我们的讨论,这种"人口权利"对土地的声索权利,被视为一种裁决国土诉求的普遍理论;然而,从实际意义上看,这不能被视为某种国际法的具体"大空间"原则——包括对范围的确认,以及确认标准的本身。

我们这里不用考虑日内瓦国际联盟和凡尔赛体系框架下所谓的区域协定(ententes régionales)。这个概念来源于日内瓦国际联盟宪章第21条,允许"区域协定"。日内瓦国际联盟的政策与法学理论视这些协定为"欧洲和平保障的卓越方式"。(1933年2月16日)捷克斯洛伐克、罗马尼亚和南斯拉夫组成的小协约国,④签订了一个特殊的组织性协议,这便是一个最为显著的例子;这个协议甚至成为此类区域协

---

① 参德文版(Hamburg, 1934)。为了认识到日内瓦方式对决定以及处理这些问题上毫无作用,我们应该对比 Proceedings of the world Population Conference (London, 1927) 页257中针对1927年8月29日至9月3日之间的人口问题的全球会议的协议。

② [英译按] Westel W. Willoughby (1867—1945),美国政治科学家。

③ Westel W. Willoughby, Foreign Right and Interests in China, Baltimore, 1927, p.409, 人口出生率将减少,直到生活标准得以保证。

④ [英译按] 小协约国是捷克斯洛伐克、罗马尼亚和南斯拉夫以及1921—1922年法国所支持的一种互助协议。

议的效仿模版。根据1936年8月14日法国备忘录:

"区域协约国"这一表达可以理解为各种权力的群集——这一共同体基于它们的地理位置或者共同体利益而形成。①

据此,"区域"一词意为普遍的、表层的地理联结。它并不包括某种新的、有意义的空间秩序,而只是过时的预防式互助协议,联盟或者其他政治性条约,不过是为了保持(从空间秩序的观点来看)所有"区域"内的凡尔赛体系毫无意义的现状。从德国方面来看,三位知名国际法学家,布兰登(Paul Barandon)、②罗林霍芬(Freiherr – von – Freytagh)③ 和曼德斯罗(Asche Graf von Mandelsloh)④ 解释了其中的内在矛盾和这些条约缺乏的秩序概念,这些条约首先考虑法国的安全需要。⑤ 这类条约和凡尔赛体系和日内瓦国际联盟一样,都已经过时,从国际法的观点来看,也没有什么意义。

1925年10月16日的《洛迦诺公约》值得花些笔墨。如果德国西部

---

① *Zeitschrift für ausländisches öffentliches Recht und Völkerrecht*, Volume VII, 1937, p. 139.
② [英译按] Paul Barandon (1881—?),国际法学者。
③ [英译按] Axel August Gustav Johann Freiherr von Freytagh – Loringhoven (1878—1942),法学家和民族主义政论家。
④ [英译按] Asche Graf Mandelsloh(?—1939),国际法学者以及施米特的学术合作者。
⑤ Paul Barandon, *Das Kriegsverhütungsrecht des Völkerrecht*, III 4, Berlin, 1933, p. 279f, Freiherr von Freytagh – Loringhoven, "Die Regionalverträge, fünf vorlesungen an der Haager Akademie für Völkerrecht," *Writings of the Academy for German Law*, Reichminister Dr. Hans Frank el., Internation Law Group, Number 4, München/Leipzig, 1937; Asche Graf Mandelsloh, "Politische Pakte und Völkerrechtliche Ordnung," *Special printing from 25 years of the Kaiser – Wilhelm – Gesellschaft*, Volume 3, Berlin, 1937. 另参 G. A. Walz, "Inflation im Völkerrecht," *Supplement to Volume XXIII of the Zeitschrift*

边界的单方面军备禁止被废除，这是一种基于友好邻国理念实现区域和平化的途径，即便没有成为空间秩序的现实原则，也会包含这种秩序的成分。为了满足西欧列强的要求，德国政府具有足够的诚意尝试达成《洛迦诺公约》。但是，法国与苏联破坏了区域-友邻的洛迦诺共同体。① 总而言之，我们能得出的结论是，这些区域协议徒有其名，因为它们只是基于表面的地理理由，② 我们很难得出结论说，它们表达了某种关于空间秩序的新的具体概念。此种协议背后的政治同美国门罗主义理论最初的根本思想没有丝毫相似之处。凡尔赛体系下的这些区域协议与门罗主义原则只有一种可能的关系，那就是日内瓦国际联盟宪章第 21 条，该条将门罗主义称作"区域协议"的典范，只有日内瓦法理学的形式主义法学典型的肤浅分析，才会为门罗主义贴上这一标签。③

---

für Völkerrecht, Berlin, 1939, p. 54; Georg Hahn, "Grundfragen europäischer Ordnung," *Writings of the Institute for Policy and International Law at the University of Kiel*, N. F., Volume 5, Berlin/Vienna, 1939, p. 160.

① Fritz Berber, *Eine Dokumentarsammlung mit einer Einleitung des Botschafters von Ribbentrop*, Berlin, 1936, 页 162 以下; Carl Schmit, "Sprengung der Locarno - Geneubscgaft durch Einschaltung der Sowjets," *Deutsche Juristen - Zeitung*, 1936, p. 377f; Georg Hahn, 前揭, 页 112 以下。对洛迦诺的评价参看 Asche Graf Mandelsloh 的颇有价值的分析，前揭，页 23 以下。

② 关于比利时代表 Rolin 在国际联盟第 6 次联合国大会的评论 Actes de la VI. Ass. plén. 118; Bruns, *Politische Verträge*, II, 2, p. 465:

> 正如这些安全协议，他们也可以称之为区域协约国。事实上，在某种程度上这些协议是符合这个称呼的，因为他们的目的在于在一定区域之内以国际联盟的名义维护和平。但不止于此，作为协议的内容，尤其是他们完全不同于区域协议——联合国大会近年来对这些协议的支持。

③ Freiherr von Freytagh - Loringhoven, p. 26f; 另参 Freytagh - Loringhoven, *Die Satzung des Völkerbundes*, Kommentar, 1926, p. 221。

二、大空间原则先驱:门罗主义

1823年,美国第一次提出门罗主义,直到今天,这仍是"大空间"原则在当代国际法历史中最成功的例子。对我们而言,这是独一无二、非常重要的"先例"。如果要讨论国际法的"大空间"原则的法律概念,我们必须将门罗主义作为起点,而不是以什么"自然国界"或者"国土权",或者此前提到的其他任何区域性条约为起点。

公平地说,历史发展中的门罗主义不断被赋予不同含义。这是这个混乱不堪的时代所致,它的原始意义也几经变化,但仍体现出三个关键内容:所有美洲国家的独立、在这一区域不存在殖民地、非美洲国家不得干涉这一空间。随着时间的推移,这些理论有许多外延和改变,但门罗主义的原初意义和优先地位并未发生任何变化。实际上,伟大的德国政治家俾斯麦曾表达过自己对门罗主义的不满,谈到美国人独有的傲慢。

但是,一个美国幽灵不应该阻止我们仔细研究这个内涵丰富的"[门罗]主义"(对于国际法而言)的本质,这与它获得的成就相得益彰。俾斯麦的论述不太能够阻止我们,因为他发表这些论述的时候,即19世纪末期,是门罗主义所针对的帝国主义正处于衰落的开始时刻(1898)。[①]近十年来,在许多重要而有意义的行动中,他们都尝试将门罗主义的"普世性"移植到地球上其他区域,如澳大利亚和东亚——这是下文要谈及的内容。无论如何,我们尝试将国际法中

---

① 关于美国的观点,参看 Dexter Perkin 的论文,*The Monroe Doctrine*, Volume 3, 1867–1907, Baltimore, 1937, pp. 301–302。

的"大空间"概念引入国际法理学系统,以门罗主义为例,我们的尝试可以发现最好的方式及其出发点。

按照这个思路,我们应该强调的是:我们的起点并不关注某种伴随着门罗主义发展出来的轨迹,也不关心它如何移植到其他国家和时代。相反,我们的任务是搞清楚门罗主义的核心思想,并将其用于国际法,更进一步,我们需要弄明白这种核心思想对于生存空间和更多的历史背景的意义。借助更多篇幅的论文,增加关于门罗主义的相关文献,都不能完成我们的任务。我们并不想陷于门罗主义核心问题的讨论,最终搞得精疲力竭,或者陷于大量历史和司法素材及资料的条件,却无视门罗主义的意义。我们的目的是法理学概念的区分,必须通过法律外延、许多历史和法律论争,这种区分才能呈现,并达到它的目的,即以一种简朴又伟大的方式,形成一种国际法的"大空间"原则的核心思想。

我们可以确定,门罗主义据说是一种共同的构想,是"美国针对美洲大陆的传统政策的一部分"。许多人提出并讨论的问题是,对于美国政府来说,门罗理论究竟是一种现实的"法学理论"还是"只是一种政治宣言"?如果这个问题可以在法律和政治之间转换,就说明这种原则是错误的。这些问题不过是美国政客的老生常谈。当然,某些时候门罗主义会被视为美洲的"公法",并且从立法意义上理解,是美国签订的所有协议中的一个;在其他时候,他们又一再强调门罗主义不是一种现实的国际法原则。① 这一学说认为,门罗主义由美国单方面执行,与其他国家毫无关系,他们极力否定"门

---

① 我们可以比较,例如 1895 年俄尼(Olney)州务卿的说法,Reuben Clark 在 *Memorandum on the Monroe Doctrine* (Washington, 1930,页 160) 中援引了他的看法,门罗主义是"美洲公法的一种学说,而美洲公法则是基于门罗主

罗主义"具备现实法律特征。①

如果我们采取此前的质疑风格,除了美国国务院,我们能够在大量的国际法学者的文章中看到关于这个问题的讨论——一部分人"赞同",另一部分人"反对"。②之所以出现这样的矛盾,是因为这个问题源自某种逃避的回答,即,门罗主义并不具备确定性的法律特征,至多具有"类-法律的"特征,或者,正如芬威克(C. G. Fenwick)所说——在某种程度上看似颇有智慧的说法——"至少具有准-法律"的特征。③

为了不陷在这些破绽百出的预备性问题的泥坑之中,更有意义的做法,是留意一系列简单而又无争论的事实,我打算简单归纳以下三点。

(一) 实际上,我们翻阅所有的国际法重要文本和词典,它们都不会考虑门罗主义是否具有"法律"特征。每一个有意义的国际法体系当中,都会出现这样的"主义"。更有启发的问题是,门罗主义

义原则和裁决而成立",1911 年诺克斯州务卿则引用(参 Reuben Clark 书,页 175-176):门罗主义受到尊敬是因为它支持:"不依靠技术法权利,而是依靠政策和权力。"或者参看 1923 年休斯敦州务卿的说法(参 Reuben Clark 书,页 179):门罗主义"仅仅是美国在它那个半球实行的政策",只是一种"抵抗非美洲力量采取的行动原则"。

① 另参,1914 年 Root 参议员和 1923 年休斯敦州务卿在 American Journal of Law XXVI,1923,p. 611 的评论。通过 Lima 的评论(参看 Fenwick,American Journal of Law XXXIII,1939,页 266),门罗主义被视为一种"多边"的特征。与之相反的观点参看,U. Scheuner,Zeitschrift für Völkerrecht XXIV,1940,p. 193。

② 例如,Fauchille 在他的关于国际法的论述中提到的,《国际公法论文集》(Traité de Droit International Public, I, 1, 1922),页 646,§ 324。

③ Fenwick, International Law, 1934, 页 178, 也参看前文注释 18。

在既定体系的位置，例如，如果它被视为（以这种方式回应美国的传统）决定民族存在和自我防御的权力，①就或与干涉理论、②或与国家有关。③对于新的法学"流派"，比如著名的智利法学家阿尔瓦雷斯（Alejandro Alvarez）④引领的颇具学力的学派，门罗主义甚至成为自成一体的大陆－美洲国际法的法律基础——尽管门罗主义还处于真正的开端形式阶段，换句话说，它还不是腐朽堕落的帝国主义形式。⑤

（二）自从1899年首届海牙国际会议之后，⑥美国拥有了成功抗衡英国的巨大影响力，因为在国际条约的实践过程中，"门罗主义权利"或明或暗地发挥出实际作用。因此，对于任何现实主义的法理学来说，这具有决定性的意义，因为国际法在很大程度上是一种法权。无论规范主义的普世性以及普世性的解决方案，国际法现实的

---

① 参 Calvo，§143；Fenwick，页169。［英译按］Carlos Calvo（1824—1906），阿根廷国际法历史学家，以其卡尔沃主义发展闻名。

② 参 Despagnet，§208。［英译按］Frantz Despagnet（1857—1947），法国法学家。

③ ［英译按］Santi Romano（1875—1947），意大利法学家，尤其以其1918年的 *L'ordinamento giuridico* 闻名，参看 Santi Romano，*Corso di Diritto Internationale*，页79。

④ ［英译按］Manuel Alejandro Álvarez Jofré（1868—1960），智利法学家和外交家。

⑤ 自从1910年开始 Alvarez 反复表达他的思想（美洲国际法），在最近的作品 *Le Continent Américain et la codification du Droit International*, une Nouvelle "École" de Droit des Gens, Paris, 1938, 尤参页 82 – 83。参看 Carl Bilfinger, "Völkerbundsrecht gegen Völkerrecht," *Schriften der Akademie für Deutsches Recht*, International Law Group, Number 6, Munich, 1938, p.19f; Heinrich Triepel, *Die Hegmonie, Ein Buch von führenden Staaten*, stuttgart, 1938, p.300f; Scheuner, p.186。

⑥ 首届海牙国际会议对于该事件令人印象深刻的描述，Heinrich Pohl 提交了他的论文"Der Monroe - Vorbehalt," *Festgabe of the Bonn Juridical Faculty for Paul Krüger*, 1911, 也参看 *Pohl's collected Essays*, Berlin, 1913, 页132以下，这篇文章至今仍值一读。

真实位置都是基于这种法权。以 1928 年的克劳格条约（Kellogg Pact）为标志，美国可能没有明确要求门罗主义的权利——即使这是参议院的要求；然而，毫无疑问，这种权利正如美国签订的诸多条约一样，可以被理解为是默认（sub silentio）的，因为门罗主义的理论是一种防止外空间侵略的自我防卫权利。克劳格国务卿甚至于 1928 年 4 月 28 日在美国国际法协会发言说："这种权利（即一种门罗理论的防卫权利）内在于每个主权国家，并且在每个条约中都有所暗示。"关于克劳格条约——下文还会谈到这个条约（第三章），英国人所保有的权利甚至可以称之为"不列颠的门罗主义。"

（三）日内瓦国际联盟宪章赋予了门罗主义权利优先地位，优于宪章第 21 条规范所规定的标准。由于对门罗主义理论的尊敬，造成的结果是，日内瓦国际联盟"向着美洲的方向踉跄前行"。[①]这是非

[①] 论述《克劳格公约》中的门罗主义的权利：David Hunter Miller, *The Peace Pact of Paris*, New York, 1928, pp. 118, 123; James T. Shotwell, *War as an Instrument of National Policy*, New York, 1929, p. 20f., pp. 75, 123, 169, 272; T. B. Whitton, "La Doctrine de Monroe et la société des nations," Lecture from May 13, 1932, *Institut des Hautes Études Internationales*, Dotation Carnegie, Volume 8, p. 174f; C. Barcia Trelles, "La Doctrine de Monroe dans son développement historique, particulièrement en ce qui concerne les relations interaméricaines," *Recueil des Cours de l'Académie de Droit International*, Volume 32, 1930, p. 557; Hans Wehberg, *Die Ächtung des Krieges*, German edition, Berlin, 1930, p. 112, 给出了这个有趣的推论："美洲没有看到门罗主义是纯粹的民族政策争论。"国务卿 Henry L. Stimson 在 1932 年 8 月 8 日说道，自卫权（也就是门罗主义）限于克劳格公约。更多的文献，参看 Asche Graf von Mandelsloh, "Die Auslegung des Kellogg Paktes durch den amerikanischen Staatssekretär Stimson," *Zeitschrift für ausländisches Recht und Völkerrecht*, III, 1935, p. 617。这个话题最详尽的评论见 André N. Mandelstam 论美国参议员的文章 "L'interprétation du pacte Briand – Kellogg par les governments et les parlements des États signataires", Paris, 1934, pp. 32 – 95。

常明显的，因为威尔逊总统通过国际联盟，尤其是国际联盟宪章第21条从（当时的）欧洲胜利者手中抢食，因为如果没有第21条，美国也不会与国际联盟保持一致；然而，美国并没有加入国际联盟，即便21条仍在宪章之内。①

对于我们的研究来说，这三点足以说明门罗主义在国际法中具有有利地位的原因何在。门罗主义的内容在表面上反复无常的多变特征会引起反对和抑制，但反对和抑制比论证门罗理论究竟是法律还是政治的伪法学更困难。在这一世纪转折点上，门罗主义是抵御某种外部空间势力干涉他国事务的理由，而另一方面，它又成为某种扩张空间进攻性的、帝国主义原则，只是从1934年开始，这种帝国主义特征已经弱化。门罗主义从一种不干涉和抵御外部空间势力干涉的原则，变成美国以帝国主义方式干涉美洲其他国家的一种托词。

门罗主义是美国最为严厉的孤立和中立政策，它与全球干涉政策、世界大战政策相互衬托，可谓刚柔相济。美洲人讨论的问题是，要将门罗主义视为美洲大陆团结一致的基础，或者相反——成为团结的主要障碍。②从19世纪末期开始，出现了一种涵盖了古巴和西印度洋区域的"加勒比主义"，它与门罗主义相关，但其关联并不十分清晰，这种"加勒比主义"就衍生自门罗主义涵盖整个西半球的大框架结构。诸多不确定、矛盾的因素赋予"门罗主义"改变政治环境的可能，根据形势所需，所有事情都可以从"门罗主义"这里获得想要

---

① According to Carl Schmitt, "Der Völkerbund und Europa," *Printed in Positionen und Begriffe*, Hmburg, 1940, p. 88；See Carl Bilfinger, *Völkerbundsrecht gegen Völkerrecht*, p. 22f.

② ［英译按］Jean Ray, *commentaire du Pacte de la Société des nations*, 1930, p. 517.

的解释。帕金斯（Dexter Perkins）从整体历史的角度审视"门罗主义"，①他认为自从美国成为世界强力的一极，欧洲陷入了持续不断的危机之中，门罗主义在今日已经过时，并且毫无作用。只可惜，帕金斯的新识不如一个世纪前门罗主义那样必要和流行。②

所有"实证"法学家都讨厌这样的理论，这或许也可以理解；面对这种规范性内容的不确定性，实证主义者感觉将失去其理论根基。但是，由于缺乏确定性，对于门罗主义内容的定义，如生活中的情形一样，将某种非同寻常的辩证法变成纯粹决策主义者的确定性，决策主义者的确定性又让真正的实证主义者找到了更多的理论依据。1923 年，国务卿休斯回应门罗主义的现实问题的表态，代表了最为纯粹的决策主义者的例子：只有美洲的美国政府能够"定义、解释或裁决"门罗主义的真正内容。

在国际法的当代历史中，1823 年门罗主义第一次表达了"大空间"原则，建立了外部空间势力的不干涉政策原则，这个事实对我们来说具有决定性的意义。门罗主义公开提到地球上的"西半球"。当塔列朗（Talleyrand）和根茨（Gentz）③ 在神圣联盟的意义上谈及"欧洲"时，他们更多是指相关体系中的国家力量。④

---

① ［英译按］Dexter Perkins（1889—1984），研究门罗主义的美国历史学家。

② 关于门罗主义与美洲的团结和矛盾，参 C. Barcia Trekkes, "La Doctrine de Monroe dans son développement historique, particulièrement en ce qui concerne les relations interaméricaines," *Recueil des Cours de 'Académie de Droit International*, Volume 32（1930），p. 397f; J. Quijano Caballero, "Bolivar und Fr. D. Roosevelt", in *Geist der Zeit*, June 1940, p. 338；另参 "Grenzen der panamerikanischen Solidarität," *Monatshefte für Auswärtige Politik*, March, 1941。

③ ［英译按］Friedrich von Gentz（1764—1832），维也纳国会大臣。

④ Reeves, *American Journal of international Law*, Volume 33, 1939, p. 239.

然而，1823年的美洲声明——从最为现代的意义上说，开始用"外部空间"一词思考这个星球的空间划分。就其自身而言，有某种非常特殊、非常值得我们在国际法层面关注的东西。诚然，这并不足以体现某种我们意义上的国际法"大空间"原则。考察整个历史，我们可以看到不同国家利益划分的声明。俄罗斯和加拿大对北极地区宣称所有权，它们依据的区分原则，并非国际法的"大空间"概念，因为秩序的原则由其内容决定。①纯粹的地理概念可能拥有一种巨大的政治-实践意义，但是并不代表某种确定的法律原则。

对于这种方式而言，能够战胜空间局限的大国力量，其力量实在太大；比如，地缘政治学专家豪斯霍弗强调了这种政治力量的意义。②从国际法理学的观点来看，并不允许空间和政治理念两者决然分离。对我们而言，既不存在无空间的政治理念，也不存在无政治理念的空间或无政治理念的空间原则。[空间]就是决定政治理念的一个重要部分，某个民族会具有自己的空间，并意图知道敌人所在，

---

① Ernst Wolgast 在文章中考察了塔列朗（Talleyrand）的欧洲计划，"Völkerrechtsordnung und Raumordnung," *Zeitschrift für Völkerrecht*, Volume XXII, 1938, pp. 25-33, 在我看来，Talleyrand 的欧洲概念在某种意义上可以解释为我们理解的"外部空间秩序"。Wolgast 的论文，"Konkretes Ordnungsdenken im Völkerrecht," *Völkerbund und Völkerrecht*, Volume IV, 1937, p. 74。

② Smedal, *Acquisition of Sovereignty over Polar Areas*, German version, Königsberg, 1931; Wolgast, Das grönlandurteil des Ständigen Internationalen Gerichthofes vom 5. April 1933, *Zeitschrift für öffentliches Recht*, Volume XIII, 1933, p. 599f; Böhmert, *Archiv für Luftrecht*, Volume VIII, 1938, p. 279; "Schmitz und Friede, Souveränitätsrechte in der Arktis," *Zeitschrift für ausländisches öffentliches Recht und Völkerrecht*, VolumeIX, July 1939, p. 257。

通过［空间］，这种政治理念也就具有了政治品质。①

真正原初的门罗主义有君主制－王权制的合法性原则作为其思考中的对立思想。这就赋予欧洲国家当时的分裂一种正义的神圣性。它将绝对的、合法的君主制度提高到国际秩序的程度，并以此为基础，证明欧洲列强干涉西班牙和意大利的合法性。从逻辑上说，它不得不干涉拉丁美洲国家的革命进程。同时，作为神圣同盟的主导力量，俄国在美洲大陆的北方建立了自己的殖民地。

然而，美洲大陆的人民认为自身不再是外国政治强力的臣民，也不希望成为外国殖民的对象。这便是门罗主义所宣称的"自由和独立的姿态"，也是一种骄傲，同欧洲君主制的"政治体系"是对立的。美洲大陆的人民并不希望介入这种欧洲"体系"，根本上说，这违背了他们自身的意愿：他们拒绝接受来自欧洲体系的任何"干涉"和权力转移。欧洲体系的干涉，并不以当下的境况为基础，也不会以把占有的土地变成自我觉醒意识的政治"大空间"为基础。这是与门罗主义的"大空间"美洲理论密切相关的理念。

这就是门罗主义伟大的原初核心，一种真正的"大空间"原则，即下述几点之间的关系：政治觉醒的民族、政治理念、这一理念主导的"大空间"、一种排除外国干涉的"大空间"。对于我们而言，并非门罗主义，而是它的核心，即国际法的"大空间"秩序概念，能够转换到其他空间、其他历史处境以及敌友阵营。

迄今为止，门罗主义在其他地区应用的情况，彼此之间还有不同，我们需要更深一步的探查。比如，澳大利亚首相休斯的两个

---

① 参看第三卷，尤其是 Karl Haushofer 在 Raum und Erde 出版的作品，名为 *Raumüberwindende Mächte*，Leipzig and Berlin，1934。

判决被称作"澳大利亚门罗主义"。1921年4月7日,休斯给出了两个矛盾的说法,澳大利亚重申同意英格兰与日本的结盟:一、没有哪个联盟可以影响美国。二、没有哪个联盟可以威胁澳大利亚属于白色人种的原则。①我们不得不提及所谓的"东亚或者日本的门罗主义"。我们明确地强调,我们在此并未打算暗示某种"德国的门罗主义",而仅仅证明最初的门罗宣言的核心思想,即一种关于禁止的思想,在受到某种秩序的主导的"大空间"里,禁止外部空间力量干涉的国际法。

"大空间"思想并非门罗主义本身,"大空间"思想本身或许不是任意变化的,但基于政治现实的状态而有所转变也是合理之举。"大空间"也适用于中欧和东欧的空间,这基于两个事实,首先,自1923年起欧洲和美洲的国家状态发生根本改变,其次,就某个空间里产生的政治理念的特征来说,这种[理念的]前沿实际上常常翻转。当下西方民主思想的自由主义从历史意义上来说已经过时。现在,自由主义服务于法律意义上对当下境况的裁决,并为瓜分全球提供法律的神圣性,提供合法性和正当性的神圣意义。今日的西方民主就处于19世纪早期神圣同盟在欧洲所处的位置上。自由民主－资本主义的正当性原则成为一种君主制－王权制度原则。1914年至1918年的世界大战是一场代表自由民主正当性的干涉战争。②当时,尽管这场战争仍然能够作为一场战争,阻止了与君主制的神圣同盟

---

① Kurt O. Rabl, "Staat und Verfassung," *Zeitschrift für öffentliches Recht*, Volume XVII, 1938, 谈到三者缺一不可:土地,民族和理念。这与我的思路进一步契合,在我看来某种重要的确认,比如Rabl的文章产生于一种完全不同的视角,正如我们文章中提到的,尤其与国际法相关。

② Fauchille, *Traité*, I, 1, 1922, p.44(§44, II)。

相关的反动力量，但是，西方自由民主的神圣同盟，今天越来越明显地持有过去的立场，站在神圣化当下处境的立场上，同时，还力求抑制新的政治理念和新成长的民族。

在19、20世纪转折之际，罗斯福总统使用门罗主义论证资本帝国主义的正当性，这也成为门罗主义历史的一个特殊阶段。就正义而言，其原则的变化成为一种自相矛盾最明显的例子：事实上，最早防御型空间概念目的在于抵御外部空间势力的干涉，如今变成"美元外交"的基石。在门罗主义所有的历史条约中，帝国主义－资本主义重新阐释门罗主义的原始意义，令门罗主义发生了深刻变化。我们应该关注另一个问题，或许它影响更为深远，也有利于我们考察国际法的"大空间"秩序原则：要重新阐释门罗主义，从一个具体的地缘历史"大空间"决定概念转变为一般的、普世性的世界原则，这种世界原则可以满足整个世界和"普遍适用"的需要。这种重新阐释与将门罗主义捏造为某种普世性－帝国主义的扩张原则有密切联系。对于我们而言，这种特殊利益的重新阐释显然是美国的政策，在它背后仍然保留了大陆外部空间的原则，同时又与大不列颠世界帝国的普世主义紧密联系。

1905年，罗斯福总统鼓动金子间太郎（Viscount Kaneko）[①] 宣称门罗主义必须包括整个亚洲，日本应该持有与美国相似的亚洲门罗主义。实际上，他的意思是，"门户开放政策"和"机会均等"，适用于一切列强在中国的行为。他的宣称甚至经不起逐字推敲，这显然说明了亚洲——尤其日本已经是盎格鲁－撒克逊世界体系中的一

[①] ［英译按］Kaneko Kentaro（1853—1942），日本政治家、外交家，热衷于和平的日美关系。

个支点。亚洲或者日本的门罗理论是所谓亚洲门罗主义（Asia Monroeshugi），正如美国和英国所担心，当日本入侵"满洲国"之后，①日本的门罗主义引发了世界的不安。

1917年1月22日，威尔逊总统在国情咨文中提到，世界上所有的国家都应该接受门罗总统的"世界主义"理论，也意味着无论是人数众多的国家，还是人数稀少的国家都拥有民族自决权。日内瓦国际联盟宪章第10款为世界的门罗主义提供了实践空间。②这便是门罗主义内涵的典型而又清晰的变化。③这些变化的方式可见于从某种具体的空间确定秩序概念演变为普世性"世界"理念的过程；这样，将不干涉他国的国际法"大空间"原则转变为全球理念，在人道主义的掩盖下对所有事务的干涉，成为一种泛干涉主义的意识形态。

三、大不列颠世界帝国航道安全原则

普世性的一般概念是国际法中干涉主义的典型武器。我们要注意它们与现实的、历史的、政治背景等因素之间的联系与结合。后文以少数

---

① "面对伟大文化国家时，我们实际上应该将世界大战视为一种证据（这值得质疑——施米特按），因为他们的帝国主义必须能够融合国内与国外的民主议会理念的各种改革。"正如 Carl Brinkmann 在 *Frstgae* 杂志上题献 Lujo Brentano 八十大寿时的最有思想深度的文章"Imperialismus als Wirtschaftspolitik"，页84。

② Westel. W. Willoughby, p. 402f, "Has Japan a Valid Right to Assert a Monroe Doctrine with Reference to China?"; C. Walter Young, *Japan's Special Position in Manchuria*, Baltimore, 1931, p. 329; Johnson Long, "La Mandchourie et la doctrine de la porte ouverte"，此文于1933年以法文发表并附有拉普拉德尔写的引论性序文，他代表的是中国的观点，所谓的"亚洲门罗主义"是一种"伪主义"。更多参看，Carl Schmitt, "Großraum gegen Universalismus; der völkerrechtliche Kampf um die Monroedoktrin," *Positionen und Begriff*, 1940, p. 295f。

③ Fauchille, I 1, p. 647（§325）。

民族法（Minority Law）①为题的第四部分会讨论这种结合的重要性。然而，我们首先应该着手处理经常拿来与门罗主义相提并论的"大不列颠世界帝国航道安全"主义。这是与原初的门罗主义最相反的理论。门罗主义所意图的，是美洲大陆这个实际空间。但是，大不列颠世界帝国压根就没有一个实际的空间，而是某种分散在距离很远的大陆，如欧洲、美洲、亚洲、非洲和澳大利亚的货运政治联盟，这并非实际空间。原初的门罗主义防止外部空间势力的干涉，捍卫某种抵抗反对当下政治力量的新政治理念，就此而言，它是有其政治意义的。与之对立的是，从国际法的观点来看，大不列颠世界帝国航道安全原则并非当下适用的正当性概念的经典案例。

因此，这个原则作为一种"主义"（doctrine），并不具有更高的意义，②比如，如果"迪斯雷利主义"继续宣称拥有土耳其，那么，对

---

① ［中译按］minority 的定义并未形成一个普遍接受的定义。第一，1919年《凡尔赛和圣日耳曼条约》已经涉及那些与多数人在民族、语言或宗教方面不同的居民，并注明"民族、宗教和语言少数人群体"（如写在《圣日耳曼条约》第67条）。第二，1984年，联合国保护少数人群体和预防歧视人权委员会小组委员会提出了"少数人"的如下界定：具有与多数人口不同的种族、宗教或语言特征的一个国家公民群体，彼此具有团结意识，有上进心，为了生存毫无保留地通过集体意愿以及其目的是实现与多数人（群体）事实上和法律上的平等。第三，"语言少数人（群体）"的定义：语言少数人（群体）应当是一个宽泛的定义，它不仅包括那些母语不是他们所居住国家官方语言的群体，还包括语言地位低于其他占主导地位的语言的所有群体。有的学者将该词翻译为"少数人"，本文依文意将其翻译为"少数民族"。该词的解释得到西南政法大学人权研究院李娟老师的帮助。

② 迪斯雷利亲土耳其敌对俄罗斯的政策，在 Fenwick 的 *International Law*（1924，页48）中称作"迪斯雷利主义"。［中译按］迪斯雷利（Benjamin Disraeli）是英国保守党领袖，曾在1868年、1874年至1880年两度任英国首相，以其出色的政治胆识和外交手段将大英帝国推向鼎盛。

于大不列颠世界帝国而言,这就是一个生死存亡的问题。

这种法学思考方式与分布于全球的地缘性世界帝国相关,该理论的本质是论证世界的普世性。为了拥有理性化的特质,这种思考方式必须将疆域之内的帝国利益等同于人类的利益。这种观点本身并不直接针对特定的空间以及内在秩序,尤为重要的是,它关注帝国在全球分布的各个部分,关注各部分相互联系的安全保障。对于这种世界帝国的法学家而言,尤其是国际法法学家,这个问题更为普遍,他们思考的是道路和交通的安全,而不是空间的安全。

海特爵士(Sir William Hayter)是英国这个领域最优秀的研究专家,①当他提到英国对希腊和保加利亚革命袖手旁观时,他说,这便是大不列颠思维方式特点所在。换句话说,必须要维护埃及的秩序,避免秩序混乱损害英国的交通大动脉,尤其不能影响通向印度的航道。至于英国是否应该吞并埃及的问题,英国的回应众所周知,它体现了英国人对这个世界同样的思考方式。他们从否定的一面回答这个问题,情形似乎是,一个人经常需要从一处到另外一处长途旅行,在旅途中,他需要一家条件优越的旅店,最好他就是这家旅店的老板。

1936年11月1日,墨索里尼在米兰的演讲中提醒他的听众:存在两种对立的事实,对于英国而言,地中海只是一条通道——诸多航海通道中的一条,事实上,这只是一条便捷的近道、一条运河罢了,但对于意大利而言,地中海则是生存空间。② 作为交通和作为生存空间之间的对立关系昭然若揭,在最根本的层面上都毫不相同。英国方面反

---

① [英译按] William Goodenough Hayter(1906—1995)是英国外交家,曾在19世纪30年代在欧洲诸多国家首府和苏联活动。

② "意大利是地中海的一个岛。但对于大不列颠而言(我提到英国时,他们或许此时正在听收音机)地中海则是一条通道,是诸多通道中的一条,确切

驳称，地中海并非是一条快捷通道，而是他们的主航道，确切地说，地中海对于"英联邦"具有举足轻重的地位。[1]大英帝国遍布世界的海上航道、空中航线、输油管道等等这些都是它们不可触动的核心利益，这一点毋庸置疑。[2]国际法中的不同空间观与国际法中航道和道路思想对立，但国际法并未放弃这一思想，而是接受了它。

然而，讨论美国门罗主义的书籍可谓汗牛充栋，但对于大不列颠航海通道这个至关重要的问题，论述却廖若晨星。这一部分与大英帝国的政治运行模式并不一致，大英帝国最为重要的英国全球政策问题并未纳入学术讨论，事实上，也没有获得真正意义上的探讨。英国交通航线的安全问题是其最为切身的利益，他们对这一问题公开又明确地制定了重要条款，并将这些条款纳入国际法。

从根本上说，本篇论文讨论的是，当前的国际法仍是一种寻求认可的法。[3] 1914 年，英国政府单方面认同埃及是一个主权国家，宣布放弃埃及管辖权，但保留了四个特定的条件，英国政府在航道安全问题上的审慎行事要甚于以往任何时期英国与埃及达成的协商。

地说，是大英帝国能够迅速到达海外领土的捷径。如果对其他国家而言，地中海是一条通道，那么对于意大利而言，地中海则是生命。"

[1] 更多关于英国的观点参看：Elizabeth Monroe, *The Mediterranean in Politics*, Oxford/London, 1938, p. 10; George Slocombe, *The Dangerous Sea*, London, 1937, p. 266。站在意大利的角度：Gaspare Ambrosini, *I problemi del Mediterraneo*, Rome, Istituto Nazionale di Cultura Fascista, 1937, p. 164; Pietro Silva, *Il Mediterraneo dall'Unità di Roma all'Impero Italiano*, Milan, 1938, p. 477。

[2] 战时航道有效的原则能否在空中航线上同样适用，问题依然在讨论当中。我在基尔 Norbert Gürke 上的讲座，明显表达这些原则不能相互转换的观点，以及空中航线与战时航线对立的独特性质。

[3] Carl Schmitt, *Nationalsozialismus und Völkerrecht*, *Schriften der Deutschen Hochschule für Politik*, Volume 9, Berlin, 1934, p. 23.

四个特定条件的前三个是：埃及要保护外国利益，保护少数民族，维护苏丹的领土争议，这三点都关系到大不列颠世界帝国的航线安全。①随后，1936年8月26日的英埃条约仍然基于完全相同的约定。② 条约第八款明文规定：

> 鉴于苏伊士运河是埃及的一部分，它也是一种世界交通的途径，是大英帝国各个领地相互交通的必经之路。

大英帝国明确接管运河的保护权，即便埃及管辖时也同样如此。"必要的"大英帝国利益与"普世性"世界利益的结合，对于我们的分析而言具有典型意义。

1928年签订的《克洛格条约》也明确提出大英帝国航线安全问题；然而，这一次，条约并未将其称之为通道，而是空间，也就是持有美国的门罗理论的相关说法。如果这个空间概念得到认可，即便英美两者有些不同，甚至利益和思维方式都有对立，那么，大英帝国制定的《克洛格条约》可以称之为"大英帝国的门罗主义"。③ 1928年5月19日，大英帝国外交大臣在论及外国事务时向美国大使谈到的内容，体现了大英帝国航线安全的不可撼动的地位，我们可以逐字逐句的引用，其中谈道：

> 第一款是值得追求的，因为它谈到放弃战争作为一种国家政策的工具作用。我提醒阁下，世界上有一些特定的地区，对于我们的和平和安全而言，它们的繁荣安定具有某种

---

① *The British Yearbook of International Law*, 1937, p. 87.
② 1937年条约系列，第六号条约；相互核定签约于开罗，1936年12月22日。
③ James T. Shotwell, *War as an Instrument of National Policy*, p. 169.

特殊和至关重要的意义。在过去的日子里，大英皇家政府显然干涉过这些地区，以免遭受损失。我们保护他们免受攻击，这不过是大英帝国的自卫的手段。我们必须清楚地认识到，大英帝国皇家政府接受新的条约，认同在这个方面他们的行为的自由。美国政府也同样拥有与之相似的利益，任何外国势力置之不理都被他们视为不友好的行为。因此，大英皇家政府相信自己已经确定那些地区的位置，而且它们同样表达了美国政府的意愿。①

大英帝国维护航线安全显然与门罗理论密切相关。在"有权自卫"的普遍概念之下，这也是一种对具体外部空间思考的梳理。除此之外，最初的美洲－大陆空间思维与大英帝国的航道－通道思维之间的差异在此处并未呈现。

在国际法的背景下，英国控制苏伊士运河，这符合大英帝国航行路线的安全利益诉求。现在，只要运河不在英国的实际控制之下，英国便会以普世原则进行说理。从这时起，这些宣言就体现了不可动摇的尤其天真的维多利亚时代的信念，这种信念认为，在这些普世原则之下，英国将自己的政治利益与人类利益画等号。索尔兹伯里（Lord Salisbury）②反对运河最初的建造者——埃及总督③向斐迪

---

① Materials on the Pact Towards the Proscription of War, Berlin, 1928, p. 49。在1928年7月18日再次提到，p. 94 – 95。

② ［英译按］Robert Arthur Tallbot Gascoyne – Cecill（Lord Salisbury），英国政治家和首相。

③ ［英译按］埃及的萨义德（1822—1863）是奥斯曼治下的埃及总督，他在1856年承诺斐迪南，苏伊士运河一建好就将运河的管辖权出让给他。Khedive在波斯语中意味着"勋爵"或者"总督"。

南（Ferdinand von Lesseps）①承诺法国独占运河，索尔兹伯里认为，在全球商业利益中，除了战争时代航道需要某种出让和独占，②在其他时候，运河航道是"所有国家都拥有的自然权利"。

1888年10月29日共同条约签订后，在国际化和中立性的名义下，英国出兵占领苏伊士运河，占领运河期间，英国行使贸易自由普遍保护权。③1936年8月26日签订的英国-埃及条约，就以"安全"为借口，基于当下情况所做的论证来说，已经进入论证的第三个阶段。一开始宣称的是普世自然权利，当下则以安全为借口，在二者之间，有一个值得关注的鸿沟。在这个第二阶段里，根据1888年签订的条约，英国的国际法目的是实现苏伊士运河的国家化和中立化，形成"国际法律体系下的内海运河和战时航线"，因为当时所有重要的战时航线都不受英国控制。

在巴拿马运河的问题上，英国也希望实现这个目标，但这次，英国的政策与美国的门罗主义发生了冲突。两个不同世界的对峙揭示了巴拿马运河的本质问题。此番较量以美国的全面胜利而告终，作为现实的伟大秩序原则，门罗主义要优于英国普世原则。第三个例子是基尔运河，这与我们德国的关系更为密切。以英国的世界帝国为出发点的这一系列讨论，企图实现统一的、普世的国际法体系，该体系包括三大内陆海运河，以及国际法认可的基尔运河属于"国

---

① ［英译按］Ferdinand von Lesseps（1805—1894），法国外交家和苏伊士运河的建造者。

② Fauchille, I 2, 1925, p. 212, §511b.

③ "一般性的保留"的意义，参看Herberth Monath, *Die Rechtslage am Suezkanal, Vorträge und Einzelschriften des Instituts für Internationales Recht an der Universität Kiel*, Volume 23, 1937, pp. 38, 44f。

际战时航线"管辖。

在 1923 年温布尔登审判中,英国外交部代理诉讼律师贺斯特(Sir Cecil Hurst)① 称"三大运河的讨论"意义深远。1923 年 8 月 17 日海牙国际常设法庭的判决裁定,英国将战时航线(包括基尔运河)国际化原则正式纳入国际法。沃尔加斯特称,我们一定要感谢他对温布尔登审判的研究,他的论文帮助我们看到了这些案例的真实意义,因为他全方位地描述了温布尔登审判真实的一面。②

关于国际法的大多数英语文章会提到"自由",但在 17 世纪的自然法是其发端。③在 19 世纪全球商业自由化的时期,关于"自由"论题的论文也已汗牛充栋。因此,19 世纪大英帝国的政治经济利益与国际法的统治两者之间呈现出一种美妙的和谐。在政治因素占据决定性意义的案例中,"自由"意味着某种概念的重述,尤其是作为世界大型交通要道大英帝国的关键利益。

换句话说,依丹纳(Wheaton – Dana)④ 所言,"海洋自由"是一个著名的观点,同时,按照 Miramichi 案⑤的标准:"海洋是 res omnium,战争期间的公有之地,也是商业领域的公有之地。"只要大

---

① [英译按] Cecil James Barrington Hurst (1870—1963),英国国际法律师。
② Ernst Wolgast, *Der Wimbledonprozeß vor dem Völkerbundgerichtshof*, Berlin, 1926, p. 74f.
③ 这些论及殖民扩张的自由论文(海洋和商业自由作为德国和英国反对 16、17 世纪西班牙 – 葡萄牙殖民霸权的理由),参 Ulrich Scheuner, "Zur Geschichte der Kolonialfrage im Völkerrecht," *Zeitshrift für Völkerrecht*, Volume XXII, 1938, p. 442, p. 463。
④ [英译按] Richard Henry Dana Jr. (1815—1882),美国律师以及海事法作者。
⑤ [英译按] Miramichi case 指 1914 年英国皇家法庭的判决,裁决宣称大英帝国在战争期间有权用大英帝国商船扣押敌军货物。

英帝国控制海洋，海洋的自由就能抵达它的边界，实现它的内容，具体方式则是，按照主导战争国家的权利和自由，维护各中立国的商业贸易。"达达尼尔海峡的自由"意味着大英帝国的军舰为了攻击俄国驻扎黑海的海军，可以自由地在这些海峡航行——诸如此类。这些概念的真正背景是将地缘性世界帝国发展为普世性的合法概念，这些概念总是超越了以自由为导向的、人道主义的、普世性的解释。我们并不是要把这解释为伪善和谎言。这个例子必然与国际法和某种政治实力有关。① 问题是，大英帝国的利益与国际法之间的和谐能够维持多久，或者说，进入20世纪，国际法还能维护英国的政治利益多久？

门罗主义也是如此，西奥多·罗斯福和威尔逊总统的重新诠释将门罗主义解释为普世性-帝国性全球原则。尽管有这些尝试，这两种原则——美国的门罗主义和大英帝国的交通航线安全——之间存在许多差异。今日普世性的交通航线安全原则不再以自然法和自由的面目出现。世界帝国公开表达自己的利益：这个帝国相信它自身已经拥有足够的自我正当性。西奥多·罗斯福和威尔逊总统将门罗主义的普世化，破坏了大空间不干涉原则，由此转变为某种超越国界的干涉主义。当这种普世性宣称它的整体性的时候，即1917年1月22日，威尔逊总统发布的宣言，标志美国政策的着眼点已经从其本土转向某种大英帝国式的世界和人类联盟的帝国主义。

---

① "真正的政治力量的表达在于一个伟大的民族决定其言说方式、思考、用词、专门术语方式以及其他民族自身概念时。" 参 Carl Schmitt, "Die Vereinigten Staaten von Amerika und die völkerrechtlichen Formen des modernen Imperialismus," *Königsberg Lecture from February 20*, 1932, 发表于 *Position und Begriffe*, Hamburg–Wandsbek：Hanseatische Verlagsanstalt, 1940, p. 162f.

四、中西欧大空间的少数民族和族群法

我们讨论门罗主义和与它对立的大英帝国的交通航线安全原则，这种比较将引发一个学术问题：大空间中的国际法与某种普世性－人道主义的世界法之间的差异。不仅是门罗主义的原始含义，甚至包括现代国际法的所有最重要的问题，都受到被这种普世主义所支配的威胁——在这种普世主义最本真的意义上而言。正由于这类普世主义，日内瓦国际联盟协议失去了意义。国际联盟协议也从1919年的尝试做到的所谓保护少数民族的国际法管理，变成摇摆不定而又自我矛盾的幻象。我们在此提到的这些问题，能够深入认识凡尔赛－日内瓦体系对少数民族的保护这个问题的实质。

当然，在今日少数民族保护体系已然过时。但是，在这个体系中所呈现出的思考国际法的方式、国际法的相关原则和概念结构所构成的体系世界，二者对今天仍有影响，并从未消失。西方世界的民主力量会进一步深化上述思考国际法的方式和这一体系世界，并作为智识和道德武器的一部分，朝向某种新的、整体的世界战争，朝向一场伟大的"正义战争"。①正是由于这个理由，德国国际法反对日内瓦联盟的普世主义，反对尝试统一性的国际法和日内瓦联邦法，②尤其反对自由少数民族保护体系的批判努力，绝不会毫无意义。

在凡尔赛－日内瓦少数民族保护体系二十年的历史里，研究民

---

① Carl Schmitt, *Die Wendung zum diskriminierenden Kriegsbrgriff*, Schriften der Akademie für Deutsches Recht, Gruppe Völkerrecht, Nr. 5, Munich, 1938.

② ［英译按］施米特提到国际联盟时写为"日内瓦联邦"（Geneva Federation）。Carl Bilfinger, *Völkerbundsrecht gegen Völkerrecht*, Nr. 6。

族法和族群法的德国法学派阐述了相反的主题：区分了建立在民族和族群概念之上的族群法与基于某种个体自由主义的少数民族保护。在这个领域中，德国学者在这一自留地里辛勤耕耘，我只需列出一些顶尖人物的名字：伯姆（Max Hildebert Böhm）、[1]哈斯尔布拉特（W. Hasselblatt）、格贝尔（Hans Gerber）、勒斯（C. von Loesch）、胡戈曼（K. G. Hugelmann）、瓦尔茨（G. A. Walz）、古尔克（N. Gürke）、基尔（H. Kier）、拉斯霍弗（H. Rashhofer）和拉布（K. O. Rabl）。毫无疑问，这是总体性的胜利，也是某种法学事件。法律和逻辑的困惑隐藏在诸如"少数民族"这样的普遍词汇背后，这一问题今日已昭然若揭。政治与社会现实里有许多问题，诸如确定国界的问题、文化和民族（völkisch）自治问题、完全彻底的独一的犹太人问题，最后一个问题没有任何问题可与之比拟。但是，"少数民族"这个空洞的词汇却消除掉如此明显不同的相反环境，关于"少数民族"，我只需在本文简单提醒读者这个事实。埃尔勒（Georg H. J. Erler）最近得出结论：

> 生命的现实中根本不存在"少数民族"这种东西。现实中有的是最不同类型的活生生的共同体，即便这些少数民族（Völkisch）彼此之间也存在各种差异。[2]

---

[1] ［英译按］施米特在此处提到的德国法学家，绝大多数关注民族法，Max Hildebert Böhm（1891 – 1968）；Wener Hasselblatt（1890 – 1958）；Hans Gerber（1889 – 1981）；Karl Christian von Loesch（1880 – 1944）；Karl Gottfried Hugelmann（1879 – 1959）；Norbert Gürke（1904 – 1941）；Hermann Raschhofer（1905 – 1979）；Kurt Rabl；Georg H. J. Erler（1905 – 1981）。

[2] Georg H. J. Erler, "Mißverstehen, Mißtrauen und Mißerfolg im Genfer Minderheitsschutzsystem," *Zeitschrift für Völkerrecht*, Volume XXII, 1938, p. 5.

从国际法的大空间（Großraum）秩序的视角来看，所谓的少数民族问题需要进一步澄清，这正是我们考察的真正主题。凡尔赛条约中的少数民族法，内容包含诸多稀奇古怪和内容交织的矛盾倾向。最为显著的是普世性的自由－个体主义思想，在这种思想看来，平等和平等的对待是任何"少数民族"者的保证。自由的个体主义思想和跨国的普世主义是同一意识形态的两极。国民的平等和自由宪政主义的自由权利被视为欧洲文明化进程真正的基本规范。它们代表了国际法共同体成员的国内"标准"，这个标准使得国际法共同体成员同质化。

更进一步潜在的思考与此密切相关，正如1878年的柏林会议所示，① 西方民主力量尤其是英国，是这个领域的领袖和标杆。② 因为他们作为真正的自由合法的宪政国家，在国际法之下并没有保护少数民族，甚至还曾讨论过如何镇压他们；从概念上讲，西方民主制中不可能存在任何少数民族需要得到"少数民族"的保护。随着西方民主的国际霸权主义与自由民主结盟，③ 凡尔赛体系对少数民族的保

---

① ［英译按］柏林会议（1878）是欧洲殖民势力召开的一次会议，主题是在政治上承认巴尔干。

② Hermann Raschhofer, "Die Krise des Minderheitenschutzes," *Zeitschrift für ausländisches Recht und Völkerrecht*, Volume VI, 1936, pp. 239 – 240; G. A. Walz, "Inflation im Völkerrecht der Nachkriegszeit," Supplement to Volume XXIII of *Zeitschrift für Volkerrecht*, 1939, p. 70 – 71; G. A. Walz, "Artgleichheit gegen Gleichartigkeit, Die beiden Grundprobleme des Rechts," *Schriften der Akademie für Deutsches Recht*, Gruppe Rechtsgrundlagen und Rechtsphilosophie, Nr. 8, Hamburg, 1938.

③ 更多关于此内容，参 Carl Schmitt, "Neutralität und Neutralisierungen, Verfassung und völkerrechtliche Bemerkungen zu dem Buch von Christoph Steding, Das Reich und die Krankheit der europäischen Kultur," *German Jurisprudence*, Volume IV, 1939, 主题二。另参 *Position und Begriffe*, p. 271f。参 *Zeitschrift für Völkerrecht*, Volume XXIV, 1940, p. 164f。

护包含更多强力政治因素，1919年6月24日克莱蒙梭（Clemenceau）致帕德诺夫斯基①的著名书信挑明了这种因素的含义：1919年令人欢欣鼓舞的政治胜利之后，他们拥有控制和干涉东欧国家的权力，这是由于他们获得了这场胜利，而且正由于这场胜利，他们的控制和干涉还可以不断扩张。

此外，宣扬西方外部势力的控制和干涉，遂成为一种明目张胆的不和谐之举，这里发生作用的是第三种空间概念。日内瓦和凡尔赛的国际法规定的少数民族保护区域，局限在波罗的海到地中海一带，这是历史发展的结果。事实上，这个地带历来为兵家必争之地。

1919年巴黎和会的协商之中，普遍的、具体构建的少数民族保护的普世思想同历史政治的决定空间之间的矛盾日渐凸显。南非联邦的代言人史末茨②是继美国总统威尔逊之后普世性国际联盟思想最为狂热的拥趸，他希望国际联盟实现人道主义任务和原则的伟大计划，并将这些原则全部包含在国际联盟宪章中。目前的国际联盟宪章第22条（委托统治）和23条（人道主义和国际联盟相同的任务）仅仅是这个全面计划的一部分。国际联盟宪章中提及宗教自由和民族、宗教以及少数民族语言的保护。犹太人问题则被视为一种宗教问题。日本代表要求在国际联盟宪章中阐明种族平等原则，与之相对的是，奥地利拒绝种族平等。对此，日本代表回应称，他们反对宗教自由，因为他们要求的种族平等未包含在宪章当中。因此，这两个观点——宗教自由和种族平等——最终

---

① ［英译按］Ingnacy Paderewski（1860—1921），1919年1月16日至同年9月9日为波兰的首相。

② ［英译按］Jan Smuts（1870—1950），南非政治家，1919年至1924年和1939年至1948年任南非首相。

都没有出现在计划之列。波兰和罗马尼亚尤其坚持反对保护少数民族的体系，认为这种体系并不具有普遍性，而是仅仅在他们的空间之内存在影响力。

因此，起到根本作用的自由-个体主义、保护少数民族的普世构建,①成为西方外部空间势力控制和干涉欧洲东部空间的基础，这是普世性的国际联盟所预期的发展愿景。与这种构建有关的是一种有限性，因为在东欧这个空间里，还有一种截然相反的方式，也提出了与保护少数民族理念相同的普世性秩序。因此，1934年9月13日，波兰政府完全有权拒绝与国际组织进一步合作，也拒绝凡尔赛少数民族保护体系的控制，"直到形成国际保护少数民族的共同的统一体系"。毕竟，这种自由的个体主义的少数民族保护体系，从本质上来讲，是具有普遍性的，但是，这种保护体系却只是针对某些特定国家，这种局限性就意味着对其他国家的歧视。

在这个意义上，波兰代表有道理，而巴西代表弗兰科（Mello Franco）则没有权利要求日内瓦少数民族保护对东欧地区的地缘限制，也无权以民族同化和融合的理念干涉欧洲事务。1925年11月9日召开的第37届国际联盟会议中，弗兰科耗费大量精力讨论的是：根据国际联盟保护少数民族的定义，美洲压根就没有所谓的少数民族，因为凡尔赛少数民族保护体系下的"少数民族"一词，是在具体历史条件下发展出来的独特东西。

公正地说，弗兰科的说法是正确的，因为凡尔赛少数民族保护体系绘制的地缘区域，是一种特殊形式发展的大空间，在这个大空

---

① 这个体系在国际法中与自由的个人主义与普世主义系统的联系，参 Carl Schmitt, *Die Wendung zum diskriminierrenden Kriegsbrgriff*, *Schriften der Akademie für Deutsches Recht*, p. 58。

间里，某些国际法的观点也是有意义的。而且，在这个大空间里，从西方同化理论出发，保护所有族群独特的民族天性也是有必要的。但是，对于这一大空间而言，这些原则的确立和执行是无效的，因为无论如何，都是外部空间势力从外部对这个空间进行干涉；这既不是西方欧洲民主的事务，也不是美国政府的事务，而是这一空间里的国家和民族力量的事务；尤其是，这是德意志帝国的事务。

1938年2月20日，帝国领袖希特勒在德国国民议会中宣称，基于我们民族社会主义民族理念，德国有权利保护侨居国外的德意志民族。这个政策创立了一种真正的国际法原则。这个原则是所有民族相互尊重的大原则中的一部分，这体现在1937年11月5日的德国-波兰宣言：所有民族的相互尊重拒绝一切同化、吸纳和融合的民族理念。根据我们这里解释的国际法，这种政治理念具有大空间的具体含义；这一理念也适用于中欧和东欧，在这个空间里，居住了许多民族和族群——除犹太人外——从种族上来讲，他们并不是彼此隔绝的。

此非"德国的门罗主义"；相反，这里运用的是国际法中的外部秩序的理念，施之于德意志帝国和东欧空间当前的政治和历史处境。1823年提出的美国门罗主义所收获的成功有其道理所在，这一成功依赖于国际法的外部空间秩序理念，同时，门罗主义原则在普遍的帝国主义堕落情形下得以幸存，并坚持一种抵抗外国势力干涉的真正的国际法大空间原则。除了1938年2月20日关于大空间原则的声明，毫无疑问还存在一个事实，即帝国所拥有的普遍保护的权利实际上对于国家民族和种族同胞依旧有效，而且，这也是它自己的问题，即我们既不要摈弃也不要损害国际法大空间原则的具体概念。

1939年9月的苏德睦邻友好条约（参看《国际法杂志》，Volume XXIV，页99）已经在官方文件中使用了帝国概念。该条规定了前波兰区域内"帝国利益的'双边'"边界。根据条约,任何第三方力量干涉都应被明确拒绝,条约导言强调了该条约目的在于确保国民能够在与他们民族(völkisch)的独特天性相符的和平环境中生活。因此,凡尔赛体系对欧洲这部分空间所谓的少数民族保护,也包括在内。在东方的政治新秩序的背景之下,波罗的海的德国人在德意志帝国重新安置(1939 年 10 月 15 日德国-立陶宛条约和 1939 年 10 月 30 日德国-爱沙尼亚草案讨论德意志族群的重新安置问题)。①

除此之外,我们也提到德国从比萨拉比亚到华伦再迁移民。1940 年 8 月 30 日,德国和意大利外交部的第二次维也纳裁决裁定,按照正义的民族秩序原则,为多瑙河空间划定了新的匈牙利和罗马尼亚边界区域。②同时,达成的协议还包括,德意志帝国政府、匈牙利和罗马尼亚政府三方,保护德意志族群在匈牙利和罗马尼亚两国的生活,具体方式是自由民主的、个人主义的凡尔赛少数民族体系被某种基于族裔群体的秩序取代。1940 年 9 月 7 日的罗马尼亚-保加利亚条约预见到两个国家从北方到南方的多布尼加的族群的托管安置,作为该区域的解决方案。③在所有这些事例中,外国势力不干涉原则成功确立,适用于国际法下的族群法。

---

① [英译按]这些条约,包括德国入侵波兰和苏联入侵波罗的海地区国家,针对定居在波兰的瓦尔特兰省的波罗的海的德国难民。

② [英译按]第二次维也纳裁决是一个国际协议,包括 1940 年 8 月 30 日匈牙利和罗马尼亚的协定,裁决北方特兰西瓦尼亚属于匈牙利。

③ [英译按]多布尼加位于黑海岸到多瑙河三角洲河岸,为保加利亚和罗马尼亚共有之地。施米特提到的克拉约瓦条约为 1940 年 9 月 7 日保加利亚和罗马尼亚两国签署,条约放弃了南多瑙河到保加利亚的领土,并且同意罗马尼亚和保加利亚人口互换。

五、国际法中的帝国的概念①

大空间属于帝国概念，这个概念在这里应作为一个特殊的国际法的值而被引入国际法讨论。这个意义上的帝国是领导性的、承载性的大国，后者的政治理念照射（radiate）着一个确定的大空间，并为了此一大空间而从根本上排除外空间大国的干涉。当然，如果从帝国也可能是它所保护、使之不受干涉的大空间本身这层意义上看，大空间不等于大帝国。同样，人们在承认门罗主义时也并未设想将巴西或者阿根廷宣布为美国的一个构成部分。可是，每一个帝国的确有一个为其政治理念所照射而且不容外来干涉的大空间。

帝国、大空间和不干涉原则之间的联系是根本性的。由于这种联系，"干涉"和"不干涉"的概念获得理论上和实践性的适用性，这两个概念对于一种建立在不同民族共同生存基础上的国际法不可或缺，这种概念却异常混乱。在以往从国家角度构建的国际法里，塔列朗说的"不干涉与干涉一样大致是同一个意思"这句著名的挖

---

① ［中译按］本文原是《国际法大空间原则》报告的结尾部分，作为单独的一篇文章被收录在《德国法律》杂志1939年4月29日第11期，页341–344，被收录在本文的第五部分。本文汉译由四川外国语大学德语系朱雁冰教授从德语原文译出，刊于《论断与概念：在与魏玛、日内瓦、凡尔赛的斗争中（1923—1939）》，朱雁冰译，上海：上海人民出版社，2006，页314，需要说明的是，朱先生译本的底本是《德国法律》杂志1939年4月29日第11期文章德语原文，这篇文章比本篇发言稿要多了一句拉丁文 ab integro nascitur ordo［秩序诞生于整合］。本书将朱雁冰先生译文全文辑录，并新增英译本努南的注释。

苦话,并非推至极端的悖理,而是每天经验到的一个事实。只有当禁止外部空间大国进行干涉的国际法的大空间得到承认,帝国概念旭日升起的时候,在一个划分合理的地球上的一个可界定的共存才可以设想,不干涉原则才可能在一种新的国际法里发挥其确立秩序的作用。①

我们知道,德意志帝国这个称谓之具体特性和崇高性是不可转译的。属于每一个真正帝国的数值的历史控制力的是,这个数值同时带来它自己的、不可随意归属的称谓,并推行它独有的名称。Reich、Imperium、Empire 并非一回事,从其内在看,相互之间不可比拟。Imprtium 往往具有一个普世意义的、包容世界和人类即超民族的组织含义(虽然并非必须有此含义,因为可能有多个不相同的 Imperia 并存),而我们的德意志帝国,本质上有民族的规定性,是一个本质上的非普世主义的、以尊重每一个民族为基础的法律秩序。帝国主义(Imperialism)自 19 世纪末以来变成一个经济-资本主义的殖民化和扩张理论的称谓,而往往被滥用为单纯

---

① 最近一篇处理国际法中干涉问题的专题论文,Gerhard Ostermeyer, *Die Intervention in der Völkerrechtstheorie und – praxis unter besonderer Berücksichtigung der Staatenpraxis des 19. Jahrhunderts*, Abhandlungen der Hanischen Universität, Pubished by L. Raape and R. Laun, Volume 36, 1940, 其中包括对边界问题思考的实质方式的不错尝试,尽管忽略了全球-政治空间问题,错过了真正的问题,这也不能解决"紧急干涉"问题。与之相反,"欧洲国际法"的实质秩序的结构以及"政治力量的实质"的国际法内在含义已然包含。无论谁提到"某种国家的紧急状态"和国际法的干涉,难道能够忘记谁才是裁决者?使用非-法律词汇,我们仍然停留在毫无限制的允许突如其来的人权干涉和对最小的"干涉"毫无节制的拒绝之间的灰色地带——后者显然是错误的,是一种"国际法的缺陷"。

的口号。① Reich 一词则始终未染到这一污点。不论对沦亡的罗马帝国民族观的回忆，还是西方民族帝国之同化和熔炉思想，都使帝国主义概念与一个从民族角度理解的、尊重一切民族生存的帝国概念形成最强烈的对立。由于德意志帝国位于欧洲中央，处在自由民主的、同化着各民族西方大国的普世主义与布尔什维克主义世界革命的东方普世主义之间，而且必须在两条战线上保卫普世主义的、民族性的、尊重民族生活制度的神圣性，这种对立情况显得尤为强烈。

一种从国际法角度进行的考察不仅要看作为国际法秩序之载体和规划者的诸政治价值之内在的独特性，而且必须看这些值的共处和共存。出于实践的和理论的理由，必须时刻关注现实值之并存、相互联系和相互对立。其他任何考察方式要么由于将每一个体民族孤立起来而否认国际法，要么伪造国际法——如国际联盟法所做的那样——将国际法变成一个普世主义的世界法。可见，国际法之可能性与未来，取决于真正的确定性和承担责任的各民族共同生活，并使之成为讨论和概念构成的出发点。这些确定性秩序和承担的责任今天已不再像18和19世纪那样是国家，而是帝国。

正名具有巨大的意义。词与名称在任何场合都不是无关紧要的，尤其被规定代表国际法的政治－历史性的值更是如此。围绕着诸如"国家""主权""独立"等词的争论是深刻的政治性论辩的标志，胜

---

① 对帝国主义这个概念及其大量相关文献作一分析，将会突破我们的讨论框架，必须另作专门考察。但我至少想提请注意 Werner Sombart 特别清晰的阐释，参 "Das Wirtschaftsleben im Zeitalter des Hochkapialismus," *Der moderne Kapitalismus*, Volume III, 1, Munich and Leipzig, 1927, p. 66, 参看此前提及的 Carl Brinkmann 的论文，以及 Heinirich Triepel, *Die Hegmonie, Ein Buch von führrenden Staaten*, 1938, p. 185f（"帝国与霸权"）。

者不仅仅编写历史，而且还决定着词语体系和术语。这里建议采用"帝国"这个最准确地说明了大空间、民族和政治理念的结合所形成的国际法真实情况的称谓，这正是我们的出发点。"帝国"这个称谓绝不会取消个体帝国的固有特点。它避免了"大国势力范围""空间和权力的组合""公共组织""共同体"等词所含有的或者寓于毫无内容的空间名称"领域"之中的贻害国际法的空泛的一般性。可以说，从当今世界形势的现实来看，"帝国"这个称谓具体而精确。

但在另一方面，"帝国"又给予现有决定性的值以一个共同称谓，没有这个称谓，任何国际法的讨论和意见交流必然立即中止，这就是说，这个称谓避免了另一种同样贻害国际法的谬误：将具体化变成个体政治值之孤立性的、取消任何联系的隔离状态。

最后，它符合德语的习惯用法，Reich 这个词通过纷繁多样的组合——诸如善者与恶者的国度、光明之国与黑暗之国，甚至动植物界——表达某一具体序列意义上的一个宇宙，或者一个有尚武精神和战斗能力的、与敌对帝国旗鼓相当的历史力量，但它在一切时代始终从一种特殊意义上指称巨大的历史性组织：巴比伦的帝国，[①] 波斯人、马其顿人和罗马人的帝国，日耳曼民族的帝国以及其对手的帝国。

除此之外，假若我们要分析"帝国"一词可能引起的一切历史哲学的、神学的和类似的诠释，我们便会失去本文的纯国际法内容和目标，并面临招致无休止唇舌之战的危险。这里重要的只是以一个简单的、国际法上适用的、因其接近现实而又占优势的和更高的概念对抗国家这个以往国际法的中心概念。

---

① "帝国首先崛起于巴比伦"，见 *Sachsenspiegel*, III, 44, §1。帝国的中世纪概念参看 Otto Brunner, *Land und Herrschaft*, 1939, pp. 217, 234f。

在18和19世纪发展形成、一直进入20世纪继续沿用的国际法，是纯然的国家间法。尽管有个体的特殊情况和松动，但它在原则上则承认国家为国际法主体。关于帝国未置一词，虽然每个细心的观察家都感到惊奇，大英世界帝国之政治的和经济的生存利益与这种国际法的原理竟然如此契合。国际法教科书只可能将大英世界帝国归类为"国家组合"。可是，大英帝国的帝国概念具有完全特殊的性质，绝不会被理解为"国家组合"。① 正如在其他地方所表明的，这个概念由于其地理上毫无关联的状况而具有普世主义的规定

---

① 例如，参看Friedrich Apelt, *Das britische Reich als völkerrechtsverbundene Staatengemeinschaft*, Leipziger rechtswissenschaftliche Studien, Volume 90, Leipzig, 1934。选择命名为国家间（interstate）还是国家之内（intra‐state），是国家自身无法解决的问题。这一事实是由于国家概念的决定性结构，该机构将有关国际法具体秩序的所有问题引入绝望的思路。与此相反，一个值得关注的进步标志是，Santi Romano（*Corso di Diritto Internazionale*，第四版，Padua，1939，页79）从他的"制度化"思想中认识到，某些封闭的"国家"联系符合他们自己的既非国家内部也非国家间的制度性的联系。他所指的，包括这类实体性国家联盟、皇家联盟和殖民地的保护者。Paolo Biscaretti di Ruffi 在 *Festschrift for Santi Romano*（Padua，1939）一文中进一步阐述了这一问题，即 Sull'esistenza di Unioni non internazionali tra Stati, diverse dagli Stati di Stati。作为这种联系的一个例子，英国的"国家联合体"被他视为既非国家间的也非纯粹国内的。不幸的是，他没有成功地令人信服地解决这些问题，因为他仍然陷于国家的决定主义概念之中，因此无法克服国内与国家间的两难困境。那么，"国家间的非国际（non‐internazionali）联盟"是什么意思呢？只要"国际"法从根本上来说是一种"国内"法，那么它只不过是术语中的简单混淆，就仍然是"国家间的非国家间（non‐interstatali）联盟"！我们至少应该习惯用我们的语言来区分"国际"（international）和"国家间"（interstate）的关系，并避免将"国际"共同体和"国际法共同体"命名为"国家间法"的名称，因为这些命名只会模糊和混淆事物。Biscaretti di Ruffi 保留以国家为中心的概念观点，以致他无法在国家间和国内两种选择之外进行思考。国际关系既不是国家间的，也不是国内的，国家之间的关系不是国家间的联系，对这种基于

性。表达这种世界帝国思想的英格兰国王的皇帝尊号是与遥远的、海外的、东亚殖民地和印度联系在一起的。"印度皇帝"这个称号——这是迪斯累利的一个发明——不仅是其发明者个人的"东方主义"证明,而且也符合迪斯累利的表述:"英国实际上是亚洲大国,而非欧洲大国。"

属于这样一个世界帝国的,不是国际法,而是一个普遍的世界法与人类法。可是,正如刚才提到的,国际法学的系统性和概念方面的著作,迄今为止根本不知道帝国为何物,而只知道国家。当然,在政治-历史的现实中始终存在着承担领导的大国。曾经有一个"欧洲大国协奏曲",在凡尔赛体制中则是"主要盟国"。法律的概念构成只遵循一个普遍概念"国家"和一切独立自主国家法律上的平等。① 国际法主体的真实等级排列一贯为国际法学所重视。实际的和品质上的差别尽管进行过某些容易为人所理解的讨论,却并未得到国际联盟法学公开的、合乎逻辑的承认,鉴于英国和法国在国际联盟中的公开的霸权统治,国际法意义上的平等的幻想始终与一切真理和现实形成强烈反差。

这个作为国际法中心概念的传统的国家概念,不再符合真实现

国家的思维方式来说,看起来是不可能的,实际上是完全荒谬的。那些由 Santi Romano 命名的实体,只能在其法律和学术背景下从高于国家的分析类别中理解,例如,从联邦(在国家联邦或联邦国家的概念选择之前)或帝国或大空间之中,如果它们独特的法律特征不能被国家间和国内两种替代方案所理解,就不会被破坏。

① Carl Bilfinger, " Zum Problem im Dritten Reich," *Zeitschrift für ausländisches öffentliches Recht und Völkerrecht*, Volume IV, 1934, p. 481f; " Les bases fondamentales de la Communauté des Etas," *Recueil des cours de l'Académie de droit international*, 1939, p. 95f.

状和事实，这是人们长久以来便意识到的。西方民主国家国际法学界，尤其国际联盟法学界的大部分人，着手通过违反主权概念的途径罢免国家概念。这是以下述倾向开始的：使无疑应及时克服国际法中的国家概念的工作转变方向，使之进入和平主义－人道主义领域，即进入一个普世主义的世界帝国；随着德国的失败和国际联盟的成立，这个帝国的时刻似乎已经来临。

时至今日，上文提到的国际法与大英世界帝国的政治利益的前定和谐得以保全，可以说，它真正达到了其顶点。德国只要软弱和无防卫能力，面对这种倾向便完全处于劣势，而且从国际法上看，德国只要能够保卫国家的独立和维护它的国家品质，也就可以心满意足了。不过随着民族社会主义运动的胜利，在德国——当然与上述从和平主义－普世主义意义上罢黜国家的做法相比是基于完全不同的出发点和遵循完全不同的目的——也成功地向着克服国际法中的国家概念的目标推进。鉴于我们外交发展的强劲势头，在帝国概念的国家法与宪法法的意义上经帝国部长拉莫斯（H. H. Lammers）[①]和国务秘书施图卡特（W. Stuckart）说明之后，[②] 下面应讨论一下国

[①] H. H. Lammers, *Staatsführung im Dritten Reich*, Lecture Series of the Austrian Administrative Academy, Berlin, 1938, p. 16：

"德国人的第三帝国"这个词，在我看来集国家理念和民族理念于自身，但也具有深刻的国家法意义，是德意志国家的第一个正确称谓。

该文同时载于 1938 年 9 月 2、3、4 日的 *Völkischer Beobachter*。Wilhelm Stuckart 首先在《党和国家》（*Party and State*）的报告中（见 Deutscher Juristentag, 1936, pp. 271–273）讨论了"作为民族的生活形式和生活秩序的帝国"。［英译按］H. H. Lammers（1879—1962），德国律师和纳粹德意志的帝国大臣总理秘书。

[②] ［英译按］Wilhelm Stuckart（1902—1953），德国律师和纽伦堡法案的合作编纂者。

际法的现时状况并通过引入我们的帝国概念从国际法上去澄清。

　　传统的国家间的国际法秩序在于它对国际法共同体的所有成员都同样以一个确定、具体、有着某些固有特性的秩序，即一个"国家"为前提。如果说在近几年中，国家概念在国际法中的统治地位在德国受到民族概念的冲击，我并无意贬低这个国际法学上的功绩。只是不可忽略在以往的国家概念中包含着最低限度的内在的、可核定的组织和内在的纪律，这种组织上的最低值构成了人们可以视之为"国际法共同体"具体秩序的一切东西的根本基础。尤其战争作为这种国家间秩序的一个公认的活动，其正当和秩序基本上在于它是一场国家间战争，这就是说，作为具体秩序的一些国家为反对作为同一层面上的具体秩序的另一些国家而进行的战争。这种情况类似一场决斗，它只要在法律上得到承认，其内在秩序和正义性便在于，双方相互对垒的都是有决斗能力的正直的人（虽然各自的体力和运用武器的技能也许有巨大差别）。战争在这个国际法体制之下是有序对有序的关系，而非有序对无序的关系。后一种有序对无序的关系是"内战"，是当今的国家间国际法对之尚缺少应对办法的东西。

　　在国家间的国际法里，这类国家间战争决斗的公正见证，只可能是中立者。迄今为止的国家间国际法的现实保证，并不在某种内容上的正义思想或者具体的分配原则，也不在国际法律意识，在世界大战期间和在凡尔赛体系下这种意识已经证明并不存在，而是——再一次与不列颠帝国的外交利益完全吻合[①]——在一种国家间的均势。

[①] Fritz Berber, *Prinzipien der britischen Außenpolitik*, Schriften des Deutschen Instituts für außenpolitische Forschung, Berlin, 1939, p. 20f.

权威的看法是，无数大大小小的国家的力量状况持续不断地平衡着，面对一时超强的、因而对国际法包含着危险的强者自动地形成一个弱者的联合。这种摇摆不定、按一时的具体情况形成、不断移位因而极不稳定的均势，有时在某一实际情况下可能的确是国际法的一种保证，即：如果存在着足够强大的中立国的话。中立国在这种情况下不仅是战争决斗的公正见证，而且也是国际法的真正保证和维护者。在这样一种国际法体制下，有多大程度的真正中立，便有多大程度的国际法。国际联盟之设在日内瓦并非偶然，常设国际法院也有充分理由选择海牙为其驻地，① 然而，不论瑞士还是荷兰都不是在危急情况下能够单独以自己的力量保卫国际法的强大的中立国。如果像在世界大战的1917年和1918年最后两年那样没有强大的中立国，也就没有像我们所经验过的那种国际法。

此外，以往的国际法还立足于一个未言明但却对它带有本质性的且在几个世纪之久的时间里事实上也存在的前提，即那种为国际法提供保证的军事是围绕着一个虚弱的欧洲中央部分运行的。国际法只有在这里的许多中小国家能够被唆使相互争斗的时候才会真正正常运作。18和19世纪的众多德意志的和意大利的国家，如克劳塞维茨生动描述的那样，为了达到大国间的平衡而被作为小的和中等的砝码，时而被投向天平的这一边，时而被投向天平的另一边。欧洲中央的一个强大的政治力量必然打破一种如此处心积虑架构起来的国际法。

因此，这样一种国际法的法学家们可以认为，而且在许多情况下也确实相信，1914年和1918年对一个强大的德国的世界大战本身便是

---

① Christoph Steding, *Das Reich und die Krankheit der europäischen Kultur*, Hamburg, 1939; Carl Schmitt, "Neutralität und Neutralisierung," *Positionen und Begriffe*, Hamburg – Wandsbek：Hanseatische Verlagsanstalt, 1940, p. 271f.

一场国际法之战，而在1918年表面上对德国政治权力的消灭是"国际法对残暴权力的胜利"。仔细思考这个事实，以便正确把握当前国际法发展的转折点，不仅对历史－政治的观点和要求，而且对法学的观点和要求都是必要的，绝对不是非法学性质的。因为今天鉴于一个新的强大的帝国存在，那个针对强大的德意志帝国的国际法概念世界，正在以巨大的力量在西方民主国家和所有受影响的国家里重新被动员起来。据称严谨的国际法学术杂志都为这一政策效命，从道义上和法律上参与准备一场对德意志帝国的"正义的战争"。《美国国际法杂志》1939年1月号刊出的加尔内（J. W. Garner）的文章《纳粹在放逐德国国际法学教授》在这方面是一个真正令人瞠目的证明。

如前所说，德国国际法学在最近几年为了将国际法从一种纯国家间的秩序变成一个真正的各民族的法而作了一次有意义的冲刺。在这方面的出版物中，首先值得作为实现的学术成就称道的是居尔克（Norbert Gürke）的第一个系统性的架构于民族概念之上的新国际法的蓝图《民族与国际法》（*Volk und Völkerrecht*, Tübingen, 1935）。当然，简单地将以往国家间的秩序变成民族间的秩序既不可能，也并非居尔克的本意。因为这样一来，通过民族概念只会给陈旧的国家间秩序注入新的实质和新的生命。一个实质性的民族概念固然取代了内在的中立而抽象的国家概念，但传统国际法秩序的体制性结构却保留了下来。这最终只是向老化的血管里输血，只是使陈旧的国家间法升值，或者为它进补，使之成为国际法。这一次冲刺是如此正确和如何成效卓著，我认为其中有两个观点不可不注意。

第一个观点涉及以往的国家概念作为组织上的确定值所蕴含的国际法的秩序要素。国际法秩序意义上的"国家"至少以最低限度之组织、可核定的功能和纪律为前提。我在这里不愿介入一场争论：

一方面以霍恩（Reinhard Höhn）为首，坚决而一贯地将国家确定为"机器"，另一方面则是关于国家如何被看作形式或者形态的各种不同的观念。让我们只提一下尼塞（Gottfried Neeße）的说法：国家本质上是组织，民族本质上是有机体，但是机器和组织——霍恩自然也知道——绝不是"非精神性的"事物。各不同民族，尤其大的或者受到威胁的民族的现代共同生活，恰恰要求真正的严密组织，要求最低限度的内在凝聚性和可靠的可预见性。这需要有高度精神的和道德的品质，远非每一个民族本身都"自然地"领受了这最低的组织和纪律。反对国家概念的法学斗争假若不具备对以前的国家概念有本质性的、真正的确立秩序的能力——在事实上往往很成问题，而在原则上却始终是必要的——这场斗争必定达不到他的目的。一个在这种单纯组织性的意义上没有能力构成国家的民族，根本不可能成为国际法的主体。

例如在1936年有人就曾指出，阿比西尼亚不是一个国家。并非所有的民族都能够经受住创建完美现代国家机器的能力检验，只有少数几个民族能靠自己组织的、工业的和技术的能力打一场现代的物质性战争。一个新的地球秩序以及一种成为当今头等国际法主体的能力，不仅需要高度"自然的"即与生俱来的品质，而且还必须要有自觉的纪律、高度的组织和以自己的力量创造现代国家机器并将之牢牢掌握在自己手中的才干，这是只有高度集中人的理智力量才可能完成的。

第二种观点涉及国家作为空间秩序所蕴含着的以往国家概念之国际法的秩序元素。国际法秩序的一个载体或者主体的每一种国际法上使用的观念，除了人格上的规定性（国家和民族的从属性）以外，自身还必须包含着领土的界定方法。国家概念的这个方面甚至为最为极端的英国多元论者所承认。例如，在这一方面，柯尔①的观点也许比为英国多元论引用最多的犹太人拉斯基的观点更加真实，柯尔说，国家作为"政治实体"是"本质上属地理上的组合"。②

我们不想在此作进一步阐述，只提请关注一个重要特征：现代技术通过飞机和无线电广播对空间的克服在国际法上造成的后果并不像人们最初猜测的那样：空间在国际法中不是按照公海类似方法对待，而是恰恰相反，国家在空中拥有领土主权的思想，以特别强调的方式成为以往就国际航空和无线电广播所达成的一切条约和其他形式的规定的基础。

从技术的立场看，这很费解，甚至颇为荒唐，尤其在一些领土狭小的国家。人们不妨考虑一下：一架现代化飞机如果在几个小时之内飞越了许多小国，这架飞机要隶属于多少国家的"主权"？或者，许多国家对持续不断地迅速通过地球上空绕行的所有电波的主权又何在？在这种情况下，国际法学无疑已经到了克服陈旧的作为中心的国家概念的时候了。在这一方面已经有了重大尝试。在德国，人们还没有充分注意到：在英国，人们提出的一种理论正在以多大的规模利用这种现代技术的发展，以便通过克服国家，向着一个普世主义的、时而为国际联盟时而为其他组织所代表的世界法权推进。尤其斯佩特在许多著作③中利用这些考虑形成了一种思想：现代技术

---

① ［英译按］George Douglas Howard Cole（1899—1959），英国史学家和经济学家。

② "Conflicting Social Obligation," *Proceedings of Aristotelian Society*, New Series XV, 1915, p.151.

③ James Spaight, *Air Power and Cities*, London, 1930（为1924年发表的 *Air Power and War Rights* 的续篇）。这句话尤其典型："空中力量将为接受新的规则和理念扫清道路"，*International Air Force*, London, 1932。

的发展,特别是空军的发展,将超越国家间的战争;空军足以使地面保持安定或者秩序,致使国家间战争自然中止,最后只有内战、警察行动或者制裁保存下来。这类往往给人以深刻印象的构想表明,一种新的空间秩序不可能不受到国际法学的重视。但是,在民族概念本身之内,一个崭新的、超越19世纪单纯的民族国家思想的空间秩序要素还不十分清晰,还不能以令人信服的方式改造迄今为止的国家间的秩序。

我们空间观念的尺度和标准事实上发生了本质性的变化。这对国际法的发展也具有决定性的意义。以虚弱的欧洲中央地区和西方世界大国为背景的19世纪的欧洲国际法,今天在我们看来宛如一个为巨人阴影遮蔽的小世界。在这个背景之下已经不可能建立一个有着现代思想的国际法。我们当今是从地球的角度,是从大空间进行思考的。我们看到沃尔塔特(H. Wohlthat)司长和埃普(Ritter von Epp)将军曾谈到的未来的空间规划①是不可避免的。

在这种情况下,德国国际法学的使命是,在保守性地保留以前的国家间思想的做法与西方民主国家所推行的、为形成一种普世主义的世界法而采取的非国家和非民族交叉的做法之间,寻求一个具体的大空间秩序的概念,这个概念既避开了上述两者而又适合我们当今地球概念的空间尺度和我们关于国家与民族的新概念。这对于我们只可能是国际法意义上的帝国概念,帝国在这里是一个为确定的世界观理念和原则主宰的大空间秩序,这个大空间秩序排除外空间大国的干涉,而其保证和护卫者则是一个证明自己胜任此一使命

---

① H. Wohlthat, "Großraum u. Meistbegünstigung", 1938年12月23日 *Deutscher Volkswirt*; R. von Epp, 1939年2月24日的演说,参阅1939年2月25日 *Hakenkreuzbanner*, Nr. 56, 第二版的报道。

的民族。

为了详细确定我们的帝国概念，虽然还需要付出如此大量的学术性劳动，但这个概念对于新国际法所具有的奠基性地位是无可争议的，同样，这个概念介于19世纪旧的国家间秩序与普世主义的世界帝国目标之间的独有的特点，也是显而易见和清晰可辨的。1937年秋，我将关于"转向歧视性战争概念"的报告提交德国法学研究院法学部第四届年会的时候，政治的总体形势与今天的形势大不一样。当时，帝国概念还不像现在这里发生的情况，不可能被提高为新国际法的中心。就这个报告曾有人提出一个问题：我究竟要以什么真正的新东西来取代旧的国家间的秩序？因为我既不愿停留在旧东西上，也未曾想过要服从西方民主国家概念。今天我可以作出回答了。

一个新国际法的新的秩序概念是我们建立在一个民族性的、为一个民族所代表的大空间秩序之上的帝国概念。这个概念包含着一种新的国际法思考方式的内核，这种思考方式从民族概念出发并完全容许包含在国家概念之内的秩序要素存在，却同时能够适应当今的空间观念和现实的政治生命力；这种思考方式可能是"属于行星的"，即属于地球空间的，而又并不消灭民族和国家，并不像西方民主国家的帝国主义国际法那样，从对旧国家概念之不可避免的超越走向一个普世主义——帝国主义的世界法。

建立属于一个新国际法的载体和形态的德意志帝国的思想，以往也许是一个乌托邦之梦，而建立在这种思想之上的国际法也只可能是空洞的妄念。今天，一个强大的德意志帝国诞生了，从一个虚弱无力的欧洲中央变成一个强大的、不可侵犯的欧洲中心，这个帝国有能力将它尊重的一切民族的伟大政治理念作为一种为种属和渊源、血统与土地所确定的生活现实，扩散到中部和东部欧洲的空间，并击退外空间的和非民族性的大国的干涉。领袖的行动赋予我们的帝国思想以政治现实、历史真理和伟大的国际法的未来。

六、帝国与空间

大空间概念提出的背景是经济－工业－组织的高度发展，[1]没过多久，这个概念就受到国际法学界的认可，同时也遭遇了一些阻力。外部空间的定义和当下对外部空间的标准存在明显的更迭，这些显而易见，但它们首先冲击了战前的（pre－war）空间概念。鉴于德国海军和空军对波罗的海的控制地位，他们非常希望再次重复那些毫无意义的争论：为了解决1914年至1918年间"海军封锁"的问题，能否允许各种尝试？谁想借助某种战前的外部空间概念，对交战国家之间声称的新区域和空间边界（无论如何都是危险的区域）进行裁定？对非交战国家宣称的新区域和空间边界（安全区域）进行裁定？[2]

所有人熟悉的决断性的、决定一切的位置，必须与国际法的"实效"概念联系起来思考：占领无主土地、军队占领、海岸封锁、

---

[1] 参导言；另参 *Zeitschrift für Völkerrecht*，XXIV，1940，页146以下。

[2] 我们只需对比，1940年1月15日和1940年1月22日英法两国的抗议与德国在1940年2月14日对美国的安全区域的正式声明（1939年3月10日泛美会议的14次决议）。关于这个话题可参看 *Zeitschrift für Völkerrecht*，XXIV，1940, p. 180f. Ulrich Scheuner, *Die Sicherheitszone des amerikanischen Kontinents*，关于同一个话题，另参 Carl Schmitt, "Raum und Großraum im Völkerrecht", p. 172.

海军封锁、战争主动方的确认、政府和国家。难道我们要根据情势变化的"实效"概念而结合某种早已过时的技术？然而，已经不能自圆其说的现存国际法实证主义，想努力有助于当前局势，但是，在当前战争中，空间的有效控制理论的发展，已经令这种实证主义自身显得荒谬绝伦。德国空军在这方面对外部空间革命的影响特别重大。

迄今为止，国际法尚不能认识到这类问题，例如邻近德国空军行动区的中立地区如何定性的问题，我们应该致力于鼓励发展符合时代需要的中立权，而不是适用于某种战前条约的解释。事实上，此处我倾向于另一种态度：可以将内海与海洋法比照战时与和平时期的空间法，①在我看来，未来的发展趋势是海洋法的规范和概念将来自空间法。18 世纪和 19 世纪国际法作者认为，海洋是一种人类无法控制的"因素"，但如今我们不再对海洋作如是观；相反，海洋是一种"空间"，是人类控制最为宽泛的空间，是权力能够有效规划的空间。

随着各种帝国的崩溃，各党派为了建立属于自己的新秩序展开争夺，国际法体系的结构与那些旧帝国的联系开始凸显。这些帝国崩溃之后，实证主义外包裹的第二层和第三层保护色慢慢褪去，逐渐呈现出外部空间的核心问题。统治并支撑每一种国际法的基本概念，即战争与和平，在他们时代的具体处境里变得日渐清晰；同时，完全呈现出来的是全球性的具体概念，也就是大地空间划分的具体概念，正是这种概念刻画了国际法每一种体系的基本特征。由于几

---

① Roberto Sandiford, *Brevi note sull'analogia tra Diritto Marittimo e Aeronautico*, Studi di Diritto Aeronautico VI (1933).

个世纪以来的地缘封闭传统，德国外部空间几乎总是某种小的或者中等的国家规模，直到现在都妨碍了［德国的］国际法视野。今天看来，这种懦弱已经不合时宜，眼下大规模的军事行动与重大政治事件几乎同时发生，由此产生出的某种认识的胜利在于，不是国家而是帝国成为国际法真正的"创造者"。

早期大陆封闭（continental-claustrophilic）学派在思考国家法时坚守国家中心主义，这种国家中心主义首先体现于这一事实：这种国际法的空间勾画是以国家领土（State territory）为导向的。国家领土是地球表面的一层（其上是领空，其下是地下空间，地面居于其间），在这个领域应该绝对服从"国家权威"。我们不得不探讨这些不同的理论和国家领土的理论构建。①无论如何，地表理论如下所示：地球或是固定的土地（通过国家权威占领，他们已经是真实的国家地理存在，或者没有统治者的地理存在，换句话说，是某种潜在的国家领土），或是自由的海洋，因而海洋的自由基于以下事实，即海洋——开放的海洋——既不是真实的也不是潜在的国家领土。

外部空间包括地理的现实、利益区域、宣称干涉、对外部敌对势力干涉的禁止、所有类型的地域、外部空间描述的公海（执行区域、危险区域、封锁、航船封锁、船队）、殖民地问题（事实上就是某种完全不同意义上的"国家领土"以及某种完全不同意义的祖国）、国际法的受保护国、独立国家等，所有这些外部空间的类型是否破坏了"或者国家领土或者不是国家领土"这一"或者-或者结构"的无差别认知方式？国界仅仅变成了一条线。现实国界（并非只是国内的）

---

① 参"法理学中的空间概念"部分，页181。

和国界接壤的区域应该避免从国家 - 中心角度认识领土问题。①那些处于缓冲地带的中立国家，它们整个的存在理由（raison d'être）就是作为边界地带和中立地带，由于各个帝国之间的协议，它们才能够存在，即便这些中立国家——就帝国允许它们存在的程度而言——也可被视为主权国家。

事实在于，有些地区处在两个紧密相连的国家领土之间，既不是两个相邻国家的内部事务——也不属于国家外部事务，请允许我称之为非 - 国家（non - state）——是国际法中所没有的东西；事实还在于，不仅国家领土的重要意义（eminence），而且，各种类型的空间的重要意义，也都属于国际法所涵盖的实体——所以，要么是国际的，要么是国内的非此即彼的建构是错误的，在这个问题上，国内和国际法似乎不能成功建构出逻辑一致的观点。②

但是，一旦我们认为，是帝国而非国家发展国际法并构造法律，那么，国家领土就不再是国际法的唯一空间概念。国家领土就呈现出它本来的样子，即仅仅是国际法空间概念的一个可能形式，其实，此前这种赋予国家的极端概念，通过帝国的概念已经成为一个相对意义的存在。其他的空间概念在今日变得不可或缺，尤其是土地——土地

---

① 控制领空的外部空间革命的引人瞩目的影响是国界的区域的理念（取代只是区域国界和线状国界）代表的某种领空法：Kroll, *Traité de droit international public aérien*, 1934, p. 71（"国界容积"取代了"国界面"），关于反对意见，参看 Friedrich Giese, "Das Luftgebiet in Kriegszeiten," *Archiv deutsches öffentliches Rechts*, N. F. 31, 1939, p. 161。

② Carl Schmitt, "On the Relation of International Law and National Law," *Zeitschrift der Akademie für Deutsches Recht*, 1940, p. 4。关于 H. Triepe 的作品 *Die Hegmonie*（1938）的讨论，参 *Schmollers Jahrbuch*, Volume 63, 1939, p. 516；另外，关于 Georgios Streit 的 *Festgabe*（Athens, 1940），参 *Position und Begriffe*, p. 263f。

首先以具体的方式在民族内形成土地的秩序，其次，在大空间的文化和经济－工业－组织化机构的影响下，土地又形成民族土地（National soil）和国家领土。

关于这一论题，我们重复一下近来的一些进一步解释的误解：①帝国并非是扩展开来的国家，正如大空间不是扩大版的小型空间。帝国并不能与大空间画等号，尽管所有的帝国都是大空间。通过外部空间的国家领土这一特性，帝国将国家和各个民族的民族土地视为基础。如果将帝国视为某种建筑，那么，倘若没有大空间作为国家领土和民族土地两部分连接的穹顶，就不可能建立帝国这一伟大建筑。国际法的存在史，事实上就是帝国史，即便在不同的时代，大空间的内容、结构和内在特性各不相同，但是，一个帝国绝不可能没有大空间。

上世纪的国际法是16世纪古老的基督教－欧洲国际法与在今天逐渐兴起的新空间和民族秩序之间的过渡。1814年至1815年的维也纳会议的主题仍是欧洲中心主义。②1856年（这一年接纳土耳其为民族共同体一员）之后，从形式上看，国际法不再是欧洲－基督教的国际法。从1890年开始，地球上的欧洲中心形象也在无差别的"国

---

① 也可以参看 Böhmert 这篇文章第一版本和第二版本的讨论："The Großraum Order of International Law with a Ban on Intervention for Spatially Foreign Powers"（*Politische Wissenschaft*, published by Paul Ritterbusch, Berlin, 1940, pp. 27–69）, in *Zeitschrift für Völkerrecht*, XXXIV, 1940, pp. 134–140。

② 正是由于这些理由，将维也纳会议视为某种权威性的模式（Guglielmo Ferrero, *Reconstruction*, 1940）的尝试，或者认同维也纳会议中某些人物诸如梅特涅（Metternich）、塔列朗（Talleyrand）或者俄国沙皇亚历山大一世（Alexander I）的做法的尝试，其实都是某种美化，而且实在太过幼稚。

际法"中慢慢消退。① 1823年发表的门罗宣言，第一次冲击了欧洲中心主义的世界观。1919年的巴黎和会又宣告了欧洲中心主义的崩溃。在我们的时代，即1940年代，一种［新的］空间与民族秩序开始出现。在这个过渡的时代，英国和法国作为当今国际法代表的帝国，试图引向某种旧的欧洲中心主义体系，而不是承担建立新的欧洲秩序的重任。

旧的欧洲中心的国际法体系的根基在于，以正当的国家秩序为基础，欧洲的国家空间在国际法之中具有不同的等差秩序，这种旧国际法体系在非欧洲的空间里实现和平，实现自由欧洲的扩张。非欧洲空间没有主人，也是未开化或者半开化之地，是待殖民的区域，是欧洲的政治权力攫取的对象，而这些欧洲力量通过占有大量海外殖民地之后将成为帝国。殖民地是至今依旧存在的欧洲国际法的外部空间事实。国际法的体系下，所有帝国都具备实现扩张的大空间：葡萄牙、西班牙、英国、法国以及荷兰在他们海外的殖民地，②哈布斯堡的君主在巴尔干半岛拥有奥斯曼土耳其帝国的土地（这并不属于国际法共同体），沙皇俄国也包括奥斯曼土耳其帝国、东亚、中亚以及西伯利亚的领土。普鲁士是单一的强大力量——因为它是单一国家，就是这一某种单一的强大力量，如果要获得更为广阔的外部空间，就只能牺牲属于国际法欧洲共同体的邻国。正因为如此，普鲁士很容易被赋予和平破坏者、好战国家的名头，即使与其他帝国

---

① Carl Schmitt, "Die Auflösung der europäischen Ordnung im 'International Law'," *Deutsche Rechtswissenschaft* (Quarterly Journal of the Akademie für Deutsches Recht), Volume V, October, 1940, p. 267.

② 比利时刚果殖民地是一场丑陋的交易，因为此时整体的国际法的整体情况并能使之形成帝国，因此也不能形成某种大空间秩序。

相比，普鲁士的空间并不算大。

英国和法国为代表的西方势力是国际法的欧洲体系的领导者。在某种程度上，帝国的概念并非海外土地的某种延续，也不是罗马或者德意志帝国的继承（translatio）。第一位发现帝国概念并非由海外财富决定的人不是公认的迪雷斯利（Disraeli），人们原先以为，1876年，他将英国女皇与印度女皇的称号的结合［创作了帝国概念］（法西斯意大利的相应做法是，不与罗马皇帝的称号结合，而是结合了埃塞俄比亚罗马的皇帝与意大利王室称号）。①

16世纪早期瓜分地球的过程中，西班牙征服者科特斯（Hernán Cortés）暗示，德意志皇帝查尔斯五世应该任命自己为新印度皇帝，因为这个称号要比德意志皇帝显得更恰当。②对于海外殖民地而言，皇帝的称号可能仅仅是一种象征，若是这样，法国和英国领导的空间和欧洲国际法的帝国概念则是一种重要有力的执政象征。

海外殖民地对国际法的决定性意义在于，当下国际法界定的战争与和平，其实质是一种空间概念。我们必须一再地提醒，国际法就是战争与和平法（jus belli ac pacis），战争与和平的时间性、空间性、实在和具体的现实性贯穿于各个不同的历史时期，正义是战争与和平实在、具体的联系，形成了国际法的所有秩序的核心，是民族在空间中有组织地相互共处的基础。

从1648年到1914年，欧洲各国秉承的国际法带来了怎样的和平？这些主权国家都宣称自己能够有权按照自己的主权决定发动战

---

① 更多内容参 Giorgio Cansacchi, *Scritti giuridici in onore di Santi Romano*, 1940, p. 393f, 另 Carlo Costamagna, *Lo Stato* VII, 1936, p. 321f。

② Kral Brandi, "Der Weltreichsgedanke Karls V," *Europäische Revue* XVI, May 1940, p. 277.

争，那么，这些国家之间如何维持和平和国际法秩序呢？毫无疑问，导致这些主权国家和平共处的原因，并非真正的和平，而是持续存在的战争。这种和平仅仅是"不发动战争"。①但是，这种和平只是存续时间较长，只要不存在总体战争，"不发动战争"就可以存续。欧洲国际法早期体系中预设的战争，事实上只是不完整的战争概念，无论是 18 世纪的内战（Cabinet War），还是战士之战（war of combatants）——这种传统一直持续到了 1914 年。这便是国际法的核心。唯一重要的事实（近来屡有提及）在于，迄今为止的国际法的战争概念并未考虑战争是否正义，事实在于，这是一种不完整的、非总体性的"'非歧视'的战争概念"。

由此，我们应该逐渐认识到，转向战争的歧视性概念、转向总体性的战争具有重要意义。②此前，国际法已经借助各种空间的方式，对战争实行了某种程度上的区分和关联，但其程度依旧有限。均势平衡的政策属于这些方式之一。不少专题论文常常讨论这种政策，③但是，这一政策仍未认识自己同战争的不完整的概念之间的关系，因为国际法体系（international jurisprudence）已经丧失了对空间进行

---

① Carl Schmitt, "Inter bellum et pacem nihil medium," *Zeitschrift der Akademie für deutsches Recht*, 1939, p. 594。See also *La Vita Italina* XXVII, December, 1939, p. 637f. , and *Positionen und Begriffe*, p. 246f.

② Julius Evola, "La guerra totale," *La Vita Italiana* XXV, 1931, p. 567; Carl Schmitt, *Die Wendung zum diskriminierenden Kriegsbegriff*, Schriften der Akademie für Deutsches Recht, Gruppe Völkerrecht Number 7, 1939; Theodor Maunz, *Geltung und Neubildung modernen Kriegsvölkerrecht*, Freiburg, 1939; H. Pleβner, *De Hidige Verhouding tusschen Oorlog en Vrede*, Groningen, 1939; Franz von Wesendon, *Der Kriegsbegriff im Völkerrecht*, Dissertation, Bonn, 1939.

③ Fritz Berber, *Principen der britischen Auβenpolitik*, Schriften des Deutschen Instituts für auβenpolitische Forschung, Berlin, 1939.

思考的所有能力。与此相关的事实是，殖民地是当下欧洲国际法的基础，国际法的一整套具体结构仍然备受关注，即使大多数大陆主义者仍然漠视这些结构，因此这些大陆主义者持有国家中心论的微型空间（microspatiality）思想。

这其中有一个极为有趣的事实，不仅是历史性的事实，也是大家都感兴趣的事实：友好线（amity lines）这一明确或者隐秘的联盟。可举16世纪的例子说明，"友好线"不能被称为和平空间，双方在此违背法律，进行无休止的争斗，在商议好的空间内双方相互损害（"越线"），不过，双方这种违背法律和无休止的争斗不能作为基础，以解释欧洲同殖民地力量之间的战争关系。它们既没有破坏欧洲和平，也没有违背欧洲国家之间的和平条约。①我们似乎可以说，"友好线"以一种不同的空间形式、以一种已经完成的方式，存在于所有的国际法体系的基础之上。

早在18世纪，我们能够发现大量这一事实的反例：欧洲对殖民地毫无影响。换句话说，殖民地需要和平空间，欧洲则战事频频。近年来，1885年2月26日的柏林-刚果第11款的裁定广为转引：

---

① 诸如此类"友好线"的第一个例子显然是指（口头上指）1559年3月4日西班牙-法国签订的卡托-康布雷齐和约，参 F. G. Davenport, *European Treaties Bearing on the History of the United states and Its Dependencies to 1648*, Publications of the Carnegie Institution 154, I, Washington, 1917, pp. 208, 219f。与之相关的是，参 Adolf Rein 的文章，该文章并未得到国际法研究的足够重视，*Der Kampf Westeuropas um Nordamerika im 15. und 16. Jahrhundert*（Stuttgart – Gotha, 1925）, Allgemeine Staatengeschichte 2, 3, p. 207，"赤道以南没有罪"这个著名说法，参 p. 292。另参，Ulrich Scheuner, "Zur Geschichte der Kolonialfrage im Völkerrecht," *Zeitschrift für Völkerrecht*, XXII, 1938, p. 466。Wolfgang Windelband, "Motive europäischer Kolonialpolitik," *Deutschen Adelsblatt*, November 14, 1939。

刚果区域应该被视为中立,属于非战争国家,后者便是"友好线"的转变和发展。大多数中立国家(瑞士、比利时和卢森堡)的中立宣言,19、20世纪"独立"国家的独立宣言,都具备空间国界和框架的意义,而这些又常常符合大英帝国的均势主义政策——这个政策的基础,便是世界殖民地的某种瓜分。

法国已经被击败两次,一次是从1792年至1815年持续了至少20年的反法联盟战争,另一次是1870年至1871年的那次可怕溃败——即便如此,国际体系中欧洲大国的势力依然存在。即便这个时代的血腥战争也并非完全为了最终的生存而斗争,因为国际法的支配者能够在殖民地获得足够充分的自由空间,目的是攫取欧洲内部的相互斗争的成果。出于一种欧洲的使命感,俾斯麦放弃向非洲和东亚殖民扩张,并向1871年被击溃的法国张开双手。但是,这种自由空间在19世纪已经逐渐消失殆尽。

1823年的门罗宣言的意义是建立一个禁止外部干涉的大空间。然而,门罗宣言同样重要的一点是,它代表了欧洲殖民化进程中遭遇的第一个封闭性的大面积区域。第一个非欧洲的帝国随着门罗主义出现。英国允许土耳其加入欧洲共同体,开始支持这位病人——起初是欧洲以外的病人,1919年之后又成为欧洲内部的"病人"。1905年,第二个非欧洲帝国则是以日本为代表。与此同时,新的欧洲大国德意志帝国和意大利也从欧洲殖民地分割出来,或蚕食了一些殖民地的残羹剩饭,而英国和法国则瓜分了北非(1882—1912),这里是没有统治者的土地,埃及被分给英国,摩洛哥属于法国。这样,旧的欧洲国际法的列强,结合其自身利益三次瓜分海外殖民地。

众所周知,1919年的巴黎和约以及国际联盟赋予列强以合法性,令其得到更大的发展。德国是被击溃的欧洲势力,其殖民地尽被掠夺。这再次清楚地体现，殖民地是当下欧洲国际法的基础。德国被排除在欧洲殖民地的瓜分势力之外，被取消了作为欧洲势力的资格。我们已经知道，在国际联盟反对意大利（1935—1936）和西班牙内战（1936—1939）期间，英法对日内瓦和伦敦的不干涉委员会完全无能为力。我们不再看到一个敏锐而有效的"友好线"，而是各方恩怨斤斤计较。

今日，英国和法国的西方势力对欧洲更多新的、日益强大的国家融入国际法体系无能为力，并且无法实现真正友好线影响下的正义"和平变革"。他们从其愧疚中解脱，不仅因为他们此前遍布全球的势力崩溃，也因为曾经的国际法体系瓦解——旧的国际法体系依靠领袖性的帝国以及它对外部空间的划分；这个国际法体系已经被胜利和欲望迷惑，1919年的巴黎和会激起了他们更狂热的利益占有欲，他们终将被自身的欲望毁灭。

七、国际法中的空间概念

十年前，索邦大学极具天赋的经济历史学家和教授豪瑟（Henri Hauser）以《16世纪的现状》（*Modernité du XVI siècle*）为主题做了多次讨论英国的讲座。[①]他发现，16世纪的"现代性"（modernity）是一种特别现象，他甚至将16世纪视为20世纪的预演（Préfiguration），事实上，这场由16世纪发起的政治、道德、智识、经济革命已经渗透到19和20世纪的民主生活。

在豪瑟看来，17世纪的反宗教改革运动开了历史的倒车。豪瑟

---

① See Henri Hauser, *La Modernité du XVI siècle*, Paris, 1930.

的论文成了西方自由民主势力为凡尔赛体系辩护的辩护词。这位博学的作者并未在1930年的文章中提到，16世纪的现代性和他阐述的西方民主政治体系下的"现代性"有何不同。过去时代真正的现代性在于这一事实，外部空间革命改变了中世纪的图景，这种革命在16世纪登上历史舞台，并于17世纪通过科学得到完美发展，当下，这一改变为我们提供了相互比较的可能性，可以更好、更彻底地分析今日空间和外部空间的改变。空间概念正在发生巨大变化，几乎涵盖了人类探索的所有领域，并且影响到人类活动的深度和范围。当前发生的伟大的地缘政治事件，其核心处包含一种转变：当下的空间概念和空间前提之转变，只要与四百年前相比，我们就会发现当下空间体系翻天覆地的变化。

"大空间"一词要在学术意识上有助于认识这一改变的目的。无论当下流行观点所指为何，这一词代表的是日常政治和新闻界的语言趋势，也代表了语言的转变。这就是说，为了防止误解和误用，为了该词在理论和实践中具有的丰富的内在作用而扫清障碍——清晰的学术分类确有必要。

我们不会认为，"大空间"一词的内容只是结合了外部空间概念的"大"与"空间"两个概念，由此而反对"大空间"这个词，因此，我们也不会认为，"大空间"借助一种纯粹表面的相对确定的范围和面积，只不过构建了一种扩张性空间的外部空间特征。"大"在这里的含义不只是数量上的、数学－物理意义上的大。从一种语言学观点来说，"大"是总体上可能的、真正的共同实践。很多词组都包含"大"这个单词，比如"大势力"、"大国王"、"大"革命、"大规模"军队等等，那么，"大"这个词的内涵日渐丰富，并非一种扩张意义上的增长。

尽管如此，就思想内涵来说，"大空间"的词义还具备一种瞬间的特征，因为它的构词来自于"空间"一词，并总是寻求改变，以图超出"空间"这个词语目前为止的根本意义。空间所具有的普遍性和不确定的概念，可以向任何确定性特征的含义开放，与此同时，从概念意义上来说，空间的这种概念又会朝向其他层面。因此，我们不能避免的事实就是，"大空间"常常被解释为一种对"小空间"（Kleinraum）的否定。就此而言，"大空间"就仅仅是一个否定、相对的断语。

倘若如此，就空间概念而言，"大空间"就仍然在概念和客观性上依赖于空间概念，因为"空间"概念本身就会寻求某种转化和否定。这种误解几乎不可避免地出现在每一个转变的时代。我提及这些，尤其是"大"字的用法，只是为了避免饶舌和胡言乱语的危险——在这里，这尤其是个大危险。一旦地球可以安全而正义地划分为一个个"大空间"，一旦我们面前的各种"大空间"的内外秩序形成一种固定的存在和形式，那么，其他更多更富有表现力的称呼将会用于这些新的事物，并为人所接受。但是，到了那时，大空间这个词语和这个概念仍然是一个必需的桥梁，连接过去与未来，古老到新式的空间概念。

因此，"大空间"并非一个空间，不是只比相对较小空间更大的空间，也不是一种扩张的小空间。现在，数学－物理－自然科学的中立的空间概念已被颠覆。正如拉采尔（Ratzel）所说，"这已经有了某种更大的——我几乎说是创造性和突破性的——大型空间。"[1]

---

[1] 参 Friedrich Ratzel（1844—1904），《生存空间》（*Der Lebensraum*, 1901），页67。

此外,"大"这一词语应该且能够改变概念领域。对法理学而言,这具有决定性的意义,尤其对国际和国家法的概念构造而言,因此,所有语言学的和所有法学的概念都取决于概念领域以及与其概念相近的含义结合和转向。所有法律概念都从属于耶林(Ihering)① 所谓的"相邻概念的前提要求(pre‑demand)"。一个词语是通过概念域而决定这个词语的概念,这一点在语言学领域已广为人所知。②

通过系统性概念之间的关联,这些概念之间的相互决定变得非常容易理解。例如:空间、土地、国土、领域、地区和区域这些词的含义并不能任意替换,或者只具有"术语性"的差异。每一个概念都可以它们自己的位置为基础,得到恰如其分的理解,在某些情形下也会受到反驳,③不幸的是,法理学极为忽视"地缘学"。

"大空间"一词作为"空间"一词的对立面,令"大空间"的意义域产生了转换,但这种转换首先基于这一事实:被理解为数学‑自然的科学和中立含义的空间概念,如今已被抛弃。取而代之的是一种面积长度或者深度的空间维度(empty dimension),这个空间里包含了物质客体的运动,由此而出现一种有关联的完成空间(a‑chievement space),它属于一个历史意义上来说已经完成且可称之为帝国的东西,这个帝国拥有自身空间、幅员和边界。

---

① [英译按] Rudolf von Ihering(Jhering)(1818—1892),德国法学教授。
② 在 *Festschrift for Wilhelm Streitburg*(Heidelberg, 1924)页 225 中 Gunter Ipsen 率先使用了"含义领域"。在近期的语言学和符号学研究中,Ferdinand de Saussure、Leo Weiβgerber 和 Jost Trier 也使用该词。然而,在某种意义上,这一词的表达仍由外部空间决定。
③ Carl Schmitt, *Die Wendung zum diskriminierenden Kriegsbegriff*, 1938, p. 7; Kindt‑Kiefer, *Fundamentalstruktur der staatlichen Ganzheit*, Bern, 1940, Vorwort.

将"空间"解释为一种面积长度或者深度的空间维度,对应了当下法理学界占据主导地位的所谓"外部空间理论"。这个理论不加区分地将"空间"阐释为"土地""国土""版图"以及"国家疆域",将以上地理称谓作为国家活动的某种"空间",其实,在某种意义上这只是一种线性边界的空间。在这种理论下,议会和法庭构建的某种实质秩序转变为房屋登记表一类的东西,国家的版图变为某种管理或者统治的、管辖权的、行政的区域、管辖权范围或者其他所谓的不同形式。"国家不过是按照法律组织的某种特定区域":这是弗里克(Carl Victor Fricker)① 定义的概念,他创立了空间理论,再由罗辛(Heinrich Rosin)、② 拉班德(Paul Laband)、③ 耶利内克(Georg Jellinek)、④ 迈耶(Otto Meyer)、⑤ 安舒茨(Gerhard Anschüz)⑥ 诸位逐渐确立。⑦

关于这种主流的外部空间理论,我们应该审视四个因素。第一,这种理论的政治 - 争论方向的因素:这一因素意图反对早期土地概

---

① [英译按] 弗里克(1830—1907),德国 - 犹太法学家、教授。施米特提到他的《领土与国家主权》(*Gebiet und Gebietshoheit*: *mit einem Anhang*: *vom Staatsgebiet*, Tübingen, Laupp, 1901)。
② [英译按] 罗辛(1855—1927),德国 - 犹太法学家、教授。
③ [英译按] 拉班德(1838—1918),德国 - 犹太法学家、教授。
④ [英译按] 耶利内克(1851—1911),德国 - 犹太法哲学家、教授。
⑤ [英译按] 迈耶(1846—1924),德国行政法、法国民法专家。
⑥ [英译按] 安舒茨(1867—1948),德国宪法学家。
⑦ "外部空间理论"(参页88注释2)是一种"具有较大解释余地的表达"(G. Joos),"外部空间理论"的国际法理学理论的含义在于保护自己,对抗其他不同空间和领域的独一的特性——这些区别和特征能够化解其他任何的空间理论。例如,考虑保护国、殖民地、国家领土的独一特性,更多的内容参看,Friedrich Klein 最引人注目的作品在于区分领土与外部空间,以及意大利法学家试图区分国家领土(territorio statale)与帝国空间(spazio imperiale)。

念的某种特定解释，即，一切世袭的、封建的对象概念，这种对象概念将土地转变为私人财产，成为国王的私产，成为国家赋予的某种法律人格的私产。如此，这种外部空间理论就表达出一种朝向宪政国家的政治发展方向，这种宪政国家以公法与私法的区分为基础，以主权所有权与土地所有权的区分为基础。在私法方面，所有土地性的财产都变成"一小块土地"性质的财产，于是，空间的实质概念已然失效。在公法方面，国家版图是某种"主权统治权部分"。齐特尔曼（Ernst Zitelmann）① 的著名理论在 19 世纪末取得了巨大成功。

今天，我们很容易发现，这种静止的完全理论深受巴洛克（Baroque）的典型概念的影响，这种巴洛克概念认为，国家领土应该是某种剧场舞台，上演公开的国家戏剧，上演权力的戏剧。和第三个因素一样，这种内在的政治-争论和巴洛克概念都产生了影响。

第三个因素，即关于空间（empty space）的实证主义-自然科学的观点作为一种完全普遍的范畴而起作用，换言之，这不是一种典型的法学范畴。因此，所有能够被认识的对象，每一种在法律意义的外部环境，都只是空间和时间范畴形式的一种"表象"。这个空间理论的客观核心和它们的外在形态总是一致的：法律是一种法的命令。命令与秩序只针对人类。统治并非针对其他对象，只关乎人。因此，国家统治仅仅是一种人格化的规定，所有关于空间的规定都具有一种法律意义，这只是因为，这种规范所决定的某一事件的各个方面，正如我们能够认识的每一桩事件一样，都具有空间性和时间性的规定。这就是具体的法律，实质的秩序转变成知识性的普遍

---

① ［英译按］齐特尔曼（1852—1923），德国法学家和法学教授。

形式，转变为没有任何内容的认识。

第四个因素是犹太教不容忽视的影响。前三个因素或是在宪政意义上被决定，或是通过自然科学而被决定，四种因素共同决定了法律外部空间理论的发展。犹太作者的观点颇为多元化，常常产生矛盾，与此相对，他们的学术方向突然聚焦于空间概念，显然是所有人都投身于国家领土理论发展最后阶段的研究。此类法学家我只想列出罗辛、拉班德、耶利内克、纳维斯基（Hans Nawiasky）①、凯尔森及其学生；在这些哲学家和社会学家中，我想提到西美尔（Georg Simmel），他认为，所有统治和国家领土的概念，以及以被统治的人为基础所决定的概念，全都"毫无意义"。

关于土地、国土和区域的一切，犹太民族真正的误解总是植根于这个民族政治存在的独有风格。一个民族和它的土地的关系，通过其殖民和文化的劳作成果而得以展现，而在这种展现过程中形成的权力，又以各种具体形式展现，但犹太精神完全不能理解这种展现过程。此外，犹太人甚至不希望理解这一过程，他们只是在概念上把握这些关系，目的是在他们的位置上设定自己的概念。一个曾经背叛自己的法国犹太人的名言是：comprendre c'est détruire［理解就是摧毁］。②正如在其他领域尽可能不进行创造一样，这些犹太作家尽可能不创造出外部空间理论。但是，对空间意义上具体确定的秩序的瓦解而言，犹太人却是一种重要的发酵因素。

在德意志法学作品中，我们可以找到超越这种空间理论的思想

---

① ［英译按］纳维斯基（1860—1961），出生于奥地利和立陶宛-犹太地区的法学家。

② ［英译按］不清楚施米特引言的出处。

尝试。① 作为空间新科学的创立者，拉采尔已经认识到，"对空间不得已的接受"是"一切生命的决定性特征"。② 一旦我们意识到这种概念超越了现有的科学观念，即超越了所谓的经典空间概念，尤其自然科学研究领域的空间概念，那么，这种具有广泛和真正深度的新空间概念就会更为令人信服。因为，正是在自然科学的研究领域内，某种看上去永恒"经典"的定义充其量只是反映出他们所在时代的视角。

关于空间的空的、中立的、数学－自然科学的概念，在当代——或者 16、17 世纪（这也是在国家和宪政意义上的当代）这个政治－历史性开端，得到了人们的认可。这个时代所有思潮通过不同的方式——文艺复兴、宗教改革、人文主义和巴洛克——对这个概念产生影响。美洲大发现和环球航行改变了世界的版图。数学的、机械的和物理的大发现也在很大程度上改变了世界面貌。总而言之，所有事情都在改变，正如韦伯的西方理性主义（Occidental rationalism）和他所谓的传奇 17 世纪时代，一切都在改变。可以这么说，国家概念将成为欧洲大陆秩序中的全治（all-ruling）概念，在同样的程度上，空间（empty space）概念也将为人所接受；一个空间包含了许多物质对象（通过各种物质对象，通过感官知觉［而为人所接受］）。在这个空间里的感知主体，通过自己感知而记录这些客观对象，目的是"定位"这些对象。在主体的面前，"运动"通过客观对象的位置的变化而出现。这一空间概念达到了康德哲学先验意义上的顶点，因为在康德哲学里，空间概念就是一种先验（a priori）

---

① 我们将第一次尝试归于 Walter Hamel, *Das Wesen des Staatgebietes*, Berlin, 1933。

② Friedrich Ratzel, *Der Lebensraum*, p. 12.

形式。

关于这种空间观念的科学变化,也值得我们特别关注。普朗克(Max Planck)的量子物理学将每个周期性的运动还原为个体性、周期性物质波,由此而消除了空间,他进而引导了波动力学。根据这些新的力学原理,在某种意义上,系统的每一个物质点都处于系统可用的整个空间的每个位置上。①

我们关于空间的新的具体概念在于生物方面的研究,而这一生物研究超越了空间问题中是否要取消空间的讨论,虽然关于空间的新的具体概念对我们还有更多的启发,但是,我们还应接受空间的另一个概念。根据这种理论,对生物知识而言,"运动"并不是自然科学所说的空间中的轨迹;相反,运动产生了空间和时间的结构。外部空间产生于客体之中,外部空间的和时间的秩序不再是既定空间仅有的入口;相反,它们对应的是某种实际处境、某个事件。这样看来,空间的深层维度,空间的纯粹形式的范畴,这两种概念最终已经被超越。空间也成为一种完成的空间。

由于海德堡著名生物学家魏茨克(Viktor von Weiszäcker)先生的重要作品,②这些结构形式能够丰富我们法学理论方面的空间知识。像"空间"这样具有某种普遍意义的名称,仍然是一种共通的综合性概念,出于实践理解上的理由,它仍然适用不同区域和民族的空间概念。如今,所有的努力在于克服"传统的"空间概念,也就是

---

① Max Planck, *Das Weltbild der neuen physik*, 1929, p. 25。另参一篇有意思的论文,Hermann Wein, *Die zwei Formen der Eerkenntniskritik*, Blätter für deutsche philosophie, Volume 14, 1940, p. 50。

② Viktor von Weiszäcker, *Der Gestaltkrise. Theorie und Einheit von Wahrnehmen und Bewegen*, Leipzig, 1940,关于这部分内容,页102尤为重要。

空的、中立的空间概念，这种努力将指向法学理论中的根本关联，在德国法学史的伟大节点上，这种关联富有巨大生机，并将法律分解为某种以国家为标准的法律实证主义：实际秩序与位置之间的关联。

当然，正如此前所述，空间并非一种实际秩序。然而，对于方位和空间而言，每一个实际秩序和共同体都拥有具体内涵。在这种意义上，我们可以说，所有的法律机构、每一个机构，都含有自己的空间概念，都拥有其内在的尺度和内在边界。议会和法院以这种方式而具有某种亲族关系。①从法律史的角度来看，农民（Bauer）一词并非来自务农的行为，而是来自一种建造（Bau）、建筑（Gebäude），正如所有者（dominus）来自住宅（domus）。城市（Stadt）意味着场所（Stätte）。"国界"并非一条边界线，而是一条决定空间的边界地带。财产（Gut）是对财产的统治（Gutherrschaft），正如法院（Hof）是法庭法律的统治者（Hofrecht）。国家（Land）是（不同于森林、城市和海洋）人们建立在国家基础上的合法组织，并在和平的空间具体秩序之中统治国家。②基尔克（Otto von Gierke）揭示了"团体"的德语概念史，③至少他发现，日耳曼中世纪的法律概念首先是空间概念，或者正如他所说，"司法－认定的、空间－具体单位"。对于"城市"这个概念来说，此言属实。

---

① ［英译按］在德语中，这个词为 Sippe，按照文意，具有"家庭"和"族群"的意思。最初德意志的家族或者共同体并非依靠血缘联合在一起，而是依靠誓言或者契约，但到了晚近时期（20 世纪 30、40 年代）则以"民族"一词维系共同体。

② Otto Brunner, *Land und Herrschaft*, 1939, p. 219.

③ Otto von Gierke, *Das deutsche Genossenschaftsrecht*, II, 1873, p. 575f。［英译按］Otto von Gierke（1841—1921），德国法律史学家。

然而，在罗马法中，城市（civitas）意味着市民（cives）的聚合，换句话说，中世纪的"城市"从城邦、牧场和定居点（Wiek）转变而来，这个词具有居住的含义，对于市民而言，这个词的拉丁文有时甚至以 civitatensis 取代 civis。自从 19 世纪以来，"和平"部分具有某种情感上模糊的含义，另一部分，则是关于智性的抽象词语，像"和平"这样的词语总是属于日耳曼中世纪秩序概念，赋予了"居住"的含义，并因此而具有具体的概念：一栋平静的房子、一个安静的市场、一座静穆的牧场、一座安详的教堂、一片和平的土地。具体的居住地总是与具体的秩序有关。

当然，这些思考并不是要劝言回归中世纪的境况。当下必须克服并抛弃一种不同的思考方式，即以对空间有所畏缩（shy）的方式思考，并以为这种思考在 19 世纪空间理论占据统治地位，甚至认为它今天仍旧决定了法律概念的框架。从陆地视角看来，这种思考所指向的方向（从地缘政治学的观点来看），属于外来的普遍主义，但在盎格鲁－撒克逊海洋统治的视野看来，则是没有边界的普遍主义。在国家自由[航行]的意义上，海洋是自由的，换句话说，是在法律思考的空间秩序的唯一向度中得到自由，至于这种法律思考的空间秩序，无疑是以国家为导向的。①

然而，对于陆地而言，实证主义法律思考的倾向所指向的，仅仅以国家为唯一参考，从法律上来说，这种倾向抹平了空间秩序中实际存在的鸿沟，并使之成为一张真正的白板（tabula rasa）。在过去的一个世纪，所谓的"外部空间"与我们理解的这个词的含义大

---

① 在现代国际法中的海洋与陆地的对立，参看这本书的前言，即"Staatliche Souveränität und Freies Meer," *Das Reich und Europa*, Leipzig: Koehler und Amelang, 1941, p. 79f.

相径庭。"大空间"概念有助于我们克服国家版图这一空洞概念的独断地位，并把"帝国"提升为我们法律思考的决定性概念——在宪法和国际法层面。这种发展与法律思考的更新换代息息相关，而更新的法律思考可能再次解释秩序与各种机构的位置之间的古老联系；一种更新的法律思考能够重置"和平"一词的内涵，重置"祖国"一词的特征：一种由类型来决定的本质特征（eines artbestimmenden Wesensmerkmals）。

（译者单位：中共重庆市委党校马克思主义学院）

豪斯霍弗与太平洋地缘政治

坦布斯（Lewis A. Tambs） 撰
曲达 译 马勇 校

[中译编者按] 本文发表于美国提出"重返亚太"战略之前（2002年），由此可见美国学界的地缘政治学研究对国家战略的影响。该文从豪斯霍弗的《太平洋地缘政治》（1925）一书的观点出发，提出了应该关注太平洋地缘政治变动的主张。豪斯霍弗当年的观点对美国的启发是警惕日本的崛起，本文作者据此提醒美国当局，如今得警惕中国的崛起。"从敌人那里学习"是古希腊人传给欧洲民族——包括移民美洲的欧洲殖民者——的重要遗训，本文让我们看到当今美国的地缘政治学家如何践行这一遗训。用我们在半个世纪前的惯用语来说，本文有助于我们充分认识美国的"狼子野心"，从而更明智地与美国发展"战略伙伴关系"。

一

豪斯霍弗（Karl Ernst Haushofer）1869年8月27日出生于慕尼黑，受其父马克斯·豪斯霍弗（Max Haushofer，1840—1907）的引导而进入地缘政治学领域。老豪斯霍弗在慕尼黑理工学院（Polytechnicum）教授经济地理学，与拉采尔（Friedrich Ratzel，1846—1904）是莫逆之交。拉采尔是老豪斯霍弗的同事并兼任莱比锡大学教授，他在《人类地理学》（Anthropographie）（1891）和《政治地理学》（Politische Geographie）（1897）里尝试通过分析地理位置、地势、空间、海洋、河流、山川、平原、气候以及其他地理现象对人类思想的影响，来提炼主权国家的自然行动法则。在两人一起散步、郊游或共同参加各种社交以及学术活动时，老豪斯霍弗与拉采尔经常一起认真分析、研讨、辩论这些思想，年幼的卡尔就跟随在一边旁听。因此，卡尔从小就浸染在地缘政治学的世界中，这门学科后来被瑞典人契伦（Rudolf Kjellen，1864—1922）进一步发扬光大。①

青年卡尔1887年进入巴伐利亚军队服役。在1871年并入德意志帝国之后，巴伐利亚王国的军队与其外交、邮政、电报、铁路系统等服务一样，依然保持着自治的地位。从巴伐利亚军事学院毕业以后，卡尔被调回原野战炮兵团服役。1896年，他与玛莎（Martha）

---

① See Andreas Dorpalen, *The World of General Haushofer*, New York: Ferrar & Rinehart, 1942, pp. 49 – 56; Derwin Whittlesey, "Haushofer: The Geopoliticians," Edward Mead Merle ed., *Makers of Modern Strategy Military Thought from Machiavelli to Hitler*, NJ.: Princeton U. P., 1944, pp. 388 – 414; Y. M. Goblet, *Political Geography and the World Map*, New York: Praeger, 1955, pp. 8 – 15.

结婚,婚后第三年他被提拔为参谋,1903年又被任命为巴伐利亚军事学院讲师。同年,他的犹太妻子玛莎生下了阿尔布雷希特(Albrecht),1906年又生下了海因茨(Heinz)。期间,麦金德(Sir Halford J. Mackinder, 1861—1947)爵士在1904年发表了他开创性的论文《历史的地理枢纽》("The Geographical Pivot of History"),其中的"心脏地带理论"带来了地缘政治学的一场革命。

麦金德的理论认为,欧亚大陆的心脏地带天然能够免疫大英帝国海军的威胁。若某个国家占据这片区域,进行开发和工业化,它的舰队不仅有能力挑战来自西欧、非洲、美洲、澳大利亚和新西兰的海洋民族,甚至还能击败他们。因此,控制了从东欧到黑龙江的上游和长江流域以及从喜马拉雅山脉到北冰洋这片区域的大陆民族,有朝一日将统治世界。圣彼得堡的沙皇、莫斯科的政治委员以及中国的共产主义者自然会欣然接受这一理论。

大陆民族与海洋民族最初的冲突区域是边缘地带,也就是西起波罗的海,穿过东欧、中东、印度直达中国华南地区和日本海的广大海岸地带。尽管凯南(George Kennan)在其遏制(Containment)理论里运用了边缘地带理论,①空军和导弹技术的发展以及北极战略(Polar Strategy)的实施,使得该理论一时失效。然而,确保大规模毁灭原则(Mass Assured Destruction)、核均势以及核扩散,又恢复了麦金德的战略视野。在麦金德提出欧亚心脏地带理论的同时,老罗斯福总统(Teddy Roosevelt, 1858—1919)谈到了大西洋地区正在衰退,预言太平洋时代即将开启;马汉将军(Alfred Thayer Mahan,

---

① [译按] George Kennan(1904—2005),美国著名外交家、历史学家,遏制政策始创人,姓氏应为Kennan,原文误写作Keenan。遏制理论是战后美国对苏联所施行的,意在遏制苏联以及共产主义扩张的政策。

1840—1914）谈到了来自亚洲的挑战；大清帝国的那位来自美国的小个子军事顾问荷马李（Hormer Lea，1876—1912），则发出了日本即将入侵中国的警告。①

1908 年，豪斯霍弗上校忽然被派往日本执行巴伐利亚军方任务。10 月 22 日，豪斯霍弗和玛莎在热内亚（Genoa）登上戈本号（Goeben）战舰，②向东航行穿越地中海和苏伊士运河，过亚丁湾和非洲角（Horn of Africa）到锡兰，经新加坡进入南中国海。他们一路上切身体会到了大英帝国海军的压倒性实力。实际上，他们已经穿过全球 14 个咽喉要地中的 6 个，其他几个是莫桑比克海峡、好望角、直布罗陀海峡、北海、挪威海、合恩角、加勒比海以及正在建设的巴拿马运河，世界大多数海上贸易都通过这些通道。途中豪斯霍弗在印度短期停留，与英国东印度群岛总司令、来自喀土穆（Khartoum）的基钦纳男爵（Horatio Herbert Kitchener，1850—1916）共进了具有深远意义的午餐。那时，这位总司令正为英德之间一触即发的战争忧心不已，因为，这次战争必将不可逆转地摧毁欧洲在太平洋地区的统治地位。基钦纳预测，美国或日本之一将是这场战争的唯一获利方。③

---

① See Andreas Dorpalen, *The World of General Haushofer*, pp. 3 – 20; Hans – Adolf Jacobsen, *Karl Haushofer: Leben und Werk*, BoppardamRhein: HaraldBoldt, 1979, I, pp. 3 – 53; Homer Lea, *The Valor of Ignorance*, N. Y. & London: Harper, 1909, pp. 149 – 209; Hans W. Weigert, "Haushofer and the Pacfic", *Foreign Affairs* 20: 4, 7 (1942), p. 735; Edmund A. Walsh, S. J., *Total Power*, Garden City, N. Y.: Doubleday, 1948, p. 5 – 8.

② ［译按］这并不是那艘经历了"一战"和"二战"的著名的戈本号战列巡洋舰，而是另一艘同名军舰，戈本号战列巡洋舰在 1909 年开工制造，1912 年下水服役。

③ 参 Hans – Adolf Jacobsen, *Karl Haushofer: Leben und Werk*, 前揭, 卷一, 页 86 – 90。

两年的东方生活不仅让豪斯霍弗游览了缅甸、日本、中国、朝鲜，包括中国东北和西伯利亚（1910年中他乘坐经西伯利亚铁路的火车返回德国），更使他对日本的文化倍加欣赏和钦佩，同时也使他理解了日本迫于人口压力而谋求更大生存空间的帝国野心。

作为一个农业国家，日本有限的资源制约了它的发展。此外，尽管日本自德川幕府时期（1542—1868）就不断发生饥荒，日本本土人口还是从1800万上升到了3000万。1872年人口统计数字为3300万，1898年上升到约4350万。豪斯霍弗到达日本的时候，日本人口已达4870万，年增长率1.18%。因此，向东亚大陆或太平洋边缘地带移民已是当务之急。到了1902年，已有大约10万人在朝鲜安顿下来，4.4万人迁往中国东北，13万人迁往美洲大陆，6.4万人迁往夏威夷。然而，向美国移民的运动受到美日1908年签署的"日美绅士协约"（Gentlemen's Agreement）限制,① 而且，由于受到1912年的马格达莱纳湾（Magdalena Bay）事件的刺激,② 美国随后颁布"排斥东方人法案（Oriental Exclusion Act）"彻底禁止日本移民运动。尽管日本对此愤怒不已，由于还不具备公然挑战美国的实力，

---

① ［译按］当时，日本担心过快向美国移民会引发美国排外主义者的不满，因此限制向美国和加拿大发放劳工护照。然而，日本劳工依然通过取道夏威夷等方式大批前往美国，这就侵害了美国国内劳工的权益。时任美国总统罗斯福限制了日本劳工入境，通过与日本的沟通交涉，最终签订此条约，日本只能向曾在美国定居后返回日本的日本移民及其父母、配偶、子女发放护照，美国则允许这些人入境。

② ［译按］当时日本的一家财团与墨西哥协议要购买下加利福尼亚半岛（Baja California，墨西哥的一个州，靠近美国加利福尼亚州）的部分领土以及一个有战略意义的港口，但因当时美国执行"门罗主义"政策，禁止外国势力控制西半球，1912年，美国参议院通过"洛奇推论"（Logde's Inference），日本官方立刻撇清与此财团的任何联系，这项收购最终未能达成。

日本埋头继续发展自己的工业和军事实力,并坚持把西方科技和自身传统相结合。因此,走向现代化的同时,日本的传统文化也得以保存。①

　　1895年,日本占领中国的台湾和澎湖列岛,1900年又出兵参与八国联军攻占北京、镇压义和团运动。这些行动表明,日本非但不是受害者,反而是获胜者。1901年为应对美国而建立的英日同盟表明,日本的实力已经得到列强认可。现在,作为东亚强国的日本对夏威夷、威克岛(Wake)、关岛、萨摩亚群岛(Samoa)以及1898年至1899年成立的菲律宾虎视眈眈。1898年德国强行租借青岛,租期为99年,向西班牙购买了太平洋上的西属岛屿。1639年,沙俄从西伯利亚扩张到太平洋地区,通过建设西伯利亚铁路打通了波罗的海到日本海的通道,从侧翼包围了英国海军。为了获得不冻港,沙皇入侵中国东北、旅顺和朝鲜,引发了1904年至1905年的俄日战争,获胜的日本占据了库页岛南部和旅顺,吞并朝鲜,并将英日同盟期限更新为10年。除去由德国控制的青岛外,日本牢牢控制了中国东部和黄海,1908年迎接豪斯霍弗到来的是一个野心勃勃、积极扩张的日本。

　　豪斯霍弗是一个敏锐的观察者,且颇具语言天赋,他意识到日本和德国的相似之处,这驱使他强烈渴望获得对两个民族的直接理解。但事实并非如此。1910年返回巴伐利亚后,豪斯霍弗很快撰写并发表了四部与他的东亚之行相关的著作:《日本国防力量的地理基础》(*Geographische Grundlagen der japanischen Wehrkraft*, 1910);《大日本》(*Dai Nihon*, 1913);《德国在日本周边地区的利益份额》

---

① See Conrad Schirokauer, *Modern China and Japan*, N. Y.: Harcourt Brace Jovanich, 1981, p. 39.

(*Der deutscher Anteilan der. Geographischen Erschliessung Japans*，1914）；《日本的政党》(*Die politischen Parteien in Japan*，1914）。这些学术成果与他在1913年完成的有关日本问题的博士论文在精神上一脉相承。这些作品为他在慕尼黑大学赢得了学术声誉，当然首先还是在他的祖国拥有了学术声誉。①

1914年8月"一战"爆发时，豪斯霍弗来到西线战场。日本袭取了青岛，并把战争蔓延到德国在太平洋上的岛屿，取代了东亚地区的德国商人。1915年，日本向刚成立不久的中华民国提交了"二十一条"要求。日本图谋通过此举确立它在远东地区未来30年的绝对优势。德国已经被从印度洋－太平洋地区驱逐出去，不再是日本的竞争者。豪斯霍弗呼吁的德日合作时代就要到来。

[在"一战"中,] 豪斯霍弗少将经历四年激战而未尝一败，1918年11月，他率领自己疲惫的部队回到巴伐利亚。当时，巴伐利亚国王路德维希三世（Ludwig Ⅲ，1845—1921）退位，德皇威廉二世（Wilhelm Ⅱ，1859—1941）也已逃亡。布尔什维克主义蓬勃发展，四大多民族帝国即奥匈帝国、德意志帝国、奥斯曼帝国、俄罗斯帝国纷纷崩溃。共产主义者和保守主义者的倾轧，使整个慕尼黑动荡不安。战后不久，豪斯霍弗退役。

获胜的协约国在1919年《凡尔赛合约》中未能遵循威尔逊（Woodrow Wilson，1856—1924）总统提出的"十四点计划"，令豪斯霍弗痛苦不已。待局势稳定后，豪斯霍弗转而投身学术领域，在慕尼黑大学担任编外讲师，讲授地理学和军事史，并在1921年获得

---

① See Hans-Adolf Jacobsen, *Karl Haushofer: Leben und Werk*, Ⅰ, pp. 91, 480.

教授职位。1923年，豪斯霍弗的学生赫斯（Rudolf Hess）把他介绍给希特勒（Adolf Hitler），当时，希特勒因政变未遂被关押在慕尼黑的兰茨贝格监狱（Landsberg Prison）。

与此同时，地缘政治学已经得到一定程度认同。拉采尔的美国学生森普尔（Ellen Churchill Semple，1863—1932）在芝加哥大学和克拉克大学发表了关于地理学新概念的论文和演讲；英国人菲尔格利夫（James Fairgrieve，1870—1953）的《地理与世界霸权》（*Geography and World Power*，1915）很受豪斯霍弗喜爱，1925年，他的妻子玛莎将该书译成德文出版；麦金德爵士的《民主的理想和现实》（*Democratic Ideals and Reality*，1919）则修正了自己的心脏地带理论；阿根廷海军军官、护卫舰长斯托尔尼（Segundo R. Storni，1876—1954）的《阿根廷的海上利益》（*Intereses Argentine en el Mar*，1916）以及《领海》（*Mar Territorial*，1924）出版。这些著作为地缘政治学带来了尊严，并使人们注意到太平洋地区的重要性。[①]

"一战"之后，豪斯霍弗介入政治活动的显著标志是推进关于日本和太平洋问题的研究，发表了一系列著作和论文：《日本帝国在其地缘中的发展》（*Das japanische Reich in seiner geographischen Entwicklung*，1921），《日本与日本人及其国情》（*Japan and die Japaner, eine Landeskunde*，1923），《东南亚走向自决的复兴》（*Der Wiederaufstieg Sud - Ostasiens zur Selbstbestimmung*，1923），以及在其创办的

[①] See Hans - Adolf Jacobsen, *Karl Haushofer: Leben und Werk*, I, pp. 113 - 157; Edmund A. Walsh, S. J., *Total Power*, p. 6; Jean Klein, "Reflections on Geopolitics: From Pan Germanism to the Doctrines of Living Space and Moving Frontiers," Ciro Zoppo / Charles Zorgbibie ed., *On Geopolitics: Classical and Nuclear*, Boston: Martinus Nijoff, 1985, pp. 45 - 77.

《地缘政治学》杂志（Zeitschrift fur Geopolitik，1924—1944）上发表的文章，这些研究在其最重要的著作《太平洋地缘政治》（Geopolitik des PazfischenOzeeans，1924）中达到顶峰。

二

《太平洋地缘政治》的副标题为"地理与历史之关系的研究"，1936年和1938年两次再版，定本包括如下几个部分：导言，二十七章，两个附录，四十二幅地图以及表格，共339页。这部著作涵盖整个太平洋和印度洋地区，以"太平洋地区是否存在一种地缘政治"这一问题开篇，随后讨论"基于面积、海岸和位置的大太平洋－印度洋地区的空间图景"，接下来处理例如"太平洋海域的人性意识演化史""土著的基本信仰""太平洋社会学"等多种论题，最后以"从1924年到1936年的太平洋地缘政治"结束。

关于前述章节的分析和概述会揭示出这本著作有某些一以贯之的主题：世界权力的中心曾从地中海转移到大西洋地区，现在正转向太平洋地区，那里居住着全球70%的人口，同时坐拥全球70%的自然资源储备。既然日本和德国已经没有理由成为彼此的竞争对手，它们就理应联合起来。德国、俄国、中国、印度和日本应当联合起来，对抗海洋殖民霸权，即抵抗大英帝国、法国和美国。这一欧亚联盟［西］起莱茵河，直达黑龙江和长江流域。既然日本把"亚洲是亚洲人自己的亚洲"作为自身的宣言，就当与德国联盟。中国正在觉醒，因此，日本根本不应试图征服中国，因为，它最终会被中国推翻。

"既然地缘政治的未来属于俄罗斯－中国联盟"，日本要实现其目标就必须与俄国合作。

日本如果与俄国联合，它们在东亚地区就无敌手……俄国控制蒙古，日本控制中国东北南部，及其中间的缓冲区。①

此外，从海参崴起飞的飞机能覆盖日本群岛全域。所以，日本应该占领东南亚、菲律宾、荷属东印度群岛（印度尼西亚）、澳大利亚和新西兰，并进一步向美洲移民。来自东亚尤其来自中国的移民人数会在整个环太平洋沿岸地带不断增长，美国和加拿大的太平洋海岸尤其会受到影响。

《太平洋地缘政治》的影响立竿见影。这本书随即在日本和俄国翻译出版，并成为东京和莫斯科的研究对象。由于在远东的特殊地位未能获得国际认可，深感恼怒的日本在 1925 年与苏联签订了《日苏基本条约》。②尽管日本得到国联授权接管了此前德国在赤道以北的全部岛屿——加罗林群岛（Carolines）、马绍尔群岛（Marshalls）和马里亚纳群岛（Marianas），但其争取人种平等的条款被国联拒绝；1922 年，日本海军军备受到华盛顿会议限制，伦敦方面决定不再续签英日同盟，这几件事被日本视为奇耻大辱。

接下来是 1927 年的"田中奏折"（Tanaka Memorandum）。据说，这个奏折受益于豪斯霍弗的《太平洋地缘政治》，它激起了日本陆军

---

① See Karl Haushofer, *Geopolitik des Pazifischen Ozeans*, Heidelberg – Berlin: Kurt Vowinckel, 1938, pp. 142 – 143.

② ［译按］1921 – 1922 年为了解决各国战后在中国和远东地区的利益，各列强在美国华盛顿召开会议，要求在华实行"门户开放，机会均等"政策，限制了日本独霸中国的野心。1925 年 1 月 24 日，日本和苏联在北京签订《日苏基本条约》，日本与苏联建立外交关系，同时苏联承认 1905 年日俄战争后签订的《朴次茅斯条约》（Treaty of Portsmouth）继续有效，日本获得库页岛北部石油、煤炭及森林的开采权。

和海军在帝国扩张线路上的分歧。一条扩张路线是中国大陆方向，另一条是东南亚和太平洋方向。陆军的机会在于，中国正处于蒋介石和毛泽东所分别领导的国共两党之间的内战。1931年"九·一八事变"之后，日本占领中国东北，宣布东北独立成为日本的附庸国，通过武力夺取了政治权力。1937年，日本发动全面侵华战争。尽管日本鼓励民众向南美尤其巴西和秘鲁移民，当年日本人口已经超过了6920万，这表明日本正急切寻求更大的生存空间。豪斯霍弗谴责日本入侵中国的罪行，却为德日签订《反共产国际协定》以及意大利的加入兴奋不已。至少，他的德日合作的宏伟设想的部分计划正在实现。[1]

1933年希特勒在德国上台，除了与苏联结盟以外，他赞成豪斯霍弗的很多地缘政治分析。纳粹使得豪斯霍弗的声望蜚声世界。尽管如此，直到1939年豪斯霍弗七十寿诞时，他仍保留了慕尼黑大学的教职。他曾担任德国科学院（Deutsche Akademie）院长（1934—1937），随后又出任海外德国人民联合会（Volksbund fur das Deutschtum im Ausland）的主席（1938—1941）。豪斯霍弗是国家主义者，但不是国家社会主义者。1938年，豪斯霍弗警告希特勒，他的政策可能招致战争，但遭到无情拒绝。他的儿子阿尔布雷希特追随父亲的足迹，边旅行边写书，在柏林高等政治学校教授地缘政治学。阿尔布雷希特在外交和政治领域十分活跃，1940年被柏林大学聘为地理学教授。1939年8月23日签订的《德苏互不侵犯条约》令豪斯霍弗欢欣鼓舞。他宣布：

> 德国和苏联再也不会因意识形态的冲突或可调整空间的地

---

[1] See Russel Fifield / G. Etzel Pearcy, *Geopolitics in Principle and Practice*, Boston: Ginn, 1944, pp. 14 – 22, 94 – 126.

缘政治基础而危及对方。①

《德苏互不侵犯条约》把芬兰和波罗的海的三个共和国以及一半以上波兰领土交给了苏联，使得德国能够集中精力对付法国和英国。然而，这种做法激怒了日本。日本撕毁与德国和意大利签订的三方条约，出兵占领法国维希（Vichy）政权控制下的印度支那，并与苏联签订中立条约。即使1941年6月22日德国入侵苏联之后，东京也未撕毁这一条约。

希特勒入侵苏联以及公布解决犹太人问题的"最终解决"（Final Solution）方案后，豪斯霍弗感到极度失望，带着自己的非雅利安人妻子玛莎退居位于南巴伐利亚阿默尔湖的山中，透过那座松林覆盖的小山，他看到希特勒在莫斯科面前颤抖，日本袭击珍珠港，夺取菲律宾，袭取新加坡的英国海军基地，入侵荷属东印度群岛和东南亚，进逼新西兰、澳大利亚和英属印度，俨然逐渐展开了印度洋-太平洋的宏大战略。南京、马尼拉、雅加达、河内、新加坡、曼谷和仰光的傀儡政权，统统向日本建立大东亚共荣圈的愿景振臂欢呼。②

但这当然不可能成功，盟军很快发起反击。豪斯霍弗的大儿子阿尔布雷希特参与策划1944年7月20日刺杀希特勒的行动，被盖

---

① Walsh, *Total Power*, pp. 7 – 9; Hans W. Weigert, "Asia Through Haushofer's Glasses," Hans W. Weigert and V. Stefansson ed., *Compass of the World*, N. Y.: Macillan, 1944, pp. 395 – 407; Donald Norton, *Karl Haushofer and His Influence on Nazi Ideology and Foreign Policy*, Diss., Clark University, Worcester, MA.

② See Haushofer, *Zeitschrift zur Geopolitik*, 17: 1 (1939), pp. 44 – 55; Yung hwan Jo, *Japanese Geopolitics and the Greater East Asian Co – Prosperity Sophere*, Diss., American University, 1964, University Microfilms, Ann Arbor, Michigan, pp. 14 – 32.

世太保抓获并处决。美军投入了战斗,在美军使用原子弹轰炸广岛两天后,1945年8月8日苏联出兵中国东北和朝鲜,日本投降。与此同时,豪斯霍弗被纽伦堡国际军事特别法庭传讯。乔治敦大学外事学院教授、耶稣会士沃尔什(Edmund A. Walsh)领导的一个聆讯组负责审讯已76岁高龄且备受打击的豪斯霍弗,1946年3月10日,绝望的豪斯霍弗和忠诚地陪伴了他近50年的妻子玛莎双双自杀,他们幸存的儿子海因茨第二天早上才发现父母的遗体。

三

然而,1949年,豪斯霍弗曾梦想建立的欧亚帝国出现了。但这个庞大的帝国并非西起莱茵河流域,而是从易北河(Elbe)流域到黑龙江以及长江流域,由共产党人控制。埃及、阿拉伯、伊拉克、伊朗、巴基斯坦、印度、锡兰、缅甸、印尼以及菲律宾等,纷纷从海洋国家手中赢得独立。马克思主义者鼓动和支持的革命行动,打破了马来西亚、印度支那和棉兰老岛(Mindanao)的稳定。正像基钦纳(Kitchener)勋爵四十年前预言的那样,西欧在太平洋地区的地位被永久摧毁。人口稀少的澳洲和新西兰依然还在坚持,但不再受母国大英帝国庇护,而是成了美国的附庸。美国的海军和空军基地控制了太平洋从旧金山通往夏威夷的通道,以及过去曾被德国和日本占据的加罗林群岛、马绍尔群岛、马里亚纳群岛、萨摩亚群岛、菲律宾和冲绳——美国控制了太平洋海域。日本不仅被摧毁,还被夺走了从台湾到南千岛群岛([译按]日本称"北方四岛")和库页岛的全部制海权,同时面临被上百万遣返的战俘以及回归的难民所吞没的困境。俄国成了真正的赢家,因为中国倒向了共产主义阵营。

美国迫使中国国民党做出妥协,与苏联支持的共产党联合,这一努力不仅毫无成效,反而削弱了蒋介石的实力。毛泽东采用"延安道路"的策略,导致国民党溃败,并最终败退台湾——20世纪90年代,他的继任者在美洲(巴拿马、委内瑞拉、哥伦比亚、巴哈马和美国)采用了同样的策略。

1949年10月1日,中华人民共和国宣告成立,新中国很快就与苏联签订了友好同盟互助条约,这一欧亚联盟关系保持了十几年。显然,中国和苏联受到美国国务卿艾奇逊(Gooderham Acheson)在1950年初关于将南朝鲜排除出美国的远东防线的声明鼓动,[①]当年6月,北朝鲜在苏联支持下向南朝鲜发起攻击。美国在联合国授权下转而支持南朝鲜。同年10月,中国人民解放军入朝参战,直到1953年停战协定签订前,中国军队一直在前线作战。在此期间,斯大林去世,"冷战"进一步加剧。

拉美人被夹在这场东方与西方的冲突之中,他们的国家受到苏联颠覆行动的影响,除了像智利将军蒙塔尔瓦(Ramón Cañas Montalva)这样极少数的例外,他们不会关注太平洋前线的战斗。然而,受朝鲜战争刺激而重建的日本却改变了这一切。大量石油、矿石和农产品被出口到复兴的日本,从南朝鲜转移来的投资和工业的勃发,日本重新聚焦亚太拉美地区。最后,在美国庇护下,日本不再通过军事手段,而是利用自身的经济实力成功重建大东亚共荣圈,只有中华人民共和国被排除在外。

中苏盟友关系在1960年破裂,俄国人不愿把技术尤其核技术送

[①] [译按]艾奇逊声明,把阿留申群岛经日本、冲绳,而至菲律宾的区域划为美国在亚太的防御半径,声明中未提到台湾和朝鲜半岛。

给中国，同时也拒绝保护中国大陆免遭台湾的攻击，中国方面则公开要求苏联返还被侵占的领土，加上毛泽东希望成为斯大林意识形态继任者的抱负，最终导致双方关系破裂。①莫斯科转而开始围堵中国，扶持日本和国民党的方法失败之后，苏联认为，曾接受过其巨额战略物资援助的印度和北越才是真正的盟友。美军在南越边境集结，持守战略上防御和战术上进攻的策略，结果美军却被打败。1975年西贡陷落。作为报偿，俄国得到了南中国海上最好的港口金兰湾25年的租约。苏联海军上将戈尔什科夫（Sergei Gorshkov）再也无须担心他的太平洋舰队被冰封在海参崴。

美国总统尼克松（Richard Nixon）总统随即做出反应，国务卿基辛格（Henry Kissinger）已经为他的行动铺平了道路，1972年年初，他前往北京拜访毛泽东。2月28日公布了改善中美关系的《中美联合公报》。这份公报使苏共总书记勃列日涅夫（Leonid I. Brezhnev）感到紧张，他和拿破仑（Napoleon Bonaparte）一样，对正在觉醒的中国巨人的智慧惊叹不已。1977年，卡特（Jimmy Carter）总统把巴拿马运河转让给巴拿马元首赫雷拉（Omar Torrijos Herrera），并支持尼加拉瓜的桑地诺（Sandinistas）民族解放阵线，而尼加拉瓜正好是另一条沟通大西洋和印度洋的运河所在的国家，1979年与中华人民共和国建立正式外交关系。

---

① See Edmund A. Walsh, S. J., *Total Power*, pp. 11-33；Hans-Adolf Jacobsen, *Karl Haushofer：Leben und Werk*, I, pp. 445-447, II, pp. 579-580；Eudocio Ravines, *The Yenan Way*, N. Y. ：Schribner's, 1951, pp. 113-116；Ramon Cañas Montalva, "Reflexioes Geopoliticos sobre el Presente y Futuro de America," *Revista Geografica de Chile*, 1, 9（1948）, pp. 27-40；Conrad Schirokauer, *Modern China and Japan*, pp. 299-301.

苏联以入侵阿富汗的行动作为报复，进一步收紧对中国的包围圈——通过苏联的西伯利亚、阿富汗、印度和越南，同时还在伊斯兰地区和非洲地区——伊拉克、亚丁、埃及、埃塞俄比亚、莫桑比克、安哥拉积极采取措施，威胁中东的石油供应、南非战略性矿产以及海上交通线。美国在印度洋-太平洋地区的超级地位土崩瓦解。

1981年，华盛顿的新政府上台。里根（Ronald Reagan）总统出台新的反击战略，废除格林纳达（Grenada）的勃列日涅夫主义，在欧洲部署巡航导弹，威胁要发展战略防御体系，通过支持波兰团结工会（Solidarity）私下与梵蒂冈合作，援助尼加拉瓜、安哥拉、埃塞俄比亚和阿富汗的本土反对力量发动暴乱。他还在1982年的黎巴嫩战争中武装伊拉克部队，对抗由苏联支持的叙利亚部队，赢得了策略和技术上的胜利。面对强硬的里根，由于人口下降、技术落后、工业衰退、环境恶化等原因，1989年苏联内部爆发动乱，两年后解体。20世纪的三次世界大战就此结束："一战"（1914—1918）、"二战"（1939—1945）和破坏西方文明进程的"冷战"（1917/1946—1989）。美国藉由1991年海湾战争的胜利巩固了其在太平洋边缘地带的地位。然而，欧亚方面也在展开行动。

一个由德国主导的欧洲经济共同体正在浮现。尽管饱受国家分裂之苦，俄罗斯可能早至1990年就和德国达成谅解，这促使叶利钦（Boris Yeltsin）和他的对外情报局局长（1991—1996）、外交部部长（1996—1998）、总理（1998—1999）普里马科夫（Yevgeni M. Primakov）得以重返传统欧亚战略。普里马科夫精通阿拉伯语，他向中东的穆斯林石油出产国寻求建立盟友关系，加强与印度的盟友关系，寻求加强与中国的纽带关系。这些努力在1998年12月的新德里获得回报，当时普里马科夫仿照豪斯霍弗的战略，提议建立俄罗斯-

印度-中国同盟。

　　普里马科夫为应对美国，推动以欧共体、伊斯兰国家、俄罗斯、印度、中国为代表的多极化战略。1999年年初他被罢免，普京（Vladimir Putin）成为他的继任者，出任叶利钦政府的总理以及总统候选人。普京进一步贯彻亚欧大陆联盟的设想，即心脏地带和边缘地带的陆地民族联合起来对抗海洋民族的战略，麦金德将其视为海洋民族的噩梦。1999年12月初，叶利钦访问中国，在北京与江泽民和朱镕基会见，巩固了这一战略。2000年普京胜选总统的，并于2001年7月16日与江泽民在莫斯科签订友好协议，进一步加强了该战略。

　　俄罗斯和中国不仅把由美国主导的北约对南联盟的攻击看作毫无理由的武装干涉，也把它看作一种向石油储量丰富的里海区域输出西方石油利益影响的努力。这里是苏联加盟国格鲁吉亚、乌克兰、乌兹别克斯坦、阿塞拜疆和摩尔多瓦向欧美出口石油的通道，这五个国家被合称为"古阿姆"（GUAAM）。1999年4月，"古阿姆"在华盛顿签订了一项合作协议。在此之前的1998年12月9日，美国副总统戈尔（Al Gore）和能源部部长瑞查德森（Bill Richardson）主持了一个与土耳其的会议，1999年11月，克林顿总统（Bill Clinton）在土耳其批准了这一会议的最终决议，同样，"古阿姆"决议决定铺设一条从里海出发穿越土耳其到地中海的石油管道，此举显然是美国针对俄罗斯或石油储备匮乏的中国的措施。①

---

① See Steve Leisman, "Three Oil Giants and Kazakstan Will Push Plan for Caspian Sea Pipelines to Turkey", *WSJ*, Dec. 10th 1998, A, 4; Jude Wanniski, "Economic Motives for U. S. Attack", Ottawa, June 8th 1999, http://iraqwar.org; "Beijing's War Theory", *International Reports*: *Early Warning* (Washington, D. C.), 17:9, June 4th 1999, p. 3; "Turmoil in the Andes".

几个世纪以来，俄罗斯都是塞尔维亚人的保护者，并把塞尔维亚视作反对伊斯兰扩张的堡垒。因此，俄罗斯抗议北约空袭南联盟的行动，俄罗斯军队在北约驻阿尔巴尼亚维和部队到达之前，抢先占领了科索沃部分地区，而北约的这支派驻阿尔巴尼亚的军队正是为了挑战叶利钦和中国。与此同时，中国国防部部长迟浩田谴责美国先头部队的袭击行动：

> 既然美国想通过中东战争打击伊拉克以及对南联盟的武装侵略来炫耀他们的新式武器，我们就等着反击他们对我们的武装干涉，也好显示一下中国开发的新装备。（同上，页9）

中国确实有新式武器。美国的投资家、工业家正以空前速度把各种技术送往中国，而且还有美国官方的支持和鼓励。美国国防部从1993年就开始训练解放军精英，直到1999年才被国会禁止。江泽民主席在1997年底访问华盛顿期间，还使用了"战略伙伴关系"这个术语。1998年年中，克林顿总统访华期间，接受了中国的"三不原则"：美国不支持台湾独立；不支持"一中一台"、"两个中国"；不支持台湾加入任何必须由主权国家才能参加的国际组织，许可私营企业参与建立中国军工企业。

古怪的是，这一切发生在如下一连串事件之后：获取亚丁港港口设施；在苏丹部署安全部队保护其石油利益；在南中国海要求主权；在富含石油的南沙群岛巡航；另有一支中国的海军舰队正以前所未有的方式在美洲太平洋沿岸航行；中国远洋运输集团总公司是一家由中国政府控制的企业，它通过谈判试图接管在加州长岛400号码头的前美国海军军港，虽然因国会干涉而作罢，但后来他们还是获得了9号码头。

不仅在印度洋和太平洋，中国还在加勒比海挑战美国的权威。1997年，有中国官方背景的和记黄埔集团的一家下属公司，拿下了巴拿马四个港口控制权。其中两个港口在加勒比海和太平洋到巴拿马运河的入口，该公司还获得了巴拿马运河的管理权。随后，中国签约控制了巴哈马港口设施，并在自由港（Freeport）建设集装箱设施。巴哈马抛弃了台北，把北京视为中国唯一合法政府。同时，中国支持哥伦比亚和委内瑞拉的政治家的故事也浮出水面。结果是，哥伦比亚的阿朗戈总统（Andrés Pastrana Arango）解除了对大部分领土的武装管制，卓有成效地让马克思主义者和毛主义的游击队控制了国内局势。同时，卡斯特罗（Fidel Castro）主义者委内瑞拉总统查韦斯（Hugo Chávez Frias）声称，要恢复玻利瓦尔（Simón Bolívar）创建的大哥伦比亚——由委内瑞拉、哥伦比亚、巴拿马和厄瓜多尔组成，可能会以人民共和国的形式出现，他在2001年年中访问中国时获得了100万美元的军事援助。

这些事件再结合1999年12月美国前总统卡特把巴拿马运河交还给巴拿马政府，中国政府与古巴卡斯特罗政府的合作，还有2001年4月中国国家主席江泽民第二次访问拉美，并特别在哈瓦那和加拉加斯（Caracas）短期停留，查韦斯总统请求与中国进行第二轮战略会谈，2001年年中查韦斯在莫斯科的短期停留，墨西哥总统福克斯（Vicente Fox）去北京的访问，这些事件对美国南边侧翼构成了威胁，显示出中国正强势进入中美洲和加勒比海，从而把美洲一分为二。

另外的危险出现在2001年年中时的墨西哥：福克斯总统无法兑现他对墨西哥贫民的诺言，也无法平息恰帕斯州（Chiapas）的叛乱。事态又因2001年9月11日纽约与华盛顿的恐怖袭击进一步复杂化。9·11事件迫使美国封锁了南部边界，以阻止大量因饥饿、不可避免的社会动荡、由卡斯特罗支持而爆发革命的墨西哥难民涌入。这迫使美国离开西太平洋，转而解决南方边境问题，2001年10月，普京宣布从金兰湾撤军，比计划提前了两年。中国人胜利了！这是一个比中国进入世贸，以及主持上海的亚太峰会影响更为深远的胜利，其象征是布什总统和江泽民主席皆身着唐装。

拉丁美洲身处太平洋的东部海岸的巨大纵深，被迫陷入巨人们争夺印度洋-太平洋地区的冲突。然而，拉美究竟是做旁观者还是可以参与其中呢？曾有一个时代，伊比利亚半岛的两个民族控制了美洲到非洲的海域。葡萄牙控制着莫桑比克海峡、亚丁湾、阿曼（霍尔木兹海峡）、锡兰、马六甲、帝汶岛和澳门；西班牙则控制着从合恩角到努特卡湾（Nootka Sound）的美洲海岸，向西穿过加罗林群岛、马里亚纳群岛，直达菲律宾群岛。按照豪斯霍弗的理解，当时的印度洋-太平洋海域，是葡萄牙和西班牙的内湖。

问题在于，美国正为伊斯兰恐怖主义者的袭击而分心，而欧洲正在衰退，它正面临大量阿尔巴尼亚和非洲穆斯林移民涌入，因此，欧洲在德国领导下加入西起莱茵河东达黑龙江流域和长江流域的俄、中、印联盟。在这种情形下，拉美是否可能像巴西的马托斯将军（Carlos de Meira Mattos）提议的那样，领头建立一个新的跨洋联盟（NIOA）？这个由加拿大、美国、巴西、阿根廷、新西兰、澳大利亚和日本组成的跨洋联盟，可以抵抗麦金德视作噩梦的将欧亚心脏地带和边缘地带联合起来建立一个"现代蒙古帝国"的构想，从而拯救太平洋——但关键是日本和巴西。

然而，随着1999年12月巴拿马运河被交还，关于中国和俄国在 2000 年图谋霍华德空军基地（Howard Air Force Base）的报道，中国支持向巴拿马非法移民的报道，日本和巴西可能与中国合作，就像在 1980 年初期，由于担心被巴拿马控制其石油和矿产通道，他们与桑地诺民族解放阵线协商挖掘一条穿越尼加拉瓜的运河。如果日本（还有巴西）像豪斯霍弗建议的那样，与俄罗斯、中国和印度合作，那么，南部侧翼被撕裂的美国就将失败。如果中苏同盟当年的势力横跨美洲两岸，并控制了加勒比海地区，那么，只有日本加入北美自由贸易区，再加上南美共同市场（Mercosul）、新西兰和澳大利亚形成一个新的跨洋联盟，才能将印度洋-太平洋地区从欧亚联盟手中拯救出来。①那样的话，美国将何去何从？究竟是正在衰落的大西洋，还是豪斯霍弗预测的未来的海洋——太

---

① 参马托斯将军 1988 年 8 月 28 日写给作者的信；Lewis A. Tambs, "Demography, Geopolitics and the Decline of the West Policy Council," Spring 1997, pp. 63 – 74; open Tom Deplay Amendment, Defense Appropriations Bill (H. R. 140e June 9th 1999); Harvey Sicherman, "The inscrutable Americans: Zhu Rong – ji, and the Deal that Wasn't," Foreign Policy Research Institute, *E – notes*, April 23rd 1999, p. 1; Admiral Thomas Moorer, USN (Ret.), Testimony before the Committee on Foreign Relations, U. S Senate, June 8th 1998; Lt. Gen. Gordon Summer, Jr., USA (Ret), Testimony Before the Government Reform and Oversight Committee on Criminal Justice, Drug Policy and Human Resources, U. S House of Representatives, May 4th 1999; "Caution on China," *Tribune* (Mesa, AZ), 1999, A10; Admiral Thomas Moorer, USN (Ret), Testimony on the Panama Canal before the Senate Armed Forces Committee, Oct 22nd 1999。不同的看法，参副国务卿塔尔伯特（Strobe Talbot）的宣称："21 世纪美洲将不会以现有的形式存在，所有的国家将认同一个单一的全球权威"，见 *Drudge Report*, Sept. 26 1999; 亦参 Sandy Berger (NSC), "Engagement Policy of Clinton administration," Oct. 3th 1999; Eduardo Dias da Costa Villas Boas, "Relacóes Brasil – China: Perspectivas para o Século XXI," *Revista da Escola Superior de Guerra* (Rio de Janeiro), XVIII, No. 40, 2001, pp. 221 – 259。

平洋？

因此，尽管豪斯霍弗几十年前已经去世，他关于印度洋－太平洋区域的分析依然影响着全球均衡，无论我们接受"普里马科夫—普京—江泽民—朱镕基"的视角，还是接受马托斯将军的观点，抑或接受新的世界秩序，豪斯霍弗和他的《太平洋地缘政治》都可以为我们预见未来的前景。

古典作品研究

《曼陀罗》中的卢克蕾佳

——马基雅维利的新君主[*]

赖特（Heather Hadar Wright） 撰

朱 斌 译

一位精明年轻女郎，

使他深陷情网

又中计被征服

你们也将听到，我也情愿

你们可能像她那样被欺骗。

——《曼陀罗》开场白①

---

* 本译文系"重庆市教育委员会2016年度规划项目（16SKGH109）"阶段成果。

① 马基雅维利文中关于《曼陀罗》的所有引用，都出自译本 Mandragola, Mera J. Flaumenhaft trans., Long Grove, Ill.: Waveland Press, 1981, 随文标注页码。

正如马基雅维利在他的喜剧《曼陀罗》中最清晰呈现的,人类生活也需要轻浮……人类模仿多变的自然,从稳重变得轻浮,反之亦然……

——施特劳斯

马基雅维利(Niccolo Machiavelli)的政治思想错综复杂,其中交织着大量令人费解的女性形象。虽然马基雅维利的教诲针对的是男性,但其作品中呈现的女性形象极其丰富:处女、年老已婚的泼妇、征服的对象和征服的障碍。也许,马基雅维利作品中最突出描写的女性是命运女神(Fortuna):她是男性为命运而与之抗争的神圣化实体。

正是最后这个形象一直最受女权主义学者的抨击,也令他们最为愤怒。在《君主论》第25章,马基雅维利为潜在的君主给予如下建议:

迅速勇猛胜于小心谨慎,因为命运之神是一位女性。若想征服她,则须攻击她,将其击倒。人们可以看到,她宁愿让那些行动迅猛的人去征服她,也不会对那些小心谨慎毫无热情的人有所垂青。正如女人一样,命运常常是青年人的朋友,因为他们豪放不羁,如初生之犊,所以能以更加大胆的方式制服她。①

照字面看,这段话会让女权主义者反感,除非他将施虐受虐狂症视为性自由的实践。皮特金(Hannah Fenichel Pitkin)在《命运是一位女性:马基雅维利思想的性别与政治》(*Fortune is a Woman: Gender and Politics in the Thought of Niccolo Machiavelli*)中论述了女权主义者对马基雅维利的传统处理方式和他作品中关于女性贬抑(mi-

---

① Machiavelli, *The Prince*, Harvey C. Mansfield trans., Chicago: University of Chicago Press, 1985, p. 101.

sogyny）的话题。皮特金认为，

> 自治……是马基雅维利的中心议题，是连接作品中冲突和矛盾的主线，这似乎扩大了男子气概（machismo）的个人议题，并尝试将其运用于政治主题的思考。①

依皮特金②所见，马基雅维利的共和政治学建立在不平等的男性至上主义的基础上。马基雅维利始终主张将男性与力量和自治等同，因为它们在生活和政治中不可或缺；他始终主张将女性与软弱和顺从等同，因为它们都是多余和危险的恶行，至少对于男性来说是这样。

然而，并非所有女权主义者均认同皮特金的观点。扎克特（Catherine Zuckert）就持反对观点，认为在马基雅维利的作品《克莉齐娅》（*Clizia*）中，"我们发现精明的佛罗伦萨人不单是漠视或者蔑视女性"。相反，

> 马基雅维利将女性描述为德性（*virtù*）的化身，暗示在实现人类卓越的潜能方面，并不会因性别的不同而有实质性的差异。他似乎在以这种方式为所谓的"自由女性主义"开路，甚至可以说，他是"自由女性主义"的奠基人。③

---

① Hannah Fenichel Pitkin, *Fortune is a Woman: Gender and Politics in the Thought of Niccolo Machiavelli*, Berkeley: University of California Press, 1984, p.7.

② See also Mary O'Brien, "The Root of the Mandrake: Machiavelli and Manliness," Maria Falco ed., *Feminist Interpretations of Niccolo Machiavelli*, University Park: Pennsylvania State University Press, 2004, pp.173–195.

③ Catherine H. Zuckert, "Fortune Is a Woman—But So Is Prudence: Machiavelli's *Clizia*," Maria Falco ed., p.199. 最初出版于 Pamela Grande Jense ed., *Finding a New Feminism: Rethinking the Woman Question for Liberal Democracy*, Lanham, Md.: Rowman & Littlefield, 1996。

谁说得对呢？马基雅维利是女权主义者的支持者还是反对者？本文将探讨卢克蕾佳这一女性形象。该女性形象不仅是马基雅维利最令人着迷的角色，而且对前面所提的问题也最具启发和指导意义。卢克蕾佳为《曼陀罗》中的角色。该剧"被誉为意大利文艺复兴时期创作成就最高的戏剧"。①

表面上看，《曼陀罗》讲述的是居住在法国的意大利年轻人卡利马科（Callimaco）的故事。某日参加晚宴时，他无意听闻一位年轻貌美、令他垂涎的女性。于是，他立即返回意大利以求获取她的芳心。令人惊讶的是，虽达此心愿困难重重，但他的决心丝毫未被动摇。首先，卢克蕾佳是位已婚妇女。也许，这并不一定构成不可逾越的鸿沟，因为成功与否也依赖于这位女性对婚姻忠诚的态度，然而此处马基雅维利意在指涉其他构成鸿沟的东西：卢克蕾佳守身如玉，洁身自好。然而，碰巧她的丈夫尼洽（Nicia）年迈，并不十分聪明。6 年的婚姻生活未能带来子嗣，他极其渴望能有一个孩子。这样，食客李古漱（Ligurio）在卡利马科的仆人西罗（Siro）、"邪恶修士"提莫窦（Timoteo）和卢克蕾佳的母亲索斯特拉塔（Sostrata）的多方协助下，和卡利马科精心策划了一个计谋（页 10）。卡利马科伪装成巴黎有名的生育专家，吹嘘曾成功帮助法国国王和他的妻子生育。基于得自卢克蕾佳的尿液标本，卡利马科"医生"便告诉尼洽他能帮助他们成功孕育。卢克蕾佳只需要服用曼陀罗草炮制的药水（意大利语曼陀罗［mandragola］），便能有生育能力。

唯一令人遗憾的问题是，服用药水后第一个和她同房的人会死。

---

① Maria Falco, "Introduction," Maria Falco ed., *Feminist Interpretations of Niccold Machiavelli*, p. 10.

可以预见，尼洽对这个"糖醋药剂"（this sugar and vinegar）（页25）忐忑不安。但是，卡利马科"医生"对此"难题"有一个看似简单的解决方法：只需在街上绑架一位"闲逛的小伙子"，怂恿他和卢克蕾佳发生性关系，然后将其释放。当然，曼陀罗并不能让卢克蕾佳怀上孩子，但这一点问题都没有，因为马基雅维利暗示，尼洽才是没有生育能力的一方，而且那个"闲逛的小伙子"不是他人，而正是经过乔装打扮的卡利马科。整个计划进展顺利，无丝毫阻力。最后，卢克蕾佳和卡利马科在尼洽的眼皮下成了情人，显然，尼洽对此一无所知。这是个设计巧妙、出色的戏剧情节。

近年来，学者们广泛讨论了卢克蕾佳在喜剧本身和马基雅维利思想体系中的双重意义。从《曼陀罗》的阐释中可以看出，大多数学者将卢克蕾佳视为被征服的对象，①认为卡利马科扮演了一个中心角色，即体现马基雅维利主义的德性（virtù）的新君主。为了整个共同体的利益，他成功运用欺诈手段推翻了年老的暴君。通过仔细阅读文本，我们很容易理解到《曼陀罗》的这层含义。剧中反复提到的，似乎强调了这样一个观点：卡利马科不关心政治，当然更不可能爱国。最初离开意大利是因为其监护人将其安排过来，但他在巴黎待了二十年，据他说是因为

> 来这第十个年头快结束时，因为查理王（Charles）打这儿借道，在意大利引发了战争，蹂躏了这个国家，[因此]我[卡利马科]认识到生活在那个地方更安全，所以我就决定居住在巴黎，再也不回国。（页9）

---

① For example, Theodore A. Sumberg, "*Mandragola*: An Interpretation," *The Journal of Politics* 23, 1961, pp. 320–339.

而现在,他回到曾放弃的家乡,仅仅是为了去追求卢克蕾佳,"从未考虑过意大利战争或者和平的事情"(页13)。

此外,剧中卡利马科对未来感到绝望,提到过自杀。甚至李古潦也注意到了,并对此有所反应。在无常的命运面前如此缺乏勇气,当然不是马基雅维利式的君主具备的值得称赞或有益的品质;实际上,卡利马科的自杀意图是"作为冒险情节的一个备选"而出现。① 他展现的困惑不是马基雅维利的最伟大君主的品格,这表明他"也许更像《君主论》中那些能洞悉和利用他人所知的二流智者"。② 最后,很显然,卡利马科完全被感情和贪欲控制,完全缺乏审慎。要不是受李古潦的影响,卡利马科在结局前肯定会做一些鲁莽和草率的事情。最后,有趣的是,除被称为痛苦的情人外,卡利马科在开场白中被描述为:

> 在所有其他虔诚的伴侣中,这个男人享受着出于礼貌而得到的荣誉和奖励。(页10)

显然,这句特征描述出乎意料的无力,我们显然还需要更细致的分析。马基雅维利在剧末告诉我们,开场白是喜剧的总结。也许,

---

① Mera J. Flaumenhaft, "The Comic Remedy: Machiavelli's 'Mandragola'," *Interpretation* 7 (May), 1978, p. 39。[译按] 原文中标注的出处是1984年Flaumenhaft作品中的页39。然而,我通过阅读发现,此处的出处应该是Flaumenhaft在1978年发表于*Interpretation*第7期(5月刊)上的文章,我认为这是作者作注的失误。下一个注释也是同样情况。

② Mera J. Flaumenhaft, "The Comic Remedy: Machiavelli's 'Mandragola'," p. 39. See also Harvey Mansfield, "The Cuckold in Machiavelli's *Mandragola*," Vickie B. Sullivan ed., *The Comedy and Tragedy of Machiavelli: Essays on the Literary Works*, New Haven: Yale University Press, 2000, pp. 10 – 29.

卡利马科的礼貌在马基雅维利剧中指的是别人让他做什么他就做什么,特别是卢克蕾佳(更多内容见后)。

有论者对李古潦的角色提出了质疑:他仅是"君主"卡利马科的助手,抑或仅是执政者的顾问?无疑,这个聪明的操纵者便是最糟糕意义上的"权谋政治家"!如果卡利马科有瑕疵的话,将李古潦作为马基雅维利理想的统治者,难道不是很正常吗?托马斯(George Thomas)认为,"李古潦好像是接纳命运(Fortuna)的一类人,这样做体现他的德性"——"释放和沟通人类欲望"去建立稳固政体的才能。①尽管很明显,李古潦是剧情流转的关键角色,然而这个结论也不足以令人信服。首先,正如桑伯格(Theodore Sumberg)所指出,尽管他是卢克蕾佳的一个潜在对手,然而

> 他不是一个真正的对手,因为在马基雅维利的描述中,李古潦仅是一个对食物而不是对性充满强烈欲望的人……这表明,阴谋者必须选择不与自己利益相冲突的同盟者……正因为他不可能是其追求政治权利路上的竞争者,卡利马科才会对他如此信任。②

第二,没有文本证据可以反驳这种可能:卡利马科身边的某人可能已经获取了李古潦的帮助从而达到了个人目的。抑或,尼洽是马基雅维利的君主?曼斯菲尔德(Harvey Mansfield)劝告我们在阐释该剧时不要拘泥于传统道德观,虽然我们认为尼洽的愚蠢一直是

---

① George Thomas, "The Parasite as Virtuoso: Sexual Desire and Political Order in Machiavelli's *Mandragola*", *Interpretation* 30 (2), 2003, pp. 187, 179.

② Theodore A. Sumberg, "*Mandragola*: An Interpretation," p. 324.

个笑话,但他可能仅是想显得(appear)简单天真(被戴了绿帽子),其实这都是为了满足他能延续子嗣的愿望。① 然而,曼斯菲尔德认为,如果卡利马科和李古潦不是马基雅维利理想的君主,那就只能是尼洽了。这种认识大错特错!②

一些学者的确将卢克蕾佳看作主动一方,因为她不仅在一开始形象就存疑,而且在整个剧情中形象发生了改变,进而对她的优点进行了更深层次的挖掘描述,然而,在我看来,他们做得还远远不够。达米科(Jack D'Amico)认为,卡利马科和卢克蕾佳合谋(join together)

> 创立了新的秩序,以非传统的方式融合了大众和个体、礼法和欲望,避免了整个家庭的没落。③

萨克森豪斯(Arlene Saxonhouse)则主张,卢克蕾佳实则体现了马基雅维利对德性的新认识:

> 卢克蕾佳意识到,在一个大多数人都不虔诚的世界里,她不能这么虔诚,去保持她的贞洁。《君主论》第15章中的故事情节将她从古时的卢克蕾佳转变为现代的卢克蕾佳。据称,曼陀罗是一种通过杀戮赋予新生的药。虽然剧中它的神奇药效是虚构的,但是卢克蕾佳的转变代表了它的生和死。旧时贞洁的

---

① See also Michael Palmer and James F. Pontuso, "The Master Fool," *Perspectives on Political Science* 25 (3), pp. 124 – 132.

② Harvey Mansfield, "The Cuckold in Machiavelli's *Mandragola*," p. 28.

③ Jack D'Amico, "The Virtù of Women: Machiavelli's *Mandragola* and *Clizia*," *Interpretation* 12 (May), 1984, p. 271.

死亡,换来幸福的新生。治愈并非始于药瓶,而是始于女主角价值观的转变。①

萨克森豪斯比其他阐释者走得更远,暗示卢克蕾佳"不仅适合统治,而且就在统治"(也 169)。然而,将卢克蕾佳比作命运女神(她指出,她们都喜欢年轻的),且在她的论据中卢克蕾佳经历了形象的转变。萨克森豪斯最后认为卢克蕾佳愿意接受堕落乃明智之举(judiciously consenting)。②这个阐释同样削弱了卢克蕾佳在剧中的真正权威和重要角色。

贝修尼亚克-朗(Susan Behuniak-Long)的解读更有说服力。在他看来,与其说卢克蕾佳经历了形象的转变,不如说她一开始的形象就可疑。与萨克森豪斯一样,贝修尼亚克-朗认为卢克蕾佳同意(consents)了这个计划,她和命运女神(Fortuna)有相同的特征。有意思的是,贝修尼亚克-朗进一步观察到,这并不是有意站在马基雅维利的立场上进行解释,而是

> 马基雅维利痴迷于对命运女神的研究,因此在创造卢克蕾佳时,他吸纳借鉴了最具魅力的"女性"的所有特征。③

和命运女神一样,卢克蕾佳有"两副面孔"。她拒绝不能和她相媲美、逐渐衰老的尼洽,接纳卡利马科厚颜无耻的欺骗(页 271)。

---

① Arlene Saxonhouse, *Women in the History of Political Thought: Ancient Greece to Machiavelli*, New York: Praeger, 1985, p. 169.
② See Joseph A. Barber, "The Irony of Lucrezia: Machiavelli's *Donna di virtù*," *Studies in Philology* 82 (4), p. 450–459.
③ Susan Behuniak-Long, "The Significance of Lucrezia in Machiavelli's *Mandragola*," *The Review of Politics* 51 (Spring), 1989, p. 270.

贝修尼亚克-朗总结到,

> 经仔细研究琢磨,会发现她与命运女神的相似透露了剧中所言说的更深层次的叙事。马基雅维利借她嘲弄教会,尤其是嘲弄圣奥古斯丁(St. Augustine),借她传递自由意志绝不能和命运女神相媲美的可怕信息。(页264)

卢克蕾佳透露了教会背弃命运女神的后果:

> 要是我们……认为卢克蕾佳和命运女神有关联,那就看看教会低估她的行为所产生的后果:尽管修士认为他已经允许卢克蕾佳一夜的通奸行为,但她会多次犯下这个过错。他的辩解不但不能控制住她,反而放纵了(unleashed)她,而他甚至没有意识到这个事实。因此,要保持和命运女神的关联,忽略她将会自食其果。①

有确凿证据可以证明,从一开始卢克蕾佳的形象便是有疑问的。更确切地讲,没有证据可以证明她的形象没有疑问。我们得出卢克蕾佳在剧中形象转变的依据完全是基于其他角色对她的评论。②对于这一点,我们必须要留心马基雅维利本人对人类生活本性的洞见:我们从来都不能确定了解一个人的灵魂,但我们可以确定了解他或她的行为。事实上,在本剧的开场白中,马基雅维利告诫我们:

---

① Susan Behuniak - Long, "The Significance of Lucrezia in Machiavelli's *Mandragola*," p. 277; See also Hannah Fenichel Pitkin, *Fortune is a Woman*: *Gender and Politics in the Thought of Niccolo Machiavelli*, 1984.

② Susan Behuniak - Long, "The Significance of Lucrezia in Machiavelli's *Mandragola*," pp. 267 - 268.

> 我们就此打住不再闲聊，不去关注那个可能连自己是否仍活着都不知道的蠢货。这时，卡利马科正走出家门。（页11）

一开始我们虽听说过卢克蕾佳，但直到第十幕，我们才真正见到她。的确，正如曼斯菲尔德幽默的评论，她的首次"显身"是以尿壶的形式。①这就很奇怪了，因为卢克蕾佳实际上是中心人物，整剧均围绕她而展开。关于她，卡利马科是从巴黎的卡尔福奇（Camillo Calfucci）口中首次得知：

> 他对她的美貌和礼貌赞不绝口，听得我们所有人都目瞪口呆。（页13）

他这样形容她的品质（同上）："特别诚实可靠，从不涉足禁爱"（在他的理解里，爱即性亲密。此处指的是通奸）。"卢克蕾佳的坚定和远见让我感到害怕。"他认为她很无趣，缺少其他年轻女性消遣的方式。说了这么多他其实都还从没见过她。

与此相反，在尼洽的眼中，卢克蕾佳愚蠢、固执。他不得不一直与她抗争。尼洽向西罗抱怨：

> 为了让这个笨女人给我这个样品，我费尽心思！……只要我想让她干点什么，就还是老一套。（页23）

其实，这本身似乎就体现了她的聪明，因为随着剧情的发展，尼洽的"正确"判断不断受到质疑和挑战。

同样，根据马基雅维利的描述，我们知道让提莫窦修士来见证

---

① Harvey Mansfield, "The Cuckold in Machiavelli's *Mandragola*," p. 13.

他人的人品是一件很可笑的事情。序歌中，马基雅维利称他为"邪恶之人"（页10）。他是个伪善、自私自利之人。要是可以为教会带来什么好处，即使是最肮脏的事情他也会迫不及待去做。当然，好处最终会落在他自己腰包里。他不仅愿意宽恕堕胎这种明显违背天主教义的行为，而且向卢克蕾佳撒谎说，当时他确实相信和她成为情人的人必定会死。提莫窦认为：

> 圣洁的（Madonna）卢克蕾佳聪明善良……几乎所有的女性都没有脑子。要是有人懂得说两句话，那可算是个先知了，因为在这座盲人之城，有一只眼睛的就可谓是老大了。（页34）

他确信他能"利用她的善良蒙骗她"。卢克蕾佳真如剧中其他角色所认为的那样虔诚、贞洁和顺从（passive）吗？若如此，马基雅维利为什么总是将她描述为家庭的主宰者？在第一幕中，卡利马科详细阐述："她有一个富有的老公，这个老公愿意在所有事情上向她妥协。"后面又说："没有哪个仆人不害怕她。"（页14）马基雅维利在《君主论》中教导人们，对君主而言最重要的不是事实而是名誉。甚至在她犯下通奸的罪行后，在那些对所发生的阴谋一无所知的公众面前，抑或在那些对此阴谋知晓的公众面前，卢克蕾佳维护了一个虔诚和忠贞的女性名誉。甚至她的情人卡利马科也认为，她对发生在她身上的事情是不情愿的，而且一开始是憎恶的。虽然卡利马科确信他已用"年轻情郎之吻"说服她继续和自己保持这种情人关系，但他仍然相信一开始她是纯洁和无奈的。

我们了解卢克蕾佳在剧中真正的意义主要是通过剧情来判断，尽管马基雅维利给我们留了很大推断空间，但关于卢克蕾佳的直接表述不多。最明显、最不可能被忽视的表述当出自李古潦。他似乎是剧中最机敏的角色，同时似乎是在为马基雅维利发声。他不仅称她为"明智谨慎"，而且自言自语道（也是在观众面前高呼）："他拥有一位睿智、文雅和漂亮的妻子，适合统治王国。"（页17）

在卢克蕾佳身上，我们看到了施特劳斯（Leo Strauss）所指的马基雅维利在《君主论》中主张的"德性与恶行的明智交替"。①事实上，卢克蕾佳的恶行与"［德性］的古老意义共存，据此德性被恶行所动摇"。②在《君主论》中，马基雅维利坚称：

> 既然人类的条件不允许这样做，如果可能，［君主］就必须谨慎行事以便懂得如何规避可能导致亡国的恶行，并对潜在的恶行保持警惕；但如果不能这样做，也可以让他们前行的路上少一些犹豫。此外，人不应该在意招致恶名，没有这些恶行很难拯救自己的国家；因为如果个人把一切都考虑得很好，那么他就会发现某些东西看似一种德性，但追逐这些德性会毁掉一个人；也会发现有些东西看似一种恶习，而践行这些恶习反而会带来安全和福祉。（同上，页62）

---

① Leo Strauss, "Machiavelli," Leo Strauss and Joseph Cropsey eds., *The History of Political Philosophy*, 3rd ed., Chicago: University of Chicago Press, 1987, p. 301（［译按］中译参《政治哲学史》，李洪润等译，北京：法律出版社，2010）; See also Leo Strauss, *Thoughts on Machiavelli*, Chicago: University of Chicago Press, 1958（［译按］中译参《关于马基雅维里的思考》，申彤译，南京：译林出版社，2003）。

② Harvey Mansfield, "Introduction," Niccolo Machiavelli, *The Prince*, Harvey Mansfield trans., Chicago: University of Chicago Press, 1985, p. xix.

不过，要想充分了解卢克蕾佳，我们必须考虑她的出身：她的母亲索斯特拉塔。在整部剧里，卢克蕾佳的母亲似乎有点像个暴君。提莫窦修士将她描述为"真正的野兽"（页34）。卡利马科评论说，虽然她是一个富有的女人，但她"曾经是个交际花"。也就是说，她是一个"水性杨花的女人"（页14）。剧中为什么会提及这个看似无关的事实，想来颇有意思：这仅仅是为了喜剧效果吗？难道她母亲的"放荡"不会让最多疑的读者也承认，卢克蕾佳本身形象就存疑吗（或者相对客观的评判，至少是非传统的评判）？

此外，卢克蕾佳为什么会嫁给尼洽这样一个软弱、头脑简单、容易被人摆布的男人呢？对此，难道我们不感到困惑吗？鉴于马基雅维利为我们提供的所有线索，只有一个解释合乎逻辑：卢克蕾佳嫁给尼洽是为了逃避她母亲的统治以建立自己的公国。以马基雅维利一贯的方式，卢克蕾佳甘愿犯罪来维护自己的国家，正如马基雅维利的作品中所描述的任何一位好君主一样。事实上，如《君主论》所述，犯罪和暴力是维持公国的必要部分。正如施特劳斯所写的，在马基雅维利看来，

> 正义的基础是非正义；道德的基础是不道德；合法性的确立是非法或革命；自由的基础是暴政。在起初是恐怖（Terror），而不是和谐（Harmony），也不是爱（Love）。①

弗劳门哈夫特（Mera Flaumenhaft）指出，

> 在马基雅维利的政治作品中，最伟大的君主最终会重组一

---

① Leo Strauss, *Thoughts on Machiavelli*, p. 302.

切,以确保他所建立的政权比他的寿命长久。①

不幸的是,她没有注意到,这正是卢克蕾佳所为。在整部剧中,卢克蕾佳渴望有孩子。显然尼洽想要一个继承人。然而,他们仍然没有子女。通过尼洽的性格和卡利马科的话,可以推断尼洽性无能。这就解释了为什么卢克蕾佳明显不愿意与他发生性关系。尼洽告诉卡利马科:

> 她上床前总是跪在那儿念天主经,一念就是四个小时,就如野兽般不惧寒冷。(页24)

他们的婚姻最初是一种"无奈"。一个年轻貌美的女子嫁给一个不聪明的老人,除为获取物质上的保障,还能有其他什么原因呢?然而,当她发现尼洽性无能时,突然意识到他们的婚姻缺少长期维持下去的元素。更糟糕的是,尼洽一直是一个严苛的伴侣。西罗认为,善意的言辞会使一个女性变成别人期待的样子,而尼洽回复说:"她已经让我疲惫不堪了,哪里还说得出什么好话!"(同上)在结婚伊始,卢克蕾佳也许对尼洽彬彬有礼("她过去是世界上最温柔、最随和的人"[页28])。但在发现他的问题后,她的真实形象就开始暴露出来,但只在她丈夫面前这样。毕竟,谁会相信一个脾气暴躁的傻瓜的判断呢?为什么精明的卢克蕾佳要把精力花在不需要的地方呢?当然,卢克蕾佳得出的结论是,要想从尼洽身上得到更多的东西,产生恐惧要比激发爱更有效。

尽管一些阐释者认为,当卡利马科和他的同伴合谋时,卢克蕾

---

① Mera J. Flaumenhaft, "The Comic Remedy: Machiavelli's 'Mandragola'," p. 40.

佳足够聪明地抓住了她的姐妹命运女神提供的机会,①但是我认为卢克蕾佳可能已经将她丈夫的堂弟卡米洛（Camillo）送去（sent）巴黎为她寻找一个软弱且听话的情夫（页13）。论情夫对象,有谁能比出于恐惧而留在法国的意大利本地人更完美呢？奇怪的是,马基雅维利（在剧本的开场白中竟然）强调,卡利马科首先从卡米洛那里听说了卢克蕾佳的名声,而且他是她的一个狂热（"近乎""愤怒的"）的守护者。她丈夫的堂弟的忠诚令人印象深刻,尤其是当人们可以很容易地想到尼洽在向家人抱怨卢克蕾佳的糟糕脾气的时候。

一些论者认为卢克蕾佳这种肤浅的虔诚导致了她想法的"改变"。②当然,卢克蕾佳之所以继续保持通奸行为,绝不是因为被修士的言辞说服。哪一个聪明的人会相信这样的无稽之谈？更何况出自一个自私自利的伪君子之口？当索斯特拉塔试图"说服"她听从提莫窦修士时,卢克蕾佳回答说:"我正在经历的一切让我焦虑不安。"弗劳门哈夫特的翻译解释说,马基雅维文本中的意大利词是passione。这词不一定意味着紧张的焦虑,而是对即将发生的事情的强烈（性）兴奋。在一篇描述她与提莫窦首次谈论的文章中,卢克蕾佳对修士采取了屈尊的态度,虽然听起来很无知:"你在说服我做什么？""神父,你要我做什么？"（页36）别忘了,这

---

① 或许卢克蕾佳抓住的机会是由李古潦提供, See Melissa M. Matthes, "The Seriously Comedic, or Why Machiavelli's Lucrezia Is Not Livy's Virtuous Roman," Maria Falco ed., *Feminist Interpretations of Niccolo Machiavelli*, pp. 247–266.

② See Joseph M. Knippenberg, "Virtue, Honor, and Reputation: Appropriation of Christianity in the 'Rape' of Lucrezia," Joseph M. Knippenberg and Peter Augustine Lawler ed., *Poets, Princes, and Private Citizens: Literary Alternatives to Postmodern Politics*, Lanham, Md.: Rowman & Littlefield, 1996, p. 26.

是一部喜剧。①

此外，关于宗教和教会问题，虽然卢克蕾佳的言论似乎说明她在许多方面是虔诚的，但她愿意采纳提莫窦建议的行动方案这一简单事实表明，这都只是表面现象。卢克蕾佳很乐意让宗教为她的行为承担责任，就像最终博尔贾（Cesare Borgia）让奥尔科（Remirro de Orco）替自己的行为买单一样，让后者承担最终的伤害（《君主论》第7章，附录1）。支持这种说法的事实是，卢克蕾佳并非出自真正的基督教背景（毕竟，索斯特拉塔并不反对利用修士来欺骗卢克蕾佳）。在最后一幕中，尼洽呼吁卢克蕾佳敬畏上帝（页53）。

最后，卡利马科提到了卢克蕾佳对她"发现"自己被欺骗后的反应。令人惊讶的是，卢克蕾佳的回应似乎经过深思熟虑的：

> 因此，我把你当做上帝、主子和向导；你就像是我的父亲、我的护卫，我的幸福全靠你了；我丈夫乐意咱们这一夜，我希望他永远这样乐意下去。因此，你要把自己当作他的密友，今天早上你去趟教堂，然后和我们一起吃饭；之后来去由你，我们随时可以在一起，不受怀疑。（页53）。

卢克蕾佳会把卡利马科当成她的"上帝"和"主人"，像她对尼洽一样。从这一刻起，卡利马科在各个方面都对她言听计从。卢克蕾佳的形象在整个剧本中都未发生变化；卢克蕾佳之所以成功，是因为她足够聪明，能够抓住命运女神给她的机会。她只是觉得这一点不宜被大家知道，所以将其隐瞒，不让那些可能会伤害她的人知道。若是

---

① Mera J. Flaumenhaft, "The Comic Remedy: Machiavelli's 'Mandragola'," pp. 33-74.

人们发现了她的本性，那么最终结果可能是彻底失去权力。卢克蕾佳是马基雅维利式的新君主，完美诠释了他的德性（Virtù）。

在序歌中，马基雅维利的开场白提醒了那些细心和对哲学敏感的观众，理解戏剧的对话和表演时应该注意语境。在这些台词中，马基雅维利告诉我们很多东西。首先，卢克蕾佳实际上并不像后面所指出的那样仅仅是简单的聪明而已，而是"精明"。他似乎说的是卡利马科骗了她，但马上就有人注意到马基雅维利的有句话"你会听到的"。正如前面提到的，马基雅维利在他的作品中反复明确地区分了表面（人们可能看到或听到的）和现实情况。接下来是那句令人困惑的话，"我也情愿你们可能像她那样被骗"。如果从这个角度来看，意思就变得清晰起来。如果卢克蕾佳没有被愚弄（她显然没有被愚弄），那么马基雅维利就没打算让一个精明而清醒的观众被他所写的喜剧所愚弄。因为虽然他说"这可以让你笑出声"，但同时他还说："我们希望你们能理解这个城市诞生的新情况。"（页9）

马基雅维利将他的教导传授给潜在的君主和他们未来的顾问，其隐含的目的是为了建立稳定的政治体制，关于这一点没什么分歧。高效的统治者必须要效仿《曼陀罗》中卢克蕾佳这一成功范例。如果做不到这一点，而是成为《论李维》（The Discourses）中所描述的卢克蕾佳，那么在字面上、象征意义上和政治上都无疑是一种自杀（见附录2）。

贝修尼亚克-朗指出，卢克蕾佳的名字有一段有趣的历史：

> 读《君主论》的人都知道，马基雅维利对博尔贾（Borgia）家族十分钦佩与熟悉，令人称道。切萨雷（Cesare）和教皇亚历山大六世（Pope Alexander VI）在马基雅维利的君主手册中经

常被提到，但其实这个家族中还有另一位声名狼藉的成员——切萨雷的妹妹、教皇的女儿卢克蕾佳（Lucrezia Borgia）。虽然她与那位古罗马女性同名，但她的名声并非建立在德性之上，而是建立在滥交、操纵和谋杀之上。据说她曾用**博尔贾毒液**（Borgia Venom），毒死家族的敌人。虽然有充分的理由相信卢克蕾佳的名字被不公正地抹黑了……但她的名字在她有生之年和死后都是坏名声的代表。①

看来，这位新的君主也不应该以这位卢克蕾佳为榜样：虽然她在有生之年很有权势，但她至今仍有着不好的名声和声誉。

一个重要的问题依然存在：如果说有的话，那么对于马基雅维利的政治理论来说，卢克蕾佳在《曼陀罗》之外还有什么别的意义吗？她能否对马基雅维利的性别观、政治观以及它们之间的关系做出解释？萨克森豪斯针对女性在马基雅维利政治思想中的作用提出了一个有趣但最终无法令人满意的结论：

> 马基雅维利放弃了……精确性，他的政治教诲含混不清所导致的放弃。在这种充满模糊性的情况下，女性发挥着多重作用。然而，她们并非一成不变。命运之神是女性，但在基督教谦恭教条下训练出来的柔弱的男人也是如此。男性可以变成女性，变得反复无常，随着时间的变化而变化，就像马基雅维利那样；或者男性可以变成女性，变得顺从，屈服于任何事情，因为他们允许别人——无论是男性还是女性——来统治他们。虽然女性形象是马基雅维利政

---

① Susan Behuniak‐Long, "The Significance of Lucrezia in Machiavelli's *Mandragola*," p. 267.

治思想的核心，但女性在政治生活中并不重要，她们很容易被马基雅维利从一贯强调女性影响的传统故事中摒弃……

与我们接触过的前几位作者不同，马基雅维利没有确定女性的地位，因为一切都是不确定的，是受操纵的……①

皮特金和扎克特的结论也同样令人不满意。尽管扎克特在马基雅维利政治思想与女权主义政治的最终关系问题上与皮特金有着根本的不同，但扎克特还是坚持自己的观点，认为马基雅维利试图摧毁一切使他想起人类生存极限的东西。扎克特断言，

只要女性与理想和美丽的事物联系在一起，与超越或改变市场交换规则和生存斗争的事物联系在一起，与人类日常生活的所有生存极限联系在一起，那么，马基雅维利就会试图摧毁它。②

然而，这样的说法未能正确处理马基雅维利设想中的精微之处。因为，马基雅维利创作的卢克蕾佳证明，女人在她那个时代需要相当足智多谋，才能活出可能，甚至达到独立生活状态。当妇女被迫通过环境认识到她们必须依赖其他人时，男人却还像往常一样生活在马基雅维利所认为的绝对（absolute）自由的幻象之下。

事实上，马基雅维利的《曼陀罗》给我们提供了重要的信息，以避免我们误认为他在暗示这样一个观点，即只要有意志、反抗和冲动的力量，就完全可以战胜命运。毕竟，如果我们这么想，并且尽了最

---

① Arlene Saxonhouse, *Women in the History of Political Thought: Ancient Greece to Machiavelli*, p. 173.

② Catherine H. Zuckert, "Fortune Is a Woman—But So Is Prudence: Machiavelli's *Clizia*," p. 199.

大努力还是失败了,我们可能就会完全放弃尝试。以《君主论》的第25章为例,马基雅维利以"命运是女人"结尾。他从来没有真正说过,纵然她急躁、凶猛,也一定能成功掌握命运;实际上,他认为,采取积极进取的态度"更好"。"压制她"不等于永久的控制。他告诉我们,"她更愿意被那些勇猛无畏的人征服"。[1]再考虑到在这篇文章之前,我们就完全掌控命运可能性的直白讨论,除非特殊情况发生,比如像发生在冲动的教皇尤利乌斯二世(Pope Julius II)身上的一样,即一个人的本性与时代完全和谐。马基雅维利写道:

> 如果到了他需要谨慎行事的时候,那么离他的毁灭就不远了:他永远不会偏离自然为他设立的那些模式。(同上)

尽管如此,他还是恳求我们修建"堤防和水坝"(dikes and dams),以减轻不良命运的影响。除了告诉我们在行动时要小心谨慎,运用理性思考,它还能有什么意思?但我们不能忘了,马基雅维利也建议君主不仅要有狮子的勇猛,还要有狐狸的狡猾。

马基雅维利建议人类必须努力征服命运,但也不能忽视对现实的敏锐认知。马基雅维利承认自然极限的存在;[2]他只是认为人类(特别是我们的领导人)不该被生活吓倒,这没什么好处。我当然不

---

[1] Machiavelli, *The Prince*, p. 101.
[2] 关于马基雅维利对自然和自然循环的理解的争论,参见 Edmund E. Jacobitti, "The Classical Heritage in Machiavelli's Histories: Symbol and Poetry as Historical Literature," Vickie B. Sullivan ed., *The Comedy and Tragedy of Machiavelli: Essays on the Literary Works*, New Haven: Yale University Press, 2000, pp. 176 – 192; 另参 A. J. Parel, "The Question of Machiavelli's Modernity," *The Review of Politics* 53 (2), 1991, pp. 320 – 339; 另参 Patrick Coby, *Machiavelli's Romans: Liberty and Greatness in the Discourses on Livy*, Lanham, Md.: Lexington Books, 1999。

是说马基雅维利是亚里士多德主义者。①马基雅维利清楚地指出,我们与自然的关系在很大程度上是对抗性的。然而,马基雅维利并不尊重那些在生活面前如此软弱绝望的人(比如卡利马科和李维笔下的卢克蕾佳)。他的卢克蕾佳足智多谋,当命运(她称之为上帝)给她一个机会时,她知道她应该抓住它:

> 我有信心它是来自上天的旨意;我没理由拒绝上天要我接受的东西。卢克蕾佳清楚地知道她正享受着优渥的生活。(页52)

对什么时候(针对谁)可以展开攻势,而什么时候又必须等待,卢克蕾佳有着实际的感觉。

她既是狮子又是狐狸,是马基雅维利成功统治的理想典范(合二为一)。科比(Patrick Coby)指出,

> 一个驯服的君主,就像舞台上的演员一样,如果他不仅仅局限于某一种类型,而是能够扮演各种角色,他会做得更好。②

卢克蕾佳在故事中确实给不同的人物展现出了不同的一面。

---

① 关于波考克的建议,参见 J. G. A. Pocock, *The Machiavellian Moment: Florentine Political Thought and the Atlantic Republican Tradition*, Princeton: Princeton University Press, 1975([译按]《马基雅维利时刻》,冯克利等译,南京:译林出版社,2013)。另参 Vickie Sullivan, "Machiavelli's Momentary 'Machiavellian Moment': A Reconsideration of Peacock's Treatment of the *Discourses*," *Political Theory* 20 (2), 1992, p. 309–318。

② Patrick Coby, *Machiavelli's Romans: Liberty and Greatness in the* Discourses on Livy, p. 175.

马基雅维利建议而且也很期待这种变化，虽然他立即承认，想要君主做到既被敬爱又令人畏惧可能太难了，这超越了所有给定君主的表演技巧的范围。（同上）

卢克蕾佳就做到了既令人畏惧又受人敬爱，没有人恨她，就跟马基雅维利在《君主论》①中所建议的一样。曼斯菲尔德评论说，"逃避尼洽和逃避摩西律法是一样的"，②但卢克蕾佳才是真正的"立法者"（暴君可能是更恰当的说法），这一点从尼洽和卡利马科以及李古潦和卡米洛都在不加思考地重复她的话就可以看出来，是她在确立家庭的界限。

马基雅维利建议，如果一个人易于恐惧或停滞，他就应该努力，自己想办法克服。卢克蕾佳会表达她的恐惧，是因为她知道在生育问题上不信任命运。对于想要孩子的女人来说，不管出于什么原因，不能怀孕都是非常令人沮丧的。马基雅维利暗示到，除了她的丈夫，卢克蕾佳还想通过"那些大修道士其中一个"怀上孩子，但都无济于事（页28）（否则她为什么要参加望头场［Servi］的二十场弥撒?），但她完全按照马基雅维利所建议的方法，克服了恐惧，采取了行动。

回想一下剧情，卢克蕾佳敏锐地意识到了维护良好声誉的必要性，但这显然不是剧中男性角色所共同关心的问题，其中最突出的是李古潦和卡利马科，一个是大家都知道的寄生虫，另一个是通奸者（几乎［alomost］每个人都知道这个事实）。当然，意识到和关心是一回事，而成功地保持自己的形象又是另一回事。

---

① Machiavelli, *The Prince*, p. 66.
② Harvey Mansfield, "The Cuckold in Machiavelli's *Mandragola*," p. 11.

考虑一下不同角色的目的、欲望和目标。李古潦和卡利马科的行为是出于纯粹的私欲吗？是的，事实上，几乎不可能从其他角度来解读他们的行为。那卢克蕾佳呢？如果她也是出于私欲，那这一点无疑隐藏得很完美，只有她自己知道。正如先前所论，在卢克蕾佳的新政权下，所有人都无一例外生活得更好、更幸福——即使是戴绿帽子的尼洽也不例外，因为从现在起卢克蕾佳肯定不会对和他一起感到那么沮丧（尽管把事情推到这一步肯定会被理解为马基雅维利的过度喜剧：只有在一个虚构的世界里，被罢黜的统治者才能过得更好）。即使卢克蕾佳是自私自利的，她的自私自利难道和男性角色一样吗？奥布莱恩（Mary O'Brien）声称："卢克蕾佳在她对卡利马科的欲望中忘记了她对孩子的渴望。"① 与此形成对比的是，卢克蕾佳似乎不太关心激情的性生活，而更关心生育：与尼洽的不育相比，卡利马科显然代表了良好的生育力。在一个女人的一生中，还有什么会比生育更能让她意识到自己与他人的关系呢？一个男性角色，特别是一个社会地位较高的角色，加上这样一种地位所带来的限制，显然无法着眼这些关键问题。

然而，有人可能会反对：那么，马基雅维利在《论李维》第三章第26节（"女性如何使国家垮台"）中对女性的臭名昭著的主张又是什么？很难相信马基雅维利在这里是认真的。事实上，仔细一看，很明显，在每一个例子中，男人（men）都无法克制自己，结果造成混乱。女人并不是导致国家垮台的原因，男人对女人的利用才是罪魁祸首。正是在这种背景下，马基雅维利引出了罗马的卢克

---

① Mary O'Brien, "The Root of the Mandrake: Machiavelli and Manliness," p. 187.

蕾佳。与男性不同，在马基雅维利的作品中，女性并不拘囿于性本能。毕竟，卢克蕾佳是通过性来算计和谋权的。

最后，细想一下这样一位君主所带有的内涵意义：她不仅是一位敏锐意识到自己存在局限性（是不完美的？）的领袖，而且还强烈地觉察到自己与他人之间的联系。马基雅维利认为，只有拥有这样的认识，君主才会是良君：善于维护和平，善于为最广大的群体谋求最大的利益（被定义为满足自身利益，作为古代观念的对立面）。①

在此就马基雅维利作品中对性别的运用作最后一点说明，虽然我们在《曼陀罗》一书中清楚地看到，他运用女性角色来引出自主性、依赖性以及它们与善治的关系等议题，但马基雅维利不是一个生物学本质主义者，认为只有（或所有的）女性才具有有利于良好统治的特定先天素质。事实上，马基雅维利似乎只是想让男性统治者从他对女性的观察中学习。马基雅维利在《君主论》和《论李维》② 中对福尔利（Forli）伯爵夫人进行了有趣的讨论和分析。尽管这些分析有很多的不同，但我们在每部作品中都得到了关于她的不同信息。在《论李维》中，马基雅维利在一章似乎是关于阴谋的章节中，描述了伯爵夫人的政治智慧，她用计挫败了一群杀害了她丈夫并把她和她的孩子囚禁起来的民众。然而，由于担心自己的安

---

① See Vickie Sullivan, "Machiavelli's Momentary 'Machiavellian Moment': A Reconsideration of Peacock's Treatment of the *Discourses*," p. 316; See also Harvey Mansfield, "Introduction"; See also Harvey Mansfield, *Machiavelli's Virtue*, Chicago: University of Chicago Press, 1996.

② See Catherine H. Zuckert, "Fortune Is a Woman—But So Is Prudence: Machiavelli's *Clizia*;" See also Arlene Saxonhouse, *Women in the History of Political Thought: Ancient Greece to Machiavelli*.

危，反叛者决定必须控制城堡，但其长官拒绝交出。马基雅维利写道：

> ……正如伯爵夫人——她也被人叫作凯瑟琳（Catherine）夫人——答应反叛者的那样，如果他们让她进入城堡，她就安排人马把城堡交给他们控制。同时，反叛者也把她的孩子当作人质。根据这一理解，反叛者让她从城堡的墙壁进去了，当她进入城堡时，她开始痛斥他们杀害了她的丈夫，并威胁会以各种形式报复他们。为了让他们相信她并不介意她孩子的死活，她暴露下体给他们，并说她仍然有能力生更多。反叛者们目瞪口呆，当意识到他们犯错时已经太迟了，他们将因其不谨慎而遭到永久的放逐。①

在我们从最初的震惊（！）中恢复过来之后，将这篇文章与《君主论》中的描述进行比较是非常有启发性的：

> 堡垒除了在她的丈夫吉罗拉莫（Girolamo）伯爵死时，给福尔利伯爵夫人带去过好处之外，在我们这个时代没有给任何君主带去过好处；正因为通过堡垒，她得以逃脱一场民众起义，然后等待米兰的援助，重掌她的国家。当时的情况是，外国人不能帮助人民起义。但是后来，当博尔贾（Cesare Borgia）袭击她时，她的敌人加入了外国人的行列，城堡对她来说毫无价值了。因此，在那时以及那之前，比起拥有城堡，她本可以想办

---

① Niccolo Machiavelli, Bernard Crick ed., *The Discourses*, London: Penguin, 1970, p. 419.

法不被人民所仇恨,那样会更加安全。①

大家可以注意一下,也许这一点很令人惊讶,但正是在《君主论》中,马基雅维利告诫潜在的统治者,要意识到他们与臣民的真实联系和对臣民的依赖。也请注意,我们只有读了《论李维》中的描述后,才能准确地判断伯爵夫人到底在多大程度上是自给自足的。她在《论李维》里证明了她的孩子对她来说是多么的微不足道——她坚信,她总是能生更多。令人惊讶的是,她居然没有认识到这样一个简单的事实:生更多的孩子至少需要另一个人。马基雅维利作品的形式,纯粹而简单地反映了它的内容。人们不需要太多思考就能意识到,围墙堡垒可能只是人类对完全自给自足的渴望的隐喻。因此,马基雅维利写的这个故事,讲述的是这种不受约束的欲望有多么引人误入歧途、多么危险。的确,他写道:"我要批评所有相信堡垒存在的人,他们怎么没好好想想自己为何被人民憎恨。"(同上)

附 录

1. 在《君主论》一书中,马基雅维利描述了博尔贾(Cesare Borgia)为谋私名而背信弃义。为了控制这个失控的省份,博尔贾把奥尔科派到了罗马涅地区(Romagna),赋予他绝对权力来统治他想统治的地方。奥尔科迅速用残忍手段武力平息了该地区(正如博尔贾所预期的,马基雅维利暗示),毫无疑问,这使民怨积深。博尔贾希望证明所有暴行都不是他带来的,而是奥尔科带来的,他想净化、

---

① Machiavelli, *The Prince*, p. 87.

维护和提高自己的名誉,博尔贾先剥夺了奥尔科的权力,然后设立了民事法庭,并将奥尔科在切萨雷(Cesena)的中心斩首。(Machiavelli, *The Prince*,前揭,页30)。

2. 贝修尼亚克-朗(Behuniak - Long)对这个故事的总结极佳:

> 卢克蕾佳是罗马妇女的名字,在李维的《罗马史》(From the Founding of the City)一书中写到了她被强奸一事。塔奎(Sextus Tarquinius)为了强奸她,威胁说,如果不从就要杀了她,并且还要把一个死奴放在她的尸体旁边来抹黑她,卢克蕾佳只有屈从。后来,她的丈夫和父亲一到,她就含泪告诉他们自己被强奸的事,并让他们发誓要为她报仇。他们安慰她,并说道,"是心灵而不是肉体产生了罪恶:如果这不是你真实意图,那就不必负有罪恶感"……一个不注意,卢克蕾佳从她的胸衣中拿出一把刀自杀了。("The Significance of Lucrezia in Machiavelli's *Mandragola*," p. 266 – 267)

思想史发微

日本江户时代知识人对朱子《家礼》思想的继受[*]

彭卫民

江户时代的知识人对"礼"的智识性把握,受本国特殊社会结构与文化差异的影响。从社会结构角度来看,日本武家所建立的军事政权和兵农分离的领主制度,决定了对中国儒礼中的某些思想课题的思考,必然带有鲜明的东洋色彩。从文化差异角度来看,尽管朱子学在近世脱离了日本佛教中的禅僧制度,但德川幕府时代推行的"寺请制度"[①] 以及

---

[*] 本文为2016年度重庆市社会科学规划项目"中国传统家庭法哲学融入社会主义核心价值观研究"(2016PY030)、2017年度重庆市教委人文社会科学项目"中国传统家庭法哲学的表达与演变"阶段成果

[①] 所谓的"寺请制度",又称为"檀家制度","寺"即寺院,"檀"即"檀越、施主"。即17世纪后期,德川幕府为了禁止异教在日本的传播,设置"菩提所"开示"宗旨人别改"的制度。在这种制度之下,所有的丧祭和追祭法事借由各户、各人所归属的"菩提所"包办,所有檀越的婚丧嫁娶全部要归

科举制的缺乏，使得以"天理"为根基的礼法体系就很难透过制度化的设计落实于日本社会。① 基于此，知识人对于朱子《家礼》的受容，具有深刻的实践内涵与本土味道。

一、江户时代朱子礼学的派系与传承

镰仓时代中期至室町时代末期，朱子学的思想与体系陆续被留学中国的日本僧众带回本国，并逐步为官方和知识界所接受，这使得早期的日本朱子学具有浓厚的佛教色彩。② 只有等到江户时代，朱子学才得以真正实现儒学个性化发展。朱子的"理一元论"在此时被分化为反对派与支持派，前者包括崛川学派、蘐园学派等主张解放朱子学的古义派，以及反对朱子学的阳明学派；后者则包括推崇

于所属寺院，受其监察与证实，由此形成牢固的"寺檀关系"。参见村上专精，《日本佛教史纲》，杨曾文译，北京：商务印书馆，1981，页231–237。

① 关于日本儒学制度化的研究，可参见辻本雅史，《谈日本儒学的"制度化"：以近世（17—19世纪）为中心》，收入氏著，《日本德川时代的教育思想与媒体》（东亚文明研究丛书第31种），台北：台湾大学出版中心，2005，页210–230。

② 庆元六年（1200）京都泉涌俊芿大师（1166—1227）首率弟子安秀、长贺等人在临安等地对朱子学展开长达12年的学习。俊芿归国时，带回儒教典籍156卷，其中便包括朱子的《四书章句集注》。随后临济宗圆尔辨圆大师（1202—1280）于端平二年（1235）来华受学，并带回包括朱子《大学或问》《中庸或问》《论语精义》《论孟精义》在内的典籍数千卷，并亲自编成《三教典籍目录》《佛法大明录》等书，传播程朱的儒佛思想。东福寺第二十八世住持大道一以（1305—1370）将国师藏书编成《普门院经论章疏语录儒书等目录》，其"云部"著录《文公家礼》。此外，中国的禅僧兰溪（1213—1278）、大休（1215—1239）以及一山（1247—1317）等人均携弟子赴日兴建寺宇，讲授程朱理学与佛学。

实理之学的京都朱子学派、推崇真儒之学的海西朱子学派、推崇正统之学的海南学派以及大阪学派、水户学派等等。①

京都学派创始自藤原惺窝（1561—1619）与林罗山（1583—1657）二人。藤原惺窝是最早使日本朱子学摆脱禅宗束缚并建构儒学"义理人伦"观的学者。他将朱子《家礼》思想定为"实理之学"，"盖仁、义、礼、智之性与夫元、亨、利、贞之天道，异名而其实一也。凡人顺理则天道在其中，而天人如一也。"② "性"与"天道"的合一，本质就是人与自然的合一。这种观点将朱子学从释氏"绝仁灭义"的桎梏中解脱出来，"彼去君臣父子以求道，我未闻君父以外，别有所谓道也"。③ 藤原惺窝特别强调，"齐家"是确保"道统"与"治统"合一的根本前提，"大学之道，以齐家为本。其为先，是为本经业"。④ 只有父子兄弟的"天理"为家庭之礼所尊

---

① 京都朱子学派：藤原惺窝、林罗山、木下顺庵、雨森芳洲、室鸠巢、新井白石；海西朱子学派：安东省庵、藤井懒斋与贝原益轩、中村惕斋；海南朱子学派：谷时中、小仓三省、野中兼山、谷一斋、大高阪芝山、山崎暗斋、佐藤直方、浅见䌹斋、三宅尚斋、若林强斋；大阪朱子学派：五井持轩、三宅石庵、中井甃庵、五井兰洲、中井竹山、中井履轩、富永仲基；宽政以后朱子学派：柴野栗山、古贺精里、尾藤二洲、赖春山、赖杏坪、安积艮斋、赖山阳；水户学派：德川光国、安积澹泊、栗山潜锋、三宅观澜、德川齐昭、藤田幽谷、会泽正志斋、藤田东湖。对上述学派更为详尽的爬梳，可以参看井上哲次郎，《日本朱子学派之哲学》，冨山房，1905年；丸山真男，《日本政治思想史研究》，东京：东京大学出版社，1983；朱谦之，《日本的朱子学》，北京：人民出版社，2000，页169-497；朱谦之，《日本哲学史》，北京：人民出版社，2002，页26-85。
② 藤原惺窝，《续惺窝文集》卷1《藤原惺窝林罗山》，收入友枝龙太郎校注，《日本思想大系》第28册，东京：岩波书店，1975，页92。
③ 京都史迹会，《林罗山文集》，东京：塘鹅社，1979，页671。
④ 藤原惺窝，《大学逐鹿评·逐鹿评》卷上，东京：岩波书店，1989，页391。

奉，统治者才可实现"和育万民"的政治目标。

林罗山否定朱子"理气二分"论，强调"理者气之条理，气者理之运用"① 的"理气合一"论。在礼学实践上，林罗山曾根据朱子《家礼》的仪则，为母、妻举行儒葬，其子林鹅峰将整个丧葬礼程序记录成《泣血余滴》，此书后成为水户藩儒葬的蓝本。林罗山特别强调家内秩序中的"名分之守"，"盖上下定分而君有君道，父有父道，为臣而忠，为子而孝，其尊卑贵贱之位，古今不可乱，谓之上下察也"。②君臣父子之道，唯"孝"与"忠"，两者只是一心。所以，武士对藩主的"忠"也是家内秩序中一种绝对的"道"——即"神道""儒道"与"王道"的结合体。这种"忠孝一体"与"上下定分"的思想，客观上为德川家康在统治合法性上贯彻绝对的"为臣死忠""孝忠只一心"思想提供了条件。

室鸠巢（1658～1734）集京都学派大成，其《文公家礼通考》对祠堂制度进行了详尽考证。在祭祀之礼上，室鸠巢一方面继承林罗山的"名分观"，主张各祭其立庙之亲，大夫不得祭其高、曾，庶不得祭其祖；另一方面又充分地表达了"古礼今宜"的思想，"四世之祭，则揆之天理，察之人情，而不可已者也。至于疏数有节，隆杀有度，则当随时为之损益，何必泥于古乎？"③与室鸠巢同时代的京都派学者新井白石（1657—1725）著有《家礼仪节考》，对《家礼》的词义与制度进行了详尽的训诂。

---

① 林罗山，《拔萃罗山文集》第67卷《随笔三》，天保2—3年（1831—1832）中村直到写抄本，页14a。
② 林罗山，《拔萃罗山文集》第68卷《随笔四》，前揭，页36a。
③ 室鸠巢，《文公家礼通考》，收入《甘雨亭丛书》第1集，弘化2年（1845）江户山城屋佐兵卫刊本，页13a。

藤原惺窝之后仅半个世纪，京都学派就经由木门十哲发扬光大，成为日本思想界中流砥柱。京都学派之外，尚有安东省庵、藤井懒斋、贝原益轩、中村惕斋等学者，受学于朱舜水，独成一流派，即海西朱子学派。其中藤井懒斋（1628—1709）与贝原益轩（1630—1714）在《家礼》丧祭二礼的基础上，著成《二礼童览》。藤井懒斋将家内礼法（孝）视为"为人之本"与"百行之本"，"苟存孝志，则虽匹夫之贱，所以为人也。若无孝志，则虽公侯之贵，所以不异禽兽也"。① 贝原益轩更将孝悌的伦理上升到天地万物一体之仁的境界，"孝弟之理，通于神明不可窥测谓之深；孝弟之理，达于天下谓之远，此君子之道所以高深且远也"。② 与林罗山"忠重于孝"的表达不同，京都学派学者更注重渲染"家"哲学的绝对天理色彩，《家礼》不仅是人伦存续的基本法则，更是建构公共秩序的重要参照。

以山崎暗斋（1618~1682）、浅见䌹斋（1652~1711）、若林强斋（1679~1732）等学者为代表的海南学派（又称崎门学派），是对《家礼》文献进行恆订考证最为严谨的一支。山崎暗斋依据《家礼》设置祠堂，制作祖先神主以供家祭，并著成《明和新刊礼记》。在礼学主张上，山崎认为"礼"除了"中和"为本外，还须"敬以直内，义以方外"。③ 被誉为"崎门三杰"的浅见䌹斋以《性理大全》为底本，将五卷本《家礼》进行重新校订，并著有《家礼师

---

① 藤井懒斋，《本朝孝子传》卷下，贞享3年（1686）西村孙右卫门刊本，页57b。
② 贝原益轩，《慎思录》卷4，收入井上哲次郎、蟹江义丸编，《日本伦理汇编》第8册，育成会，1901，页113。
③ 山崎暗斋，《山崎暗斋全集》上卷《垂加草》，塘鹅社，1978，页90。

说》《丧祭小记》二书。纲斋认为，丧祭礼的具体实践，应该遵循"以其不易固有之心，行乎不易固有之道"。① 在礼法的"常"之外，更要参酌人情之宜与方俗之变，做到"有常有变""常变相合"。

而至于日本古学派，其学者则早期追随朱子学，后转而倡导复古，主张从朱子学出发，直接探索孔孟原著中的"圣人之学"。创始人山鹿素行（1622—1685）认为，儒学道统至孔子去世时就已失传，而至宋则完全绝迹，"况陆王之徒不足算，维朱元晦大功圣经，然不得超出余流"。② 在礼学上，山鹿推崇朱子礼学中"仁"为"性情中节"之说，认为"礼者，民治所由生也，所以制中也"。③ 山鹿提出的"士道论"为武士阶层"修家护礼"并进而建构"武士道"精神提供了强大的礼学支撑。

山鹿之后，古学派被以伊藤仁斋（1627—1705）与弟子伊藤东涯（1670—1736）、并河天民、中江岷山等学者为代表的崛川学派（又称古义学派），以及荻生徂徕（1666—1728）、服部南郭（1683—1759）、安藤东野（1683—1719）、平野金华（1688—1732）、太宰春台（1680—1747）等学者所组建的蘐园学派继承并发扬光大。

崛川派的伊藤仁斋批判了朱子的"理一论"而提出"气一论"。

---

① 浅见䌹斋，《浅见䌹斋文集》，收入近藤启吾、金本正孝编：《䌹斋先生集》，国书刊行会，1989，页427。

② 山鹿素行，《山鹿语类》卷35，收入《日本伦理汇编》第4册，页277。

③ 田原嗣郎、守本顺一郎校注，《山鹿素行》，收入《日本思想大系》第32册，页346。

他认为"理"本是死字,万物各有其理,"理不足以为万物之枢纽也"。① 他主张"气"在"理"先,"气"为整个宇宙主宰:"盖天地之间,一元气而已。或为阴或为阳,两者只管盈虚消长往来感应于两间,未尝止息,此即是天道之全体。"② "气"未结聚时,"理"无所附着,"有气则理寓其中,有理则有气,不相离也"。③ 关于家礼的维系和展开,伊藤主张"人外无道,道外无人"。所谓"人外无道",即父子之亲、夫妇之别、昆弟之叙,皆由人而显,无人则无此道;所谓"道外无人",即人于仁、义、礼、智四端须臾不可离,此处的"道"正是指成文的社会规范。在批判朱子性理说的基础上,伊藤主张"仁义礼智"是"道德"之名而非"性"之名:"道德者,以遍达于天下而言,非一人之所有;性者以专有于己而言,分天下之所该也。"④ 主张建立起一套以人伦道德为主体,以"仁义礼智"为中心的礼法体系。

蘐园派的荻生徂徕认为,"道"是"礼乐刑政"的统名。⑤ 这里的"礼乐刑政"实即尧、舜、禹、汤、文、武、周公的"先王之道",承"先王之道"即是把握"礼"的根本之途。"道"并非宋儒所理解的"理",而是一种可以直接适用的万民法:"道非事物

---

① 伊藤仁斋,《童子问》卷中,收入家永三郎、清水茂校注,《日本古典大系》第 97 册《近世思想家文集》,东京:岩波书店,1976,页 311。
② 伊藤仁斋,《语孟字义》卷上,收入吉川幸次郎、清水茂校注,《日本思想大系》第 33 册,页 11。
③ 伊藤仁斋,《仁斋日札》第 2 册《仁斋伊藤先生传》,弘化 2 年(1845)江户山城屋佐兵卫刊本,页 2a。
④ 伊藤仁斋,《语孟字义》卷上,前揭,页 27。
⑤ 荻生徂徕,《辨道》3,收入西田太一郎等校注,《日本思想大系》第 36 册《徂徕集》,页 201。

当行之理，亦非天地自然之道，乃先王所造，非天地自然之道。"① 所以，早期徂徕学中的"礼"，并非孔孟程朱所谓的"礼理"，而是渗入一定"法"之内涵的社会规范。在朱子礼学的实践方面，荻生徂徕早年曾以《家礼》作为举行家内丧祭仪式的模板，②在与朱子学分道扬镳之后，更对《家礼》中的"神主"制式进行批判。③徂徕学派的后起者太宰春台也主张"以礼制心"，认为礼的本质是依靠外部力量即"先王之道"来规范人的本性："昔圣人未出之前，礼仪之教未立，人皆为禽兽之行，可知日本之古亦无二致。"④ 礼能控制人欲，守礼义而不犯先王所立法条，故而有别于禽兽。

二、中国礼学批判中"他者"与"自我"

江户时代的朱子学者对于"中国"的批判，建基于朱子《家礼》又超越中国礼学，表现出强烈的"日本主义"思想情绪。安藤昌益（1703—1762）在批判中国学者的同时，认为中国的礼法为孔子这样"不耕贪食而涉世者"所私制，是一种"私法"，而非"自然天理"之礼法，因而不能够为万世传承："不耕贪食而为礼敬之人，是以礼教为私制之法。虽似有一端之理，不久而即为乱

---

① 荻生徂徕，《论语征》甲，收入《徂徕集》，页201。
② 田尻祐一郎，《丛书·日本的思想家15：荻生徂徕》，明德，2008，页36。
③ 荻生徂徕，《复安澹泊第三书》，收入《徂徕集》，前揭书，页538。
④ 太宰春台，《圣学问答》卷下，收入《日本思想大系》第37册《徂徕学派》，页80–81。

也。……礼节孔丘已制法，非自然天道之真行也。"① 崎门学派的创始人山崎暗斋就曾假设，如果孔孟为正副将，率数万骑兵攻打日本，作为孔孟之徒的日本知识人，正确的做法应当是"身披坚甲，手持锐器，与之一战而生擒孔孟，以报国恩"。② 这才是真正地遵奉孔孟之道。此即伊藤仁斋所说："汉唐以来，虽各有一代之礼，然皆为虚器，不得若三代之礼，上自朝廷，下至闾巷，为人家日用常行之典者，实为此也。"③ 江户时代的知识人总是愿意将先王之道的"实"与中国后世礼法的"虚"做一个鲜明对比，以此论证中国礼学道统中的虚无主义。

理学思想的高峰，意味着宋代之后的中国礼法，很难再有更高的成就。"家"的礼法哲学被朱子框定在天理观中，整个知识界很难再从思想的角度重新把家庭仪式、家庭伦理提高到一个新的哲学高度。因此，元明清时期的学者们转而把《家礼》一书的解读从理学层面转向经学层面，围绕《家礼》而形成一种独特的"家礼学"，伴随着《家礼》书籍的广泛刊刻、流传，在宋代以后的一千年时间里，朱子的礼法思想被中国家庭视为独尊。但是，由于对经典的解读受到时空的局限，可能很难使"家"真正回到"天理"的层面，也很难把礼法的深层次关系阐释得更符合朱子的本意，这已经使得日本学者颇有微词。

崎门学派学者佐藤直方（1650—1719）以一个"他者"的身份，在梳理中国学术道统时直言，周、程、张、朱虽得尧、舜、孔、

---

① 安藤昌益，《自然真营道》卷6，收入《日本哲学思想全书》卷1，平凡社，1979，页83。
② 元念斋，《先哲丛谈》卷3，有朋堂，1928，页124。
③ 伊藤仁斋，《仁斋日札》，前揭，页9a。

孟道统之正，但自此之后，除朱熹门人黄、蔡等人能承理学衣钵外，再无圣贤相传。中华帝国学统遂晦暗不明，几至堕入后继无人的境地。而与此形成呼应的是，朱子学实则"衣冠东渡"，① 随着朝鲜的李滉（1501—1570）、日本的山崎暗斋等朱子学巨擘相继出现，中华学术又在"东夷"之国重续星火：

> 自皇明以来，祖述此书者，有丘氏《仪节》、魏氏《会成》、杨氏《正衡》、冯氏《集说》，而但损益修润，皆不纯乎朱子之本意矣！至于我东，沙翁之《辑览》、市南之《源流》出，而其为舆卫于朱门，也蔑以加焉。②

> 元明之间，以儒名者不可枚举，而至窥圣学门墙，则方孝孺、薛文清才见此二人而已。……近世山崎敬义先生，尊信朱子，得于其书，而博文之富，议论之正，识见之高，实我邦儒者正脉之首倡也。③

在藩国的眼中，中华帝国的礼法哲学在"天理"层面的正统地位已经不复存在。荻生徂徕认为，"中华"的血统在三代之后已与戎

---

① 明清之际的燕行使节，在中国访问期间，会主动找到汉人，故意问他们"我们衣冠见得可骇不骇"之类的问题，而当有汉人主动上前围观并发出"老爷们衣冠甚可爱，我明朝衣冠是这样"这般赞叹时，使节们不仅会洋洋得意，更会反问汉人"你们所着衣冠非旧制否？"得到的答复几乎千篇一律的是"此是鞑子打扮""吾之祖先亦曾着如此衣冠矣！"参见宋玉波、彭卫民，《朝鲜燕行使节中华认同观的递嬗》，《西南大学学报》，2014年第5期，页156。

② 宋焕箕，《家礼增解》序，朝鲜纯祖24年（1824）温城木活字本，页1；宋时烈，《家礼辑览》后序，朝鲜仁祖5年（1628）木活字刊本，页6。

③ 佐藤直方，《韬藏录》，收入《甘雨亭丛书》第1集，页11b–12a。

狄杂糅，"非古中华也，故徒慕中华之名者，亦非也"。① 而过分地将底层制度渲染"俗"的色彩是对礼法的一种反动，"先王礼文冠裳之风悉就扫荡，辫髪腥膻之俗已极沦溺，则彼之土风俗尚，置之不问可也"②。

中华帝国在学术史的晚期展现出一种"以博为能，以复古为高"③的饾饤考据风尚，对于"三礼学"的梳理与考订更是如此。但是，相比于民间社会对《家礼》的狂热"追捧"，知识界对《家礼》的经注却显得有点"离经叛道"。甚至于到了清末，在徇习俗与从异端观念的支配下，还出现"《家礼》一书，世不多行，学士亦往往不肯求观"④的衰败学风。这使得崇尚朱子学的东亚的知识人在与中华帝国的学者展开学术交流时显得无所适从。浅见䌹斋以《性理大全》为底本校订而成《家礼》，在卷末引黄榦"朱子所辑家礼，其后亦多损益，未暇更定"时注云：

> 今按其所损益者，特体制品节之异，而《序文》所谓"务本实、从先进"者，未尝以早晚而少变也。其后因《家礼》而著者，如杨氏《附注》、丘氏《仪节》，固不为无益而颇伤烦屑，辄违本意者或有之。读者宜据朱子本书、平生成说，折衷

---

① 丸山真男，《日本政治思想史研究》，东京：东京大学出版社，1983，页99。

② 林述斎ほか，《清俗记闻》序，日本宽政11年（1799）须原屋茂兵卫刊の补刻本，页2-3。

③ 邵懿辰，《半严卢遗集·遗文》，收入《续修四库全书》集部第1536册，上海：上海古籍出版社，1995，页600下-页601上。

④ 贺瑞麟，《重刻朱子家礼原本书后》，光绪六年（1880）西安省城重刊马杂货铺藏板，页2。

之可也。若夫酌古今之变，从时俗之宜，本国制而尽自分，则亦在其人审焉。①

如果说江户时代的知识人对于中国礼学的批判只是一面之词，那么同样作为"他者"的朝鲜知识人，至少通过对中国学术的切身体验，验证了上述观点。朝鲜燕行使节徐浩修（1736—1799）在批判纪昀、翁方纲、彭绍观等中国学者时说："大抵目今朝中士大夫，徒以声律、书画为钓誉媒进之阶，礼乐度数视如弁髦。"② 著名汉学家、燕行使节柳得恭（1748—1807）在北京想要找大学士纪昀购买《朱子语类》《朱子读书记》《近思录》等书时，竟然得到纪昀"迩来风气趋《尔雅》《说文》一派，此等书遂为坊间所无"③ 的答复。

明清之际，学术史上由于掀起强烈的排斥宋明理学之风，使得中华帝国的学者对朱子《家礼》的学术贡献失去了最起码的学理评判："近世所谓汉学也，独不知汉儒疏注，即朱夫子之精费覃思。欲以夫子之所弃而不收者，反斥夫子，不几于燕石而韫椟乎？"④ 也正是礼法的衰败与中国学者舍本逐末的做法，使得东亚知识人对中华帝国学术道统合法性的质疑，扩大为对孔孟程朱相传的学术共同体一种整体的轻视感："未知江南有识之士，尚能有殷礼之

---

① 朱熹著，浅见絅斋校订，《家礼》跋，元禄10年（1697）须原屋新兵卫刊本，页12a－b。

② 徐浩修，《热河纪游·利》，收入林基中编：《燕行录全集》卷52，东国大学校01年，页183－184。

③ 柳得恭，《燕台录》，收入《燕行录全集》卷60，前揭，页198、206。

④ 李秀晚，《屐园遗稿》卷12《辎车集》，收入《燕行录全集》卷60，前揭，页525。

可征者也。"① 在东亚学者对中国礼学批判的同时，朱子《家礼》与诸国国法不断磨合，作为华夏正统逐步东亚化，最终融入这些国家的政治制度当中，并在私有领域构建自身的礼法话语体系。这也正是日本、朝鲜、越南等东亚国家尊奉朱子礼学为正统的重要表现形式。

三、"家"的礼法认知与改造

（一）"天理"：本名分纪人伦

在江户时代的礼学体系中，"天理"被视为"礼法"的上位概念。所谓"曲礼三百，威仪三千"，是对"天理"从属价值观的一类阐述，均是"天理"的流行："礼者，圣人因天地自然之理，以教天下后世，'三千三百'无非此理之流行，而曲尽人情者也。"② 礼法如果停留在天理之中，则旨深意奥，句读质殻，对于用礼者而言，实在很难从礼理的复杂逻辑中领悟圣人的用意。因此《家礼》以"冠婚丧祭"的具体仪则，建立起沟通"天理"与"人伦"的桥梁。尤其是丧祭之礼，除承载哀痛之心外，更有"仁爱"之情，"仁爱"既是名分之守的天理，又是爱敬之实的人伦。《家礼》所定"四礼"，在"理"与"人"之间建构了一个道义上的平衡。

《家礼》所规定的"上下定分"之理，更是为德川幕府倡导"家格"统治并架空天皇权力提供了法理依据。德川家康将幕府视为

---

① 李在学，《燕行纪事·利》，收入《燕行录》卷59，页53-54。
② 浅见䌹斋，《䌹斋先生文集》卷5《丧礼要解序》，页4a。

"家"在政治上的一种扩大,以确保家内尊卑、上下的身份等级具有"存天理"的确定性与合法性。在"天理之节文,人事之仪则"的论断之上,深化了天理、人伦、礼文这一线性关系的哲学基础。首先,"天理"是具有"自然法"意义的绝对真理,是人伦与礼文的先在哲学基础:"礼也者,理而已矣。苟不得理,而唯礼文之拘,则先失吾所以行礼之本矣。"① "礼"就是"理",是自然之理,感悟到了"天理"等同于把握了"礼义",不管是"名分",还是"人伦",都能够真正与"天理"的意志相契合。但如果只拘泥于礼文,那么就无法透过"天理"来建构"名分"与"人伦"的真正内涵。

就"理一分殊"的观点而论,宇宙只有一个绝对的真理,它不受地域的限制。日本古国,政教醇素,丧祭礼能够施行,也正是源于能够"自得天理之本法","以此方言,尊祖先,奉于祠堂,是天地自然之理,唐与日本莫有相异"。② 祠堂是"尊祖敬宗"的重要场所,也是"名分人伦"的哲理表达,它被视为"天地自然之理"。为了论证这种自然之理的普适性,日本学者把"神主"作为一个重要的研究对象:"《家礼》神主制,长尺有二寸,象十二月,凡礼用十二,唯天子为然;祭四代,唯诸侯为然。"③ 这种度数的依据源于天地原生的神体象数,只不过借宋代理学家之手绘制而成,因此不管是中国还是日本,对于这一自然法则的尊奉都别无二致。

不过,"神主"除了承载天地自然之理外,也在名分人伦之间蕴含"神"与"灵"的哲理。所谓神,"存乎万世神明之名";所谓灵,"初终而历历在目且盛"。对于三年之丧而言,神主就是"人

---

① 近藤启吾编,《浅见䌷斋集》,国书刊行会1989,页437。
② 浅见䌷斋,《家礼师说》卷1《通礼》,页3a。
③ 荻生徂徕,《徂徕集》卷28《复安澹泊》,页7a–b。

伦"在"天理"上的感应与寄托。"神主"之"神"，本质就是"人伦"，它是依"天理"所感应而聚集。天地之理必须要有一个依聚的过程，这个过程就是借助礼法发现"天理"的过程，比如要喝到水，就必须掘井，使水汽有一个凝聚的空间，同理："我心恭敬爱慕之理之至，诚意之至，奉祀神之寄附之所，自然有气依理、依诚而聚，立祠堂则气依祠堂，立神主则气依神主而聚，神灵存之。"（同上注，页10）所以，日本的"家"往往被视为家系（祖先与后嗣）的直系连续体，即家庭是祖先通过"神"（名分）与"理"（人伦）的介质传递给子孙的现象形态。"家名"的延续远比家庭成员的组成更为重要，它是确保"家"融入社会结构的重要载体，甚至为了维护这种"名分"，可以在必要时超越或牺牲家庭成员的血缘关系。

江户时代的知识人很善于把"理气"间关系以"人情"的方式加以提炼，礼法的本质是"气"归于"理"的过程，日本知识界如此重视"神主"在家礼中的作用，也正是因为它承载了"家"哲学中天理人伦的最核心要素。

（二）"道统"：日用伦常之基

普遍的社会适用性是《家礼》一书对中华道统所作出的贡献。"所以本名分纪人伦，而固有家日用之不可阙者也。"[①] 从尧舜开始，道统便表现为一种"人伦日用"的"孝弟"主张，"王天下，则为天下之天道，君一国则为一国之天道，为一家之主则为一家之天

[①] 近藤启吾编，《浅见䌹斋集》，前揭，页437。

道"①，这种主张以"规矩"（礼法秩序）运用于人伦（日用之道），家礼思想即肇始于此。

"道统"首先源于"家"，其蕴含的伦理价值，就是日用伦常哲学。人伦塑造是在"家–国–天下"的价值生产模式下进行，"国"与"天下"价值观是"家"这一"道统"的扩大——人、家、国、天下都是"家"的伦理的拟制。在人伦建设上，国的比重是家的十分之一，天下的比重又是国的十分之一，"家道"是超然于国与天下之外的伦理概念。这种"家"哲学，是孟子"孝弟为仁之本，尧舜之道，孝弟而已"的创造性转化。

道统自尧舜至孔孟、程朱再播迁至日本，最重要媒介就是"孝弟之道"。从三皇五帝至于近世，这种道法支撑着人伦日用，使其作为一种固定的"规矩"哲学而呈现在观念史上。"规矩，方圆之至也；圣人，人伦之至也。……由是观之，三皇五帝之道，岂其有不宜人伦日用之道者而黜之欤？"② 荻生徂徕认为，从三皇五帝时期到日本近世社会，有"制礼者""传礼者"和"行礼者"这三类人在对"家内秩序"这一道统加以传承。首先是制礼者，"制礼者焉，三代圣人也。虞夏让，商周继。所因虽同，其文质损益，岂凡圣人所能与知哉？"制礼者是夏商周三代圣人，他们的共同点是能够在文质损益之间把礼法与天理之间的基本逻辑完整地创制出来，虽然因袭不同，但是"礼理一体"的思想却别无二致。圣人在语默食息、升降俯仰之间，都有固定的"容节"——"礼"。就制礼而言，圣人是"道统"的开创者，他们将"家"所涵养的礼法归为日用伦

---

① 伊藤仁斋，《童子问》卷上，前揭，页225。
② 伊藤仁斋，《童子问》卷下，前揭，页259。

常：“是岂系心于仪容辞令之末哉？盖其身与道俱，故睟面盎背而从容自中耳口。”① 由于圣人述而不作，从"天理"（自然法）到"礼文"（成文法）还需一个重要媒介：传礼者。传礼者"杞宋无征，故独取《周礼》，诵以传之。夏殷虽善，奈其亡灭，《周礼》虽备，奈其散佚。"传礼者能够揣测圣人意图，感悟自然理性，从而使得"家"的道统自孔孟至程朱一脉相承。至于行礼者，虽然有古今华夷之分，但在"礼义"的把握上都牵强附会。"古人以礼义两者为家常茶饭，事无大小，悉无不以此为准则，后人专知守心，不知以礼义为则。"② 所以，荻生徂徕认为，对于"礼义"的准确理解，是确保"家"的生存与延续具有"连续性思维"的根本条件，而"礼义"究其本质，也只是"日用伦常"的基本法则。

作为日用伦常的基础，"家"的一脉相承所表达的是对"礼之本"的恪守。礼法的正义具有强烈的家庭伦理属性。比如，孔子认为对父母的顺从是绝对的"天理"，是绝对不需要论证的礼法本体。"子曰：父母其顺矣乎？"（《中庸》）把握了对父母顺从这一"日用伦常"的绝对真理，就能够接近礼法道统的本源。"盖妻子之好合，兄弟之和乐，家道之至近者也。然尧舜之光被四表，格于上下，其实以此为本焉。则闺门之修，岂乎至极之道乎？"③ 在中国学者看来，"道统"是讳莫如深的天理，因此常常在礼之节文（孝忠难全）的问题上产生困惑与冲突，但是江户儒者认为孝悌忠信本身所蕴含的天理是极为简约的，即"以性理存养之说为无益，而只将日用行

---

① 朱熹，《论孟精义》卷 5 下《乡党第十》，上海：上海古籍出版社，2002，页 350。
② 伊藤仁斋，《仁斋日札》，前揭，页 16a。
③ 伊藤仁斋，《童子问》卷上，页 233。

道之实为务"。① 作为一种扩大的秩序，幕府的"藩"与武士的"家"虽有大小之分，但是都内化为"家"这一整体概念的天理中，都是作为武士日用伦常的家内秩序而存在。可见江户儒者对"家"的理解，比较突出的是幕府政权作为"家"在道统（合法性）上所呈现的"日用伦常"的基础地位。

（三）"水土"：礼法"时所位"

尽管《家礼》早在室町时代就已经传入日本，但是儒学始终没有摆脱佛教的控制而单独存在。又随着江户时代"寺请制度"中的佛教丧葬、祭祀仪式对中国传统丧祭礼地位的宰制，摆在德川幕府时代的儒者面前的一个难题是，如何在"儒学的日本化"与"日本化的礼仪"之间达成"思想"与"制度"的平衡。对此，朱子学者以"变法以顺时宜"的古礼原则，提出了著名的"礼法水土论"。

"水土"一词，原出《中庸》："仲尼祖述尧舜，宪章文武，上律天时，下袭水土。"按伊藤仁斋的解释，即"东西南北中之五方，各有其地之宜，如居鲁缝掖，居宋章甫之类。盖体道之至，与天地合其德"。② 可见，"水土"强调依据时间、地域、场所以及个人的所处实际情况采取符合"时所位"的行动，不拘于往圣礼法，而应懂得"通事变、知人情、顺风俗"。熊泽蕃山（1619~1691）在注解《中庸》时也说道："尧舜文武，事业虽有相别，上律天时，下

---

① 申维翰，《海游录·附闻见杂录》，收入《海行总载》第 2 辑，民族文化推进会，1967—1989，页 13。
② 伊藤仁斋，《中庸发挥》卷下，日本早稻田大学图书馆古籍室，页 18b。

袭水土,安土厚仁,通达于人情事变。……通事变者,则天时也;知人情者,据水土也。水土现于人情风俗者也。"① 所谓"通事变",实际上就是强调礼在不同时期、不同地点与不同人情的情况下,各有其所宜:"作礼乃非世俗无用之礼,风俗通礼须合于今之俗,凡《家礼》所立皆如此,不泥古,合于今日人情,又略非礼,不违义理。"② 这种主张,实际是对朱子"权时而变"思想的一种变相表达。③

古礼中夏不行于殷,殷不行于周,周礼更不行于后世。礼的使用有古今华夷之分,最重要的是要"钦时王之制"。对于那些"无时王之制者",他们不得已只能遥取先王之礼加以推演。既然是推演、斟酌,那么就势必会存在礼法"水土"的问题,江户时代的知识人主张,《家礼》之法应当以符合日本的"存生"之道,而不能简单地照搬中国的经验,"不违俗,不背家法,善思祖先心志,用已决断,置于无鬼而施如在之礼。既尽存生之孝,何用梵汉之孝法?"④ 针对中日两国殊土殊俗的问题,荻生徂徕认为:"吾邦先王不制丧祭之礼,是以世之人莫有所遵守,则又苦于三代先王之礼难

---

① 正宗敦夫编,《蕃山全集》第3册《中庸小解》,蕃山全集刊行会1940—1943,页354-355。

② 浅见䌹斋,《家礼师说》卷1《通礼》,页2a。

③ "变"与"守"的关系被朱子视为"治法"与"治道"的关系,前者以"创制立度"为标准,后者以"顺天应人"为标准。这一对关系,在任何时候都不可能孤立存在,"守"得太过便是"泥古","变"得太过便会"徇俗"。因此,所谓的节度,便在于"处礼之变而不失其中,所谓'礼虽先王未之有,可以义起'者盖如此"。古制行之日久便有时弊,不能无变,所以"古今异宜,圣贤之事,不可尽以为法"。参见《朱子文集》卷36《答陈同甫》,上海:上海古籍出版社,2002,页1585。

④ 《日本思想大系》第43册《富永仲基山片蟠桃》,前揭,页573。

读，乃近取朱子《家礼》而代殊土殊俗，故亦不得一一遵守以行之。"① 只有斟酌损益，才能使本国的礼法与中华道统相适应。地域差异是导致制礼作法有所侧重的根本原因，如果朱子生活在日本，也会把圣人的道统与日本的地域特性结合起来，创制一部表现日本风土人情的《家礼》。

礼法"水土"实际上是在以圣人为道统的基础上所作的"时所位"调适。是在礼法之理的层面做到因时、因地而损益，如果在不能尽斟酌损益时措之宜，那么具体的名物度数也不可能再有适用的空间。熊泽蕃山说："汉礼多不通于本国，而俗礼本无意义。若欲准古酌今，随于土地，合于人情，上自朝廷，下至于间巷，使人循守而乐行之，则非明达君子不能作焉。"② 中国之礼无法在日本国通行，而礼俗又破坏了礼法本身的存在感，圣人制礼作法时，总是先立其形上，一旦礼理能够因时因地损益，则名物度数的变革就是一个顺理成章的过程。

礼之理在本质上就具备着不泥古、合今时的特征。"水土"本身就是礼法特征的一部分，礼俗关系的平衡取决于用礼者对于"时中"哲学的领悟。虽然不能如往圣那样虽无礼文可言，然有居礼之实，但后世对于《家礼》思想的继承，"皆须合于时处位，只尽心之诚而已。拘于格法，强人所难，饰所不能，必损基本也"。③ 礼的"水土性"决定着礼文很难以一种普及的标准施加于不同地域、不同实践，江户时代"礼法水土论"的提出，实际上是在朱子"经权"与"常变"思想之上的一种进步。

---

① 荻生徂徕，《复安澹泊第六书》，收入《徂来集》，前揭，页 14a–15a。
② 熊泽蕃山，《蕃山外集》卷 10，收入《集义外书》第 2 册，页 182。
③ 熊泽蕃山，《集义和书》卷 5，东京：岩波书店，1971，页 92。

四、余论

将朱子学视为中国固有的学术财产，抑或承认其作为东亚普遍性课题的事实，是江户时代知识人在儒礼"知"的层面最为关切的问题。这一带有文化沙文主义色彩的学术迷思，在朱子《家礼》思想的受容与批判中表现得最为鲜明。德川幕府以禁绝天主教为目的施行"寺请制度"，佛教丧葬礼仪也随之制度化，一般庶民的丧葬仪式由各户各人所属的菩提寺负责执行。因之，家内仪式的荒废与家内礼法的失序，促使江户时代的知识人对《家礼》开始加以改造。依照《家礼》实施相应的礼仪，通过"齐家"的仪式，进而实现"族合""人伦秩序良善""国家天下平"的目的，透过生命礼仪以实践忠孝的儒家思想，可以说是一种在生命中体认思想的生活方式。① 通过家庭礼仪的实践进而整体地把握儒家治国理政的思想，在"礼法"与"天理"之间，建构起"家族国家观"的全新想象。

朱子对《家礼》的安排，采用通礼、冠、昏、丧、祭的形式，是一个由易到难、由今到古、推己及人、由家及国的过程。其中蕴含的哲学思想，既概括了礼的"天理"表达，又把儒家思想中"家国关系"概括进来。朱子想要建构的治理体系并不只在家庭之内，甚至可以说，"家"只是他复兴礼制这一"道德政治"的一个手段——更重要的是建构"于国家所以崇化导民"这一共时性命题，以及解答在家内秩序中如何"礼从先进"的历时性问题。朱子继承

---

① 田世民，《近世日本儒礼实践的研究：以儒家知识人对〈朱子家礼〉的思想实践为中心》，台北：台湾大学出版中心，2012，页251。

儒学道统，认为"礼"有常有变。其中不可变者，当以先王礼法共用的策略崇化导民，行教化、厚风俗、正民风。按照"冠婚丧祭"这一由己及人、由家及族的仪式，为基层治理提供良好的礼法意识。朱子强调，家庭中的"天理"是不可以变更的，而家内"礼法"则古今异宜、随时而变。大约正是看到了这一点，在实际实施丧祭礼的过程中，江户时代的知识人对《家礼》的理解，会因为社会结构、风土民情、身份地位、律令制度的差异而在"礼文""礼器"或"礼式"上迥异于中国。不过，尽管有此差异，知识人对于《家礼》仪式背后所彰显的儒家价值观以及礼乐文明的认知，则是异曲而同调。

中国传统的礼法哲学具有"泛家性"的特征。作为奠定中国礼法哲学基础的五伦（君臣、父子、夫妇、长幼、朋友），几乎全部来自家庭。而更重要的是，君臣关系是父子关系的投射，中国人的性格因素首先是服从权威和长上。作为"秩序""永恒""伦理"的代名词，"家"既是权威与秩序的滥觞，又无往而不在各种规则约束之下，这种权威与规则的集合体，成就了中国人思想世界里特有的"家族主义"性格。以中华儒教为代表的东亚文明世界，把"家"视为最基本、最普遍、最自然的人类再生产单位。可以说，在儒家的学术体系里，"家"本身就是中国礼法哲学的代名词。

具体到江户时期的儒学体系来看，"孝"与"忠"具备"隶属"与"交互"的双重品格。所谓隶属，即"家"占据儒学价值的最高位阶，家礼是一般社会道德发展与法律建构的根本媒介，即使牺牲天下国家的利益，也要确保家族道德不致缺位。"虽立家、国、天下，然其实则为家。国、天下乃家之大也。……故以家始而为国。

天下之本，而相属于超己。……家之道外，无国、天下之道。"①
"忠"只是"孝"的一端，"孝"是忠信五伦中第一位的表达，是首要的道德标准。君臣之义，归根结底是行乎其孝。所谓"交互"，即家和国不是一个简单的集合体，政治上的"君臣"与血缘上的"父子"是"君亲体均，思义相倚"② 的关系——天下不外乎是家族的扩大，而家族被认为是一个小的天下，政治统治秩序究其本质而言是家庭内从属关系的一种延伸。所以，日本的国体建立在"天理"自然血统的本宗之上，天下为一家，君臣为父子，忠孝为一事，"士者，皆以食禄以养己与妻子之故，而为君尽忠焉"，③ 君臣父子的一体化，只不过是为了维持并行的秩序，在相互的被应用中产生的一种自然法则。

---

① 《日本伦理汇编》卷7《圣学图讲义》，页440。
② 伊藤仁斋，《童子问》卷中，页133。
③ 安藤昌益，《自然真营道》卷4《四民》，页20。

旧文新刊

美国与亚洲

拉铁摩尔 著

吕一民 译

[编者按] 美国著名的中亚政治地理学家拉铁摩尔（Owen Lattimore，1900—1989）从小在中国长大，历史的机缘使他成为中国内陆边疆政治地理研究的开拓者，精通东亚和中亚事务的地缘政治学家。1936年，拉铁摩尔主持《太平洋事务》杂志期间，率先报道中国共产党的抗日主张和红军北上抗日的动向，并在1937年6月前往延安采访了毛泽东和周恩来，从此成为中共的终身友人。1972年中美关系解冻，拉铁摩尔是首批应邀访华的美国学者，受到周恩来总理热情款待。①

太平洋战争爆发后，拉铁摩尔被罗斯福任命为美国派驻国民政

---

① 参见袁剑，《边疆的背影：拉铁摩尔与中国学术》，北京：社科文献出版社，2016。

府的政治顾问（时间不长），1942年，拉铁摩尔返回美国，被任命为美国军事情报部亚洲司司长。本文为拉铁摩尔在此期间所做的一次演讲，1943年在美国出版单行本，1944年译成中文。

即便在今天看来，拉铁摩尔的一些观察仍然不乏现实意义。比如他认为："中国之民主具有特殊风采，难以在普通美国教科书中获得合适之解释。"中国的传统社会"尚无确定人民权利之法律规定"，不等于没有民主，毋宁说，中国传统的"社会民主"不同于19世纪以来的西方民主而已。然而，中国现在已准备将自己的"社会民主"传统与西方现代国家的政治民主合而为一。又如，在拉铁摩尔看来，战后数百年与其说将是"美国世纪"，不如"名之为中国世纪或更迫真"。我们重刊此文，有助于当今的地缘政治学研究不失今昔对比的历史感觉。

本编订正了个别人名和地名译法，以与今天的通用译法一致。为了切合现在的汉语习惯，本编更改了一些常用语词（"吾人"→"我们"，"彼等"→"他们"，"拉氏"→"拉铁摩尔"），并删除了大量累赘的"之"。文本据国家图书馆缩微文献室影印件整理，原文中的诸多错字和标点符号错误，一律径改不出校记，字迹模糊不清之处则用X代之，为文意明确而添加的字词均施加方括号 [ ]。

译者序

美国副总统华莱士业于本月二十日启程来华访问，同行者除美国务部中国事务司司长温森德氏及租借法案行政官员哈萨氏外，并有美国第一流远东问题权威人物拉铁摩尔——本书之作者。

拉铁摩尔乃中国故友，前后居华二十多年之久，在今日之自由中国、沦陷区、平津沪汉诸大城市，以及东北四省、内外蒙古、新疆西藏各地均曾深印有我们故友之足迹。拉铁摩尔对远东及中国问题具有独到远见，美国前亚洲舰队总司令颜露尔上将誉曰："美国今日具有资格研究远东问题者，舍拉铁摩尔外，别无他人。"时值美国舆论攻击中国甚烈之今日，颜露尔上将此语，尤足重视。有朋自远方来，不亦乐乎，今欣逢故友之重临，其乐更属融融，谨译其新著《美国与亚洲》一书，以表欢迎之忱。

拉铁摩尔早于1920年即首途来华，经营商业于沪滨。次年北上，居天津约一年之久，从事新闻事业。旋又与阿赫洋行（Aruhold and Co. Ltd）合作，重事经商，经常来往于平津之间。拉铁摩尔多年之商业及新闻事业经验，得以深入中国民间，广与中国各阶层人士往来，发生联系，进而有深刻认识。

拉铁摩尔深感中国日后在世界上地位重要，同时中国幅员广大，文化悠久，欲求彻底了解与正确认识，非亲身接触中国各地民众，考察各地舆情，进而体会各地问题之核心所在不可，遂于1926年春季，开始遍游中国，并从事写作生活。此时期内，拉铁摩尔所发表文字虽不为多，然每遇写作，必甚于客观事实，直撮问题重心所在，且立论公允而精辟，于是声名大噪。

1929至1930年，即"九·一八事变"之前两年内，应社会科学研究会之聘赴东北三省研究东北问题，著有《满洲，战争之摇篮》一书。

"九·一八"后两年中，即1931至1933年，拉铁摩尔受北平哈佛燕京学社之聘，继续研究东北问题，旋又为葛金汉纪念基金会（J. S. Guggenheim Memorial Foundation）所聘，研究同一问题。

五年以来拉铁摩尔亲历边远，足迹遍东北四省，在哈佛燕京学社研究时期内，埋首整理所获资料，述其心得，其研究结果博得全世界一致重视。

1934年，太平洋学会遂延聘拉铁摩尔前往蒙古，进而研究蒙古问题，先后著有《满洲之蒙古人》与《中国之内陆边疆》（1940年出版）及《蒙古纪行》（1941年出版）等书。

期间，拉铁摩尔曾一度回国，受约翰霍普金斯大学之聘，任外交学院院长职。美国诸大学中仅有该校设有外交学院（Walter Hines Page School of International Relations），为研究外交之学术权威。

1941年拉铁摩尔荣任蒋委员长之政治顾问。在重庆之大轰炸下追随蒋委员长左右，将其二十多年来对中国之研究心得与经验，赠还给抗战之中国。

此次美副总统华莱士访华，而能邀请拉铁摩尔与之同行，实属明智，关于华莱士访华事件一度曾引起各方揣度。庸人自扰，莫此为甚。倘我们一读拉铁摩尔之《美国与亚洲》一书，华莱士访华之使命，昭然明甚。

兹谨将全书要点提列于下：

一、拉铁摩尔以有力事实证明中国乃决定战后世界数百年内之主要因素。

二、东西两战场不可强分，倘先予击溃德国或先击溃日本乃属作战步骤之必要，然决不应只此为亚洲欧洲重要性之轻重问题。

三、自海上向东京进攻，易于拖长时间，使敌人顽抗，中国战场乃直捣日军心腑之路。

四、日军患有群众性神经错乱症，占领南京时即已证实，倘日军在大陆上受较大打击时，必致溃不成军。

五、现代战争非仅仗持高度机械化配备，且须决定于运用技巧及智慧，英美荷在南洋惨败即此例证，中国运用技巧及智慧远较我们［美国人］为优。

六、战后远东问题已不在沿海一带，而将沿中俄陆地边界伸入中亚。此陆地边界自中国东北角起，经外蒙、新疆、印度而直达亚洲之心脏，彼处中俄印阿富汗伊朗诸国相互迫近而衔接，乃日后足以滋生事端之地（译者按：拉铁摩尔曾旅行该地，考察附近国家，并于1929年著有《到土耳其斯坦的沙漠之路》一书），倘该地一旦有何变故，英美即或在太平洋有海空军基地，亦将徒然，盖鞭长莫及也。

七、拉铁摩尔痛斥斯皮克曼（Nicholas John Spykman）教授所倡美国战后首要责任，乃扶持日本复兴之谬论。并郑重提出美国对远东之海洋视线及"炮轰政策"，久已为时代所不容，日后美国应对亚洲大陆边界远目而瞩之。

八、国共纠纷之严重性，远不如所传之甚，并远较东南欧各国内政不安之情形为佳，盖中国有一具有世界政治天才之领袖也。

九、北极圈内乃战后数百年内有无穷开展之新境地，苏联近日在北极圈内在航海、空运及生活技术和方式上，已居世界领导地位，加拿大次之。美国实应急起直追，美苏领土在北极附近毗连，经由北极附近航空线，乃美国至远东最短捷而安全者，美国应即拭目北瞩。

十、革命之起因及成功，非为革命家所主动，实寓因于当今握政权之保守派份子之腐败也，亚洲人口占全世界大半数，内中除中国已渐入民主之途外，其他绝大多数仍处于被治及渺无民主希望之阶段中，现代各国诸开明政治家倘不重视此种事实，第三次大战果将爆发时，美国实为罪魁。

拉铁摩尔居华为蒋委员长顾问时，内人威棣曾一度以速记打字相助，此亦所以增加译者译述此书之兴趣也。

译者
1944年5月客渝

颜露尔将军序

犹忆我童年就读于某中等学校时，曾与同窗诸友共同研读"世界史大纲"教科书，该书对于欧洲及近东诸国古代文化之发展论列綦详，然有关中国、日本以及远东方面者，则全未提及。观乎泰西各国历年以来对于中国及日本问题忽视之甚，是亦不足为怪，然时至今日，中日战争显然已在世界战局中占据主要地位之时，我们犹有对中国之重要性置若罔闻者。

大凡平日关心战局发展之人士，他们似不应再事有所疑虑，盖铁的事实证实中国已为西方民主国家血战六年之久矣。

溃败日本唯有积极增强我们对于艰苦奋战中之中国声援。

东西两战场原为不可分之全球战争，并为同一战事之两翼，我谨援引拉铁摩尔书中之言云："盟军间采取共同行动，并确认东西两战场为共同作战之左右两翼，平分作战力量而不度之以高下先后之分，则战事必然能迅速结束。"

其仍有应为我们所注意者：倘非远东获有和平，全世界绝无获得和平之理，而远东和平之维系，端赖强大中国之即时出现焉。我们何需庸人自扰，畏惧中国将步入征服世界之政策！中国数千年来之政治哲学一向反对采取如是步骤。

今日具有资格将远东情形正确介绍于国人者，舍拉铁摩尔先生之外，别无他人。二十多年来，拉铁摩尔先生亲身观瞻，努力研习之结果，彼已能洞悉中国现状，了解中国历史上之诸因素，同时熟悉远东其他主要国家之情形。

克莱蒙三大学院（Claremont Colleges）及拉铁摩尔讲座主持人等，诚以将当代世界政治权威之智慧、经验及学问贡献于大众，而是项学问及经验，诚属吾辈人士所急需者也。

最后，我将不惮厌烦，而做如是之诺言曰：人类历史演进数千年于兹矣，然我们对于中国以及远东诸问题之急需了解，莫以今日为甚。倘战后之和平条件由于具有真切认识远东重要性之专家处理之，我们必可欣然期待：世界和平之弦歌永续不辍。

美国海军退役上将 H. E. 颜露尔
1943 年 5 月 31 日

一　太平洋战争与美国休戚相关

伟大的时代齿轮带给吾辈美国人士以一绝好时机，用以进一步了解太平洋彼岸诸端问题。蒋夫人莅美访问所留于此间极深刻印象，不仅使我们了解中国之现状，并使我们体念及中国之重要性。然仍有一事，即使蒋夫人亦爱莫能助者，即如何启发我们认识目前之事实，以及此般事实演进中对我们之切身影响。

时至今日，无论为我们自身着想，或为国家着想，我们势必面对此般事实而取得真切认识，我们应了解美国为何介入战争，美国如何被卷入漩涡，今日美国如何从事此次大战，日后战争结束时情势又如何。

我们当自认为今日世界民主国家之领袖,并尝以此地位自居,然观诸中国对于整个世界之认识以及对其自身处境分析之精确,我们实觉自愧瞠乎其后。此乃不可否认之事实,倘我们稍事检讨我们过去之政治事件,以及对于政治实任之认识,即可昭然而明。我们一向以为我们在远东地带仅有些微权益,欲加干涉时,随时可行。我们绝未想及20世纪之远东已与我们休戚相关,换而言之,即美国已居于远东圈内,至于美国是否愿意处身于远东圈内,实已不容我们有所考虑。我们对此层事理之不明,使我们既不预防战事又不早求躲避,于是招致敌人奇袭而被卷入战争。

总之,关于此次我们介入战事之事实与责任,全美人士之政治常识应接受极严厉之批评与非难,何以然?因美国远在珍珠港被突击之前,即可联合其他国家阻止此次战争的爆发——1931年,我们可以阻之于满洲,随后亦可阻之于阿比西尼亚、西班牙、捷克斯拉夫。然我们从未加以阻止,于是战祸反而临头。

我们一向既自认为最进步而开明之国民——乃现代之民主典型。我们则更应考虑所应负起之责任。在日常生活中,我们享有世界上最自由、消息最灵通之新闻报道及广播节目。珍珠港事变前若干年间,每一美国人均可有力购买报章,并能以无线电收听全世界各大城市之最快消息。美国人所享受之便利,实为全世界无数专门人才以巨大开支而构成之精密新闻报道网供给者,若干大电台往往在事件发生后数小时内,甚或数分钟内将全部消息播送。再者,倘美国人除新闻之报道外而欲听取各方面关于新闻之政治评论及解释时,他们可完全自由选购所有之报纸,按各报不同的背景以及不同之编辑政策而加以选购阅读。之外,并可自由收听各国及各地电台之各种评论，收听他们所愿听者，倘世界上有一种人能彻底认清世界之真实情况，而能善自处理时，此种人必应为吾美国人，然而，我们竟全然失察，茫无所知。珍珠港之突袭立即将我们变为呆汉。

我深觉我们应立即扪心反省，承认珍珠港之惨败乃全国人民之瑕疵，绝非以诿罪于负责珍珠港防备当事者数人之身而可了其事者。珍珠港之震荡无异提醒我们：今日世界并非美国人民一向所想象者。惜乎我们所享受之自由情报、自由讨论政事、自由决夺所见，竟使我们步入如此之后果；我们所居之世界，事实上与世界本貌全然迥异。我并深信，有如珍珠港之不幸事件，绝对不会发生于能以认清自身所居何世之人民中间。

诚以美国为民主国家，而吾辈为民主国家之人民，我们亦不便推诿责任于国务院及海陆军当局之身，责任乃我们者，应由全国人民负起。过去曾有若干属于个人之言论，足以提醒我们外来之威胁及战争已向我们身边倾覆。惜我们拒绝集诸众人之言而预谋大计。远在1938年，罗斯福总统唤醒我们与侵略者断绝往来，然我们不愿与之合作。海军当局呼吁关岛设防，然我们既拒绝赞助出钱设防，又不愿采取与其他国家合作共同设防之政策。在民主国家中，类此责任均应直接置诸人民——全国人民之身。

我愿就此点与中国作一比较，盖相形下之教训，或且有利于我们。我们平素每以中国为较我们落后。彼邦至少有两万万人完全属于文盲。至少有两万万人民有生以来从未乘过汽车，有几千万人从未见过火车为何物。较之其他国家，中国之报纸为数少，销路小。备有收音机之人，寥寥可数。然此处诸端不便之条件下，中国人深能洞悉他们所居者究属如何之世界。远在1937年"卢沟桥事变"以前，他们早已预知日后事态之趋势终于明目清心而赴之。彼邦人士团结一致，勇往直前，共赴国难，致使全世界闻而惊愕。

美国人一直认为战争仅在辽远之地区内潜行而已。我们视亚洲战事仅为一小小之开端，而逐渐暗伏发动于阿比西尼亚、西班牙及捷克，迄战地烽火燎及我们身边时，我们始发觉世界战争已将我们卷入矣。就此点而论，中国诚以高吾一等，非其知识高于我们，乃其政治之机警，以及政治之熟练也。远在我们醒觉之若干年前，中国人已深知所有引致战争事态之发展，任何决定及处置均未能目之为地方事件。而在过去至少二十五年之久，美国学者、政论家以及一般自作聪明之人物，每日随口声称"远东问题"或"中日事件"等等。然中国人则已深知此般事件或问题，实际上乃全世界性的问题之一面。而系足以牵动全世界之地方事件，此点美国人未尝知之。

我之所言，均可引证于蒋委员长以及其他中国要人历年来所发表之文告中。在蒋委员长之前一代，中国亦曾产生一位近代历史上之杰出人物——孙逸仙博士。美国人对于孙逸仙之生平及思想之认识更属肤浅。孙逸仙毕生致力革命事业，创造新中国之精神，在革命奋斗中，为彼所念念不忘者，即促使泰西各国及全世界，认清中国及远东，使他们不目中国为一辽远而神秘、令人难解之邦，而认清中国系全世界政治经济机构内之一部门。

与我们同一世代之中国人，实仅犯有一次错误。1931年间，当日本发动沈阳事变时（珍珠港突袭之前十年），中国从事妥协而不抵抗。于是铸成错误，盖他们相信国际联盟应有一种强大之组织力量，足以对付该国际强盗也。当时中国人绝未料及列强运用政治之笨拙，致为日本帝国主义侵略者大开方便之门。其后，中国从未再犯任何错误，他们已深知势必起而抗战，他们并深知战事开始之初期，必定孤立无援。中国终于以沉着奋勇之步伐迈进黑暗之前途（至少当时之情形如此），吾辈美国人对之并未表示任何钦欣。兹时我适旅华，遂得目睹一切。

中国在未获得盟国之前，何以能苦战如是之久？内中之因素安在？其最主要者，乃中国确信他们并非为一己之利益而战，亦非为一国之生存而战，他们实为全世界人民同感严重之问题而奋战也。倘中国奋起为此严重问题而挣扎，日本侵略者势必起而纠合世界上另一种人亦为此同一之问题而蠢战。于是战地烽火唤醒若干人们，使他们不能再事佯作无闻，故意躲避此项严重而切身之问题。结果，所有自身遭威胁之人渐聚一首，而与中国偕焉，其侵略者势必亦结合为另外一条阵线，互为营垒。当兹时也，倘诸大国仍不相信自己之理解力及判断，他们必致被迫与贪婪之侵略者妥协，采取绥靖政策，盖当时侵略阵营意求妥协也。

试问中国所以获得正确判断之理由安在？此理由实寓于最简单之原则上，我至愿吾国人士在日常讨论政治中亦能寻求此简单原则，此原则即民主政治并非一种固定不变之形式与制度。民主政治，我们尽可用若干定义以解释之：我们可称之为自由、博爱与平等，铨释为投票权，或解释为以讨论及修改方式而获得最后解决方案之人民权力，用以寻求大多数人之最大幸福。我们更可加以其他定义，然民主政治绝非静止之物，亦非具有固定之形式与制度者，对此具有历史性及政治性之原则，今日中国人士知之素稔。

民主政治在运用之时，往往可使国事逐渐改善，但亦能使之每况愈下。两途必取其一，决不滞留不动。倘趋于良好之途，则大多数之人民经常普沾其益，倘趋下途，则必于短时间内促使少数之人独享民主之特权，而此少数人之优厚利益亦必远超过大多数人所应享者。

当民主政治步入如此之阶段时,势必突然改其面目及实质,或为法西主义,或为帝国主义,以及其他诸种法典上失其民主、法律不平等之制度。

诚然,中国人民对此问题较之我们清楚多多。盖彼邦人士不断奋斗已有数百年之久矣。首先,他们努力遏止国家为列强所瓜分,其后,又企求改善清廷之腐败政治。一俟他们对于清廷改善大失所望时,又继而从事推翻清廷,代之以民国政府;共和政治实现后,他们仍为争求国际之平等地位而挣扎。

适在此时,中日间之冲突已趋入不可避免之局面矣。中国自身争取平等之进步已触及反抗各列强在华特权之阶段。列强中有数大国在华之权益早已根深蒂固,不易轻动;日本不但根深蒂固,坚持不动,并进而企图大事扩张已有之特权,同时更求统治中国之领土及中国人民之生命。于是问题滋生矣。中国当时仅有两条路可循,前进或后退。但他们不愿后退,于是日本兴兵而起,强迫他们后退。

彼时,美国人对于中国丝毫未能了解,致铸成我们思想之错误,不信中国为一进步之国家;倘谓中国系力求进步者,空言何用,何不表现于事实?我们当时并曾为日本之宣传所动,称中国乃不能治理国事之民族,他们"甚且无法保持自己住屋之整齐清洁"。我们更进而相信日本人乃具有治理才能者;日本人怀有魄力;命运中注定可统治亚洲无数万不能自治之民族。我们完全未能认清日本之发动侵略并非出于本国贫瘠无有。日本绝非一"无有"之邦,瑞典虽稍贫苦,然今日犹能国安民泰,日本之"缺乏资源",何能与瑞典同日而语?日本仅在某一种意识上堪称"缺乏资源",即彼不能以自己本国之资源供养一用以侵略他人之强大海陆空军也。彼自谓"缺乏资源",因彼国强占邻国之资源,用以发动战争,而侵占邻国之谓也。

无独有偶，日本同德国一样，其侵略之动机非来自他们之民族性，而由于社会秩序不良所致，日本社会中仍沿有浓厚之封建思想及制度，法典上明定社会阶级之不平等。特权阶段因受益于现存制度，拒不肯取消之，盖一旦取消，他们之特权随而消逝，必致遭遇若干不便。于是彼辈为转移视线计，发动侵略战争，强迫其他人民付以生命财产之代价，以求维持国内不健全之社会制度。

在中国方面，战争一旦开始，中国立即随战争而步入民主之途，在蒋委员长领导之下，中国恰已完成全国团结一致，使中央政府之统治权普及全国各处。并已完成全国经济之统筹。永祛过去内战及军阀时代之祸殃，同时即将解除不平等条约庇护下之不合理状态，如日本军舰船只利用条约停泊中国海岸内河，日本租界在其旗帜保护之下为所欲为，一切过去政治上之污点均告一扫而光。然即在此时，当中国行将获得孙逸仙所始创，而由蒋委员长继其志之革命成果时，日本突然发动战争，阻止中国步入和平、秩序，具有文明国家典型之改进。

中国之民主具有特殊风采，难以在普通美国教科书中获得合适之解释。数世纪以来，中国人民在社会生活中，以及人与人之关系、社会中诸团体间之关系中，均具有民主之特色。唯在政治制度上，他们尚无确定人民权利之法律规定，如19世纪以来西方民主国家所谓然者。然而，中国现在已准备将他们传统之社会民主优点与西方诸现代国家之政治民主优点合而为一。此亦为中国多年来所以能久战而不却之主要原因——盖他们不仅为生存而抗战，同时亦所以为日后之生活富有较高超、较深刻之意义而战也。

中国长期抗战所引致之后果，我敢断言现在美国人士实尚未能完全了解。简言之：1939年欧战爆发及珍珠港事件后美国参战大半系决定于中国长期抗战之事实上,盖英美人士因目见中国首先孤立苦战,辗转数年之久,而获得无限鼓舞。同时因中国反侵略,将侵略者炮口驱往他方。致使其他各地之侵略者气焰高涨,其要求致使西方民主国家中最固执而坚顽之绥靖主义者所不能接受。换而言之,中国本身尚无民主之前,已为民主而奋战,结果逼近其他元老民主国家而为民主战。此言颇具历史之意义焉。

此外,仍有一点我愿为进言者:吾美国人士尝以垂怜口吻赞美中国英勇抵抗。我们尝谈及,中国军民如何以血肉之躯抵御日本优良军火及配备(大多数系以美国原料制成者)。如是言之,我们实忽视中国最智慧之战略以及巧妙之战术。倘你们首次闻此,你们其必惊叹不止欤?今日联合国内四大强国中,仅有两国在陆地战场上牵制轴心国偌大之兵力,作大规模会战而却敌。此两国家,一为苏联,一为中国,是乃我们一向目之为在效率及技能上远逊于我们者。君不忆日本席卷我们及英军退出菲律宾、香港、马来亚、缅甸及荷属东印度之神迅乎?荷兰以欧人之标准言之,系一弱小国家,然荷兰在东印度之配备以及防御之工事,较之 1937 年中国之配备,实已远胜一等,不可同日而语。倘我们以自己之失败比之中国年来与日军主力之周旋,及其在沦陷区(我们姑妄言之,事实上并未完全沦陷)内之活动,我们实无法否承战事并非高速度生产及大量配备之单纯问题;内中并有以人类之智慧力以为运用配备之问题在焉。

美国人民步入战场较为迟缓,当我们认为作战时机既届,我决不相信,世界上尚有任何别人较之我们更能坚韧而机警作战者,然直至我们明白上述事实时,我们不得不承认中国人乃优于我们之战士。

日本刚一开始进攻卢沟桥,中国立刻引致日军进攻沪滨,即此一着,中国确已获得军略上的首次胜利。当时日本原意采取地方性小规模战役,俾可各个击破,先行占取华北数省,再事稳扎稳打。无如中国军队逼令日军出迎全国性之战线。如是华军转战东部沿岸平原,拖长战事,尽力避免敌军采取大迂回战略,致使敌军一举包抄其精良队伍。并渐诱敌军深入,保全主力,有时则突予反击。4月7日为台儿庄大捷纪念日,华军曾在台儿庄歼灭日本最精锐之两师机械化部队。台儿庄之捷不仅在中国战争史上居于重要地位,即在现代战事史上亦不失为最重要之一页。盖中国军队一向均被公认为非现代化、无配备、无战事技巧之军队,然此种军队竟能首建奇功,颠覆进攻之闪击部队,他们如何与配备优良之敌军周旋,如何摆弄敌人布置成功有利于己之阵形,如何截断敌人,如何歼灭两师机械化部队,俱为众目所共睹。然台儿庄之捷,中国并未博得世人之适当赞赏。

1938年终,自汉口及广州相继失陷后,中国退入比较固定之阵地内。此新阵地乃善用内陆丘陵地带所形成。诚以在东部平原上,中国颇难抵御敌阵,盖日军在彼处地带非常便利于机械化部队的布置,而施以闪击战与高速度之运动战也。同时日军又可自高空以扫射轰炸阻止中国军队之集中,并以远射程之大炮及坦克摧毁华军。如今中国连队布防于东部大平原之边缘,施行小规模之袭击,引现代化之敌军深入山地,于是日军不得不化整为零,与小股华军在中部原野上做追逐拉锯战。如是中国在军略上反可取得主动地位,随时集中向小股之日军猛扑而歼灭之。此种战役最适于轻型武器,亦即中国仅有之武器:如步枪、机关枪、手榴弹,最后则上刺刀做白刃战。自1939年以来,中国沿用此种战术之结果,屡挫敌人攻势而予以反击。

当中国失去沿海平原而采取新型之山地战术时，中国又有一惊人杰作——修筑滇缅公路。该公路之完成，不但就中国而言已一杰作，即令对任何具有高度机械设备之国家，亦可谓为奇迹。关于滇缅路之文字记载，我实较一般美国人读之尤多。然我从未读有一篇记载正确之文字，坦然谓该路为中国之出路，而大都均误会以该路为输入中国之生命线也。事实上该路系中国人所筑，自应视为中国之出路。近数百年以来中国对外关系每由外国人从外方打破海禁而生。此次则系中国自动突出其本国而打通之国际交通线。滇缅路之重要意义即寓于此。该路之完成，完全由于中国劳力神奇而令人不能置信之运用。筑路之初，英美人士及工程专家无不认为不可能，然中国人竟能在较预期日程更短之时日内完成之；最后滇缅路终于失去，然非失于中国之手，乃失于中国盟邦之手也。

滇缅路之工程，其中犹有一部分中国之计谋，中国人尝臆断，倘他们坚持单独作战，迟早必获盟邦，他们相信，其他民主国家或不愿与中国结盟，然迟早必将被逼而从事反侵略，防御自身，故最后势必仍为中国之盟邦。事实诚然如是，然中国未料及日军在南太平洋上之击溃英美荷兰乃能如此之迅速也。

今日外援渐感枯竭，然中国仍赓续运用其巧妙而有计谋之战术以为抵抗敌人。著者本人并非军事专家，我所谓太平洋战事较为重要，或希特勒第一，日本第一诸问题，对于读者或无若何价值。然我愿将中国人关于此等问题之意见向诸位作一说明，我将由前此谈及之事说起：中国人深觉他们开始抗战之时，他们即已面对世界整个之问题，而非地方性之问题也。我认每一中国人均有如此感念，今日获得战争胜利实非首歼希特勒或首歼日本之问题。盟军间采取共同行动，并确认东西两战场为共同作战之左右两翼，平分作战力量而不度之以高下先后之分，则战事必能迅速结束。换言之：军事行动之先后或属不免，然此绝非表示欧陆对于战争之重要性，而亚洲对于整个战局之次要性也。

中国意志力愈战愈强，今日犹愿分担较之以往更大之责任与牺牲。读者试一回顾战时之文献，在蒋委员长之文告中必可获得永不泯灭之印象，蒋委员长每于中国遭遇危难，或一切情况使中国失望之时，向其国人发表演说。当斯之时，犹不愿仅以中国一己利益为言。彼每呼请国人以人类至高之利益为依归，并激励其国人之良知，使为世界之公民。此种印象诚为不可轻易泯灭者，我则认蒋委员长之态度更能鼓励所有民主政治之信徒。诚以执政者对一般人民之期望愈高，其对人民必加重视，执政者愈以高尚人格、慷慨无私，呼吁国人，其得自国人之反应亦必愈好。蒋委员长之与中国即此例证。

在目前太平洋战争之中，仍有一纯属军事问题之存在：战事结束前首次压倒之胜利固可加诸希特勒身上，然完成主要战果，解决主要问题，则应在亚洲及远东方面。

第一次大战以来，世上颇有一部分人士具有如此感觉：认为民主两字仅与英美人民及西欧诸国有关。是故有关民主，以及法西之问题，应不出彼数国家独有范围之外。然民主之真义乃取决于大多数人民，同时顾及少数民族之基本权利，而求调整各项需要及权益之方式也。因此，民主遂有构成世界秩序之趋势。民主方式运用愈至美善，人民依皈民主者愈益增多，于是今日之问题为：是否应将民主扩展于尚未获得民主之人民，抑或将民主束缚于业已享有民主之人民圈内？

过去若干年代，迄至今日，我们犹置身于愚人之乐园内，妄自想象，认为我们既已享有我们所需之民主，夫复何为。然时至今日，仅以交通一事而言，在今日之世界，事实上已无孤立之可能。世界上任何一角落之所作所为，立即波及世界之其他部分。我们虽为民主国家，然与其他数万万非民主国家人民亦必休戚相关。今日无论民主思想得获更生，抑或民主思想永远消逝，此绝非吾有数民主国家之自身问题，而系全世界整个之严重问题。于是，今日我们不得不面对一项事实，即今日世界中仍有大多数人民尚未享有民主；除非使其中业已适于运用民主者，享有民主，目前尚不适于运用民主者，使之日后趋于适合而享有之，否则，我们一小半享有民主之人民亦难获生存。

目前，在日本蹂躏及侵占下之地区，大体上可分为两类。我们通常习于统称为日本之征服地域，此项字眼实属有欠斟酌。例如目前中国之东北四省，往常我们常误称之为满洲，以及中国境内其他之沦陷省份，我们绝不可称为被征服之领土，关于此中意义，凡明了"征服"两字之解释者均能体会之。盖在中国之沦陷区内人民，迄今尚在抵抗侵略之中，而他们从未撒手相让自认被征服也。即以朝鲜而论，朝鲜为日本占领，几已整时数十年之久，然细察朝鲜人之精神，亦绝不能称之为被征服之国家。日本真正征服之领土，在殖民地带中间或有之，然尚非殖民地之全部。例如菲律宾人即未被征服。菲岛乃一被占领之国家，而迄今菲人犹在抗战中。

殖民地区中，其有全未抵抗斗争，鞠躬而迎日本之风暴者，此之谓被征服者，宜矣。盖彼辈人民尚未全具民主之战斗意识，他们从未为民主、自治及人民管理政府等目标而战也。在战争结束以前，归复此般领土殊为一军事上之严重问题。我们抑将自日本手中重新征服他们，抑或发动他们自行参战斗争，而从事解放他们欤？我们已知朝鲜虽已亡国多年，但无论我们自日本手中重新征服，我们必将从事解放朝鲜,诚以朝鲜传统之自由思想从未灭亡,而在今日朝鲜境内,以及毗连中国东北之山地中,已有游击部队之中心组织,准备以重大牺牲换取其祖国人民之自由。

如是之诸端问题,吾辈美国人民不能不想及之。至于有关军事行动之技术问题,前线各战场之合作、供应线之成立,以及海陆空三军之配战诸问题,均非你我所能取决者,盖吾等缺乏是项专门知识也。

至此,仍应言归于与我们切身有关之问题。今日美国人民是否已告知我们选出之政府官吏以我们愿意从事于何种战争?我们是否已了然我前所言之民主特色,即民主不前进,则必后退之事实?倘我们之作战仅在以回复1941年12月6日以前之状态为满足,则我们根本并非从事于民主之战争。我们仅以战地之血迹将世界拉回至以前之局面,而妄想该局面不致再行恶化,如此绝非以健全之方式以求我们所从事战争之胜利也。

倘我们了解此次战争之为全球性,了解太平洋战事应与西欧战事同等看待而不度以先后上下之分时,我们始能认清,目前我们仍未能将此战事引入创造民主之途。就此点观之,我们实远逊于中国人,而我们尚拥有无数关于民主之教科书,中国人则从未有此类民主之教科书籍。

是故和平问题之解决,实系乎我们所造成使战争胜利之方式为何,而不在于欧陆战场及中国战场先后解决之问题。我在中美两国时,尝与若干人士交谈,结果颇使我感到兴奋与鼓舞。我并与居华及旅美之俄国人、英国人、丹麦人、自由法国人士以及挪威等国人交换意见,盖他们俱为研究中美两国之权威人物,其结果亦颇令我满意。我每次将诸如此类之问题提出讨论、研究、考虑并辩论,其结果，各人之重要见解俱属趋于一致。此种意见之一致，在我认为，实较中美两国间文化及其他各种物质条件之各异重要多多。我个人见及：我们不能仅求此次战争本身之胜利，我们必以正当之观念及方式求得胜利，庶几不致再使我们之子女于二十年或二十五以后，重为战神所宠召。

二 太平洋彼岸之和平问题

美国颇有一部分人之意见认为，日本实较德国难于击败。并认日本永不溃败乞降，我们必须在东京路上逐个歼灭之，而在日本国土上举行大规模之剿灭战，对于此种说法，我碍难置信，我仅相信日本人确属我们之顽敌。他们确实顽强固执。我们唯有苦战以击败之，我们必能击败日本，我们固可不必跟踪追击而能使之总崩溃。

美国人士或已遗忘有一极为迫真之例证，想系因我们一向不断击败敌人之故。当我们进攻新几内亚及加达喀尔纳尔一群敌军阵地时，日军因孤立无援，士气大衰，颇呈颓丧之象，日本军官乃向他们宣称，倘他们投降，必将招致断臂削足诸惨刑，于是该地日军，乃如身处绝路之老鼠，从事挣扎其最后之生命。我们更应自盟邦中国，学习教训。1937年终，日军自上海直趋南京，占领该城之时，日军实已遭遇一最严重之军略上与心理上之大失败，日军在南京城内之屠杀、强奸及肆劫之真实情况，迄今仍未为外界所知。当时之情况，必远较在美国所传闻之任何故事为恐怖；然内中仍有最真实之教训，惜竟为吾国人所忽略。

南京沦陷之时，原系日军包抄歼绝中国军队精锐之唯一时机，然日军竟坐失良机，铸成大错，其原因安在？盖当时日军已呈疯狂状态。我们应能记得,进占南京之队伍,乃日军中之最优良最精锐者,而竟完全手足无措,不仅士兵为然,多数军官亦复如此。致使其将领无法再行约束全军。日军如此之心理状态,我们实应牢记而遇机利用之。

美国尝为日方之宣传所蒙蔽,以为日军确有纪律,勇敢而严肃。此种宣传全属无稽。日军之最优良而有纪律者,在战胜之时,犹且疯狂如此,此可证明日军实患有群众神经错乱之病。我相信,任何人均可以常识推论:日军胜利,同时有更大之胜利显现在目前时,尚复疯狂,其遭遇挫败,又复何如。

我们乃应牢记中国战场及太平洋群岛战场之区别。倘我们采取关岛战略以拊日本之背,其必然之结果乃使日军愈战愈强,最近麦克阿瑟将军之声明,意义至为重大。彼云我们不一定一意沿用逐岛作战之方式,大可从事于直接打击日军心脏之企图。

中国大陆乃日军战线中最弱之一环,因大陆上战线绵长辽阔,日军实力分散,相距亦远,于是心理上易遭恐怖、疑惧、猜忌及彷徨之威胁。在中国大陆上,日军一旦遭受严重之打击,我们立即可在军中施用谣言攻势:"右翼军队已退却了","左方之实力已靠不住了","我们还是拯救自己吧"。事实告诉我们,日军在南京胜利时就感不知所措,倘遇心理上之诸端侵袭时,自然更将瓦解、溃散,而不复成军。如是,我们对日作战,其开始必准备苦战,一旦我们击破敌阵,则必势如破竹,胜利迅速到临——日军焉有不被击溃之理。中国已为我们证实如此,然而无论胜利之到临是迟是早,是难是易,我们其应念念不忘者,乃胜利之问题远较作战之问题为严重也。

因此,我们仍需重行考虑我在前章所已提及之问题:最后胜利或将开端于西方希特勒之被击溃；然胜利之最重要因素，亚洲所占之成分实多于欧洲。我们应回首重新检讨过去之偏见。

我们在亚洲虽有若干利益，同时对中国怀有本能之同情，然美国文化之传统，思维行动，每每将我们之注意力带回欧洲，而忽略亚洲。有时我们念及亚洲；然事属偶然，有如夜行客，摸索前进而已。直至战时之今日，倘将所有国际问题学者以及外交专门人才加以调查——或自政府人员中调查起，或由私人学术团体调查起——我人将立即发现可有大批欧洲问题之权威人物，而于亚洲问题研究有素，甚且明了亚洲真相之人士，则如凤毛麟角。国内注意力不平稳如此，其影响于外交政策之决定，影响于国内舆情言论殊深，使国人对欧洲衡以过量之重视。其必然之趋势，乃使我们对欧洲问题加以偏重，对亚洲则不但无所偏重，进而蒙受我们思维习惯上之特殊阻碍。

在过去若干年来，尤以近百年为甚，我们一向视亚洲为一处女地带，当地居民之一切均可任我们之意加以决定，我们尽可为所欲为。如今，我们仍未准备接受崭新之事实——同时了解其重要性——盖今日之亚洲已能滋生世界政治之重大事件，在我们尚未决定自行动身之前，亚洲已竟为吾等预为决定矣。此乃构成今日世界问题中主要因素之一，事实昭然若揭。至于及时接受此种新事实，以杜后患，则完全取决于我们。

至于战事之本身，我已强调中国之重要性，因在我之信念中，我认为此次世界大战实曾由中国所预为决定。由于中国多年来之孤力抗战，我们始渐知世界性之大战已经爆发（苏联人民或早已知晓）。在日后和平问题中，中国显然未便独居要冲。然我认为中国仍不失为一最重要之角色。有人尝以为战后之世界，应冠以"美国世纪"之名。其实战后数百年内名之为中国世纪或更迫真。

我们固不应各走极端故犯错误。中国虽属重要，然绝非战后亚洲问题中之唯一因素。中国之南北两邻，尚拥有至大之问题，此即苏联与印度。我们倘欲于此时考虑及苏联与印度，则首应一扫过去在我们头脑中所有不正确之思想、成见、偏见，以及不正确之事实认识。

我们姑以美国世纪之论点出发，我们先将作家斯皮克曼之论调提出研究。斯皮克曼最近曾写有《美国之世界政治战略》(America's Strategy in World Politics) 一书。

斯皮克曼之立论谓，战争一经停止，美国之首要责任，应立即扶持日本，使日本复兴，用以平衡苏联及中国之实力。就我观之，斯皮克曼之臆断可谓不知好歹，稚气太深。此无异将下次世界大战诱入陷阱，其愚蠢之甚，实令我不能想象。更有人主张，美国应在太平洋及亚洲沿海各地攫取海空军基地，以武力强迫所有亚洲居民，不分善恶，一律效仿美国人。如此思想，即令在过去一百年中，亦无法行通，何况在未来一百年内。

然则，我们应予认清之事实为何？过去两百年来，偌大之亚洲大陆全为海上强权国家所占据，尤以近百年为然。亚洲大陆乃世界上最重要之地域，德国地缘政治家称之为地球表面上毗连最广之陆地。此大陆所以为海上强权国家所统治，一部分系地理之原因，一部分系工业之原因。英国之势力范围起自苏伊士运河止于印度、缅甸、香港。在印度之英帝国、荷属东印度之荷兰帝国、印度支那半岛之法国帝国，以及美国在太平洋彼岸之经济及商业势力范围，完全建筑于吾等新兴工业之雄厚实力上，当时亚洲人民之工业尚属落后。

我们过去在亚洲所以获得雄厚实力之原因，言之颇饶兴趣。此种原因可以写成历史上最饶风趣之一章，倘加以详细论列，恐将离题太远。简略言之，过去百年来，我们掌握亚洲，全靠所谓"炮舰政策"——用以威吓尚未完全被我们征服之亚洲人民。然此政策我们绝无再行运用之可能。

关于俄国问题，在与一般美国人谈及俄国在亚洲及太平洋上之重要性时，我猜想他们当立即转念于海参崴以及俄国寻求温水海港诸问题。

然时至今日事变境迁矣。自地理及工业上之观点而论，炮舰政策以及海军管治亚洲海岸时代均已成为过去之陈迹。海参崴本身在苏联统治西伯利亚之作用上，确仍有其重要性，然已久非苏联向太平洋上发展之孔道。在未来之一百年内，中苏两国间起自太平洋海岸止于帕米尔高原之绵长陆地国界，将较之海岸线尤为重要。此陆地国界犹如美国之与加拿大，而其重要性则远过之。其自满洲（中国东北三省）绵亘而西，经外蒙古、新疆（中国之土耳其斯坦）直达印度及阿富汗，深入亚洲之心脏。

沿此大陆边界所发生之事故，任何美国炮舰与战舰均将无法接近，航空母舰以及倡言美国世纪诸公之太平洋沿岸海空军基地亦属英雄无用武之地。如此之事故，较之发生于太平洋者必将严重多多。

就事实而论，我们沿此大陆西行一步，即离海岸远隔一尺，日后问题之严重性亦即加深一层。此大陆国界绵亘至喜马拉雅绝顶，喀喇昆仑（Kara Korum）帕米尔高原，直至世界闻名之亚洲死心脏，中国中央亚细亚及俄国中央亚细亚之内陆沙漠为止。在此高原地带内，中国、苏俄、印度、阿富汗、伊朗诸国之国界相互衔接或相互迫近。以此高原为中心，绵长之铁路线分别向四周伸出，长距离之航空线亦以此为终点。若干世纪以来此高原地区一向沉默于酣睡之中。过去亦曾有当地文化之滋生，然由于缺少工业化之组织，不能将沙漠地带、高山、草原及耕地之各种资源及文化融汇为一，以致其所滋生之有限文化，虽有相当灿烂之程度，然终不能久传。

及至工业技术输入该地以后，各方人士自可络绎前往。在此任何地区，无不藏有难以估计之矿产以及最丰富之资源，东亚各地，除喜马拉雅山彼端之印度、缅甸以及中国交界处外，我均不足以比。该地拥有大量水电力，以及世界上最大、未经开垦之耕地，吾国加利福尼亚州人民必定乐于听闻。总之，亚洲心脏之真实情形，绝非马汉上将（Admimi Mahan）及其他讲论海军战略及海洋航线之作家梦想所能及者。

倘情形确系如此，中国之前途又将如何？日后中苏两国之关系又如何？我们于置答之初，应诉诸事实：决定中国未来命运之因素业已不在海岸及潜海平原，而已深入西方之旷野。中国之过去确系平卧于宽广而平坦之东部大平原上。盖中国新工业之开始，完全由外人所经营，其经营范围亦绝不越出沿海及长江沿岸一带，如此则使外籍商人随时可在外国炮舰保护之下，同时被庇护于不平等条约、不平等法律以及特惠权益之下，从事于利己之开拓。职是之故，中国内地之工业未能开展，有如今日我们之芝加哥与匹兹堡也。芝加哥与匹兹堡之发达，完全由于其地居中部，恰在原料产地、交通线以及商品市场之间，适于大量生产。中国早期之工业完全未曾基于有如我们芝加哥等地之健全经济基础上；而全基于政治条件，以配备于外人享受通商口岸之保护与特惠。

如今此种不健全之工业制度久已为日本之侵占所粉碎。1937年至1938年间，中国自其东部仅抢救出非常小部分之工业财产。其西部地区较之沿海，一向被目之为荒芜、未开发、无文化而处原始野蛮状态之下，然此原始地带竟已拯救其主人翁出险，使之高枕无忧。中国将其工厂内迁以后，立即发觉此内陆原野在资源以及功能方面实有益于工业之滋生。内地之原料及水电力特别丰富，倘以新工业技艺配合当地之天然蕴藏必能制造良好之产品。

来日之中国势将不复踱回海岸，重受胜利后英美人士之眷顾与保护。未来东亚主要之现象并非由英美救济中国。未来中国将坚定其建国基础于国土之心脏部分，自其心脏深处重为伸展于沿海，置沿海于其国家心脏之掌握之下，使其心脏部分永不为外国海军及空军所威胁。

美国在今后数百年内，不但应走入亚洲之途，而同时亦应打通北极圈之路，以求相辅并进。世界上之主要大陆大都位于赤道之北，亦即地球之北半部，东西两半球之航空路线，经由北极圈内或接近北极者当属最短捷而最安全。

今日在北极圈内最事活跃之企业先锋乃苏联人与加拿大人，而非我们。一向以工业前驱自骄之我们，势必垂首自认我们在未来偌大疆界之内实将屈服于第三位。

关于开发北极事，我们应景仰斯蒂芬森（Vilhjalmur Stefansson）之伟大人格，他的事业与成就早已深深影响于美国人、加拿大及苏联人士，斯蒂芬森在美国迄今仅被认为一探险家而已。在加拿大，其成就已被引用于北极开发之事业上。在苏联，则因斯蒂芬森以及其他探极人物之影响，举国造成一种"斯蒂芬森思想"之空气！结果使苏联人在北极工作获有惊人成功。今日苏联堪称世界北极航海、飞行及居住之首领矣。

日后，我们应急起直追，我们拥有优厚于他人之工作基础。但实际上之问题则在，我们实无法由苏联人手中克服北极，或由苏联人在我们手中克服之。诚以北极地带与美国、加拿大及苏联各有相关，应立即筹划完美而长久之制度，成立合作机场、气候站，以期达成北极圈内现代化之空运联系及航海之安全。总之我们应以崭新之眼光看待北极洋问题，同时以同样之眼光远瞩亚洲陆地边界问题——我们应切记，自美国飞往亚洲心脏地带最直接而简捷之航程乃即经由北极，而非绕道太平洋者。

于此，我们联想及一深足令人忧虑之问题，我个人曾以忠诚之态度，力求其简单化而熟虑及之。此问题之一部即系苏联日后之宣传，散布或意图散布布尔什维克主义。当然，此问题绝非就亚洲当地所能解决者。此问题再次向我们表明，今日任何事件之发生均系牵涉全世界之问题。倘在亚洲有煽惑性之宣传时，我们绝无法认为在东欧国家以及我们之西半球内而可以避免此种宣传。我今窃以通晓亚洲较多于通晓西欧或南美事务之人自居，而对此问题试作解决，最后我获知两要点，使我深为感动。

我不愿以亚洲问题权威之态度向诸君陈述所见，盖我不能自命为专家也。我或不免以该问题视之过于单纯，然就我个人对于亚洲之认识，加以与我所曾阅读各种有关巴尔干诸国与东欧国家之书籍，我深为两种事情所感动。第一，倘于战后我们并不采取革命之开展，而愿追踪和平而有秩序之进步时，则我们必须有一良好之政府；第二，良好政府之责任及其获得之可能与否，绝不决定于革命家或左倾分子之手。就我所能见而论，无论为亚洲、欧洲或美洲之人民，他们之所一致需要者，乃简单而又平常之事物：家园、家人、工作、些微之私人财物、前途之稍有保障、给他们之子女以较好之面包。倘我们之政府背道而行之，致在战后遇有革命之煽动时，此则绝非左翼分子或革命运动者之成就，而乃今日当政之保守份子及自由份子之愚钝与不合体裁所造成。我更认为其完全责任应由美国、英国及中国之现政府负之。

我之所见或恐不免过于单纯，然君等试一回顾历史记载，君等当知所有革命之导源并非由于成功之革命家。革命并非由于良好之宣传产生，革命乃产生于腐败之政府，俄国革命即其最显著之例证，其革命诚非布尔什维克之成就也。帝俄之崩溃，乃沙皇本身之无能与腐败所招致。沙皇崩溃时，列宁适羁居瑞士，斯大林被放逐于西伯利亚，其他所有重要之共产党领袖几乎全在狱中，或被放逐于西伯利亚或流浪海外。是以推翻沙皇者，非共产党，乃沙皇本身也。

沙皇帝国既经崩溃，而共产党仍未能夺取政权，政权遂授予克伦斯基（Kerenski），此人口才惊人，然从不做事，对任何事务亦不生兴趣。由于克伦斯基继续之摧毁沙皇之残局，于是布尔什维克乃能进而获得政权。当时俄国人民始终期望于法律、秩序以及良好之政府，而不愿革命政权之实现，最后因他们不复获有法律、秩序与良好之政府，遂被迫而拥护革命。

过去所予我们之教训已多。明日之南斯拉夫、波兰以及所有巴尔干半岛诸国，中国、朝鲜、日本，其一切均将决定于我们之手，而绝非莫斯科之黄金或莫斯科之宣传所能左右者。然我们之能否掌握此种决定力，犹端赖于我们之能否矫正强大政府较诸良好政府为重要之错误观念。

中国人或能使吾等之处境转好。若干人士为中国隐忧，认为战事结束，内战恐有一触即发之危险，然我则相信中国内战之危险远较欧洲若干国家为小。其原因即因亚洲有一天才之世界政治家——蒋介石将军。

我们常可听到时势造英雄与英雄造时势之争辩。然蒋介石之事业诚非此项争辩所能包容。目前之真理乃时势与英雄以切合而精细之方式相互为用，而创造历史。罗斯福、丘吉尔与斯大林均系如此，而蒋介石亦复如此。蒋介石身历一悠久之政治事业过程，其声名系由小而大，与日俱增，此即蒋氏在历史上具有重要地位之有力试验。彼曾领导其国人历尽辛艰大难，而彼之声名亦因以随之日隆。彼过去曾屡主大计，今后当能决定更久远之大计。彼乃整个亚洲现代史之一部分。目前中国、印度及菲律宾选举人民代表之机构尚未成熟。他们之领袖多属自荐性质。他们虽为领袖，然他们领导人民之方式，颇为民主。蒋、甘地、尼赫鲁、奎松诸氏在其各该国民众心意上所有之力量实得之于他们决定之能力，盖他们所决定而指示万民者，亦即无数万民所共同拥戴而乐于遵行者。除非他们继续依据民意而决定政策，否则，民众将不再继续跟随他们。毫无疑义，此乃将亚洲社会引渡于真实民主之有力阶段。其他如朝鲜、安南、泰国则已逐渐步入此阶段矣。

此即所谓亚洲历史之分水线，在亚洲，历史上之殖民地时期已将成为过去，而自治政府时期已经开始。亚洲一切事务之决定已不再操之我们。我们已无须再为他们决定任何问题以试验我们之政治智慧，今日所需之政治智慧乃利用技巧与时机以求适合我们于亚洲人民所自行决定之一切也。

至若论及印度问题，任何美国人均应慎重将事。坦白言之，讨论印度局势而不加以批评，颇有不着实际之感。然批评之寓意则不可不先加以解释。倘我们因批评事理，致使话离本题，而集中于我们对大英帝国之不满时，此种批评乃破坏性者。倘我们之批评足以引使有关各方关于目前问题之共同解决时，则我们之批评乃建设性者。

美国应自知我们每易轻犯批评英国之过错，常以自我清高之态度看待英帝国。诚然，当18世纪与19世纪现代帝国建立之时期，主要领土之占取以及主要殖民地制度之成立，俱为英人所包揽。此虽非印度问题中之主要因素，然亦不可以枝节问题视之。真理告诉我们，现代帝国主义之滋生乃与现代资本制度之生长交相缠绕而不可分离者。

倘吾美国人认为有权批评英国时，则因美国与英国同为目前世界经济制度之一份子。在此经济制度下，我们驱使殖民地之贱价劳工，提炼殖民地上贱价原料，运至英美之工厂区，以大量生产方式，制成为廉价之商品，然后运回殖民地，在殖民地关税壁垒之保护下，大事倾销。美国虽未采取英国之同样手段，然我们亦已仿佛如之，是故我们亦为属于同一经济制度下之一份子。

过去美国所曾高唱入云之"门户开放"政策，亦即机会平等政策，事实上即美国之要求分享英、荷、法国之殖民地利益，同时避免英、荷、法帝国主义之政治责任。于是，我们批评殖民地制度时，我们当先批评自己，我们纵无法律上之责任，然有道义上之义务。

言归正传。倘我们今日乃为民主而战，我们必须重视亚洲。我们虽为民主而战，然目前业已享有民主之国家实仅占世界上极有限之面积，人口亦占极微之百分数。在苏伊士以东，檀香山以西之广大地带间，居民占有全世界人口之大半数。四万万五千万在中国，四万万在印度，七千万在荷属东印度，数百万分散于马来亚、缅甸、泰国及安南。除现代中国业已解放与兴起外，仍有绝大多数之生灵未能自治，即使在印度，其自治之权实犹微乎其微，倘于公共场所中，稍事提及来日汝欲治理自己时，汝必将以煽动之罪名而入狱。

试问我们今日究竟是否为全世 XXX 基本之自由而战？我们能否置此世界大多数人民于不顾，而美其名为世界之新制 XX 战乎。我们果真如此，则我们非愚即蠢。我们应解决该问题，义不容辞。我们不应仅言美国人较他人为好，而袖手旁观。我们必须分担改善世界之责任而谋求问题之解决。

与政治问题相辅而来者，另有一世界性之问题在焉，即种族问题。过去之陈腐，偏见曾以非白色皮肤之人民仅适于受治于白色皮肤之人民，以我们放弃帝国主义，则有色之帝国主义必将代之而兴。美国人大可以一简单之试验测验自己："何谓黄祸？或其他颜色之祸？"此乃假定之祸患也，倘以我们偏激之色素理论，始终坚持一味孤行之时，此祸或将招致于未来。谈及人种之祸患时，有人认为，在过去二三百年间，仅有一种颜色之祸存在，即白祸也。白祸乃人类数万万生灵中最粗野、残酷，而凋落之因素。

此外仍有一事当予提出，即战后日本之问题。诚然日本将倔强顽抗，然他们必被击溃，击溃至完全解体之程度为止。然而我们将何以善后之？倘我们战后享有稳定而久远之和平，我意我们应阻止任何加诸日本之永久私刑。我们于此应考虑及中国之态度及他们之智慧与忍耐性。六年于兹矣，中国深受日本之暴戾，远较日人加诸我们者为甚。然他们从未言及应以永久处罚性之和平加诸日本。

日军之实力必予完全粉碎。深入于日本农业社会、工商业社会以及城市与乡村生活之封建制度必予铲除之。此两项目的既达，我们不能永处日本人民于较其他人民低下之状态。其原因即为：除非殖民地制度寿终正寝，否则我们必难获有良好之和平。倘我们一方面使殖民地制度终结，同时，又建立一种新方式，扶持所有人民及国家自殖民地状态步入自治政府阶段，我们同时必不能在另一方面将日本重新置之于殖民地之地位。世界和平与殖民地为水火不兼容，否则世界又将遭难。我颇相信此项意见乃为中国人民所普遍接受者。我并猜想，甚或朝鲜人民亦乐予接受，虽然朝鲜数十年以来业已深受日本帝国主义之压迫欺凌。

朝鲜问题乃对于我们改造世界能力之有力试探，并进而证明人类之威力，文化之影响是否驾乎世界之残酷事实之上。朝鲜问题之本身不难解决，难以解决之原因乃美国人一向太不注意此问题。朝鲜介于苏联、中国以及日本三国之间，此国家久居日本暴戾政策之下，除台湾外实远较中国东北四省以及任何占领区为深。此国家将对美国自鸣得意之传统态度作一严苛之试探，亚洲究竟是否可为任令我们作为之地，抑为自行滋生事端之地。

关于朝鲜是否应予自由之问题，在美国方面虽已有不少学术性之讨论，我犹感我们之冷酷、背离人性。盖在我们所发表之文字中，迄未有了解今日朝鲜之真实情况者，约有二千万朝鲜人民正在为寻求自由而奋斗，他们固认自由高于一切也。

朝鲜乃一同种同文，国土较为孤立之小国，故亦为一适于试验之理想所在。美国既以未来之命运及我们在太平洋两岸之责任为念，我们于处理本身之问题外，倘不能同时并顾其他强大民族以及亚洲弱小民族之问题时，则第二次大战之罪魁将为我美国人民。

评 论

评西塞罗新译两种

弗里德兰德（Eli Friedland） 撰

刘 旭 译

西塞罗（Marcus Tullius Cicero），《论义务》（*On Duties*），Benjamin Patrick Newton 译疏，Ithaca：Cornell University Press，2016；西塞罗，《论共和国》《论法律》（*On the Republic* and *On the Laws*），David Fott 译疏，Ithaca：Cornell University Press，2014。

首先，纽顿（Benjamin Patrick Newton）新译的《论义务》（*De officiis*）、福特（David Fott）新译的《〈论共和国〉与〈论法律〉》（*De republica* and *De legibus*）都引人注目，因为它们始终显示出最高的水准，并反映出对西塞罗本文的敏感和忠实，这在以往的英译中未曾见过。更宽泛地说，无论对缺乏拉丁语背景的初学者，还是那些藉此来参照自己的翻译和解释并希望更上一层楼的严肃学者，这两个译本都是足堪胜任的不二之选。

不唯译笔上乘，纽顿还附加颇有助益的关键术语词汇表，提供了相关主题、地名和人名的索引；福特也附有人名和术语索引。这些索引近乎全面，与拉丁语词直接对译，因而极具价值。另外，译者还做了非常实用、切题又可互相参证的脚注。

虽然两个译本有诸多相似之处圈点，但毕竟差异显著，而且译者在翻译时遇到的困难也各自有别，所以接下来笔者将分开评论。

纽顿译本①最为与众不同的地方在于，采用戴克（Andrew R. Dyck）的"明智之举"（appropriate action）这个译法，而非用更为常见的"责任"（duty）或"义务"（obligation）翻译西塞罗的officium（书名除外）。②和其他一些关键词语一样，"明智之举"在译本中全部给出对应的拉丁语，这是罕见且值得留意的特例。纽顿在译本导论和术语表中（页7、页202）令人信服地论证说，这一译法的长处是基于西塞罗自己的陈述：西塞罗解释说，officium等同于希腊语kathēkon［属己的职份］。③较之以往的译本，"明智之举"的译法实属至关重要的提升，对纽顿自身译本的精确度也意义非常。

译本的另一不同凡响之处在于，纽顿一致采用联合体（association）对译societas，以共同体或共同体精神（community or spirit of community）对译cummunitas。这种译法甚至比其拉丁语意义还要精确，同样重要的是，这也不至于让读者误以为西塞罗用societas指"国家和社会的现代区分"（译者正确地注意到，古典政治思想对这

---

① 纽顿依据的拉丁文编校本是：西塞罗，*De officiis*，温特伯顿（M. Winterbottom）校勘，New York：Clarendon，1994。

② ［译按］duty强调出于自愿而应尽的责任，obligation意指被迫的义务，appropriate action综合了两种意义。

③ ［译按］西塞罗的说法见《论义务》1.8。

种区分浑然不知），使用 cummunitas 必定指公民之所属（what is public）。译者连贯的术语翻译能够使读者追踪整本书中联合体与共同体的关键定义，并留意由其他术语引起的相关问题。

当然，若术语通篇一致，译文将难以卒读。幸而纽顿从未每时每刻贯彻到底，直以信达而重损其雅以至于不可读。在一致可允许的范围内偶有变动倒也无妨，然而这也预示着，译者必须全神贯注于字义和连贯的翻译，不容任何松懈。所以，在译本1.4中，latissime patere 译作"最广泛可行的"（页23）；相反，更准确的译法是"最广泛适用的"，译者在其他地方都使用了这个惯用语（比如，1.20、1.26、1.92）。"最广泛可行的"是字面意思上词对词的翻译，但是，由两个词语组合在一起所形成的习语，却并不意味着"对绝大多数人是可行的"（比如"理论意义上"），而是"适用于绝大多数情况"（对比 et late patet et ad multos pertinet［如此广泛适用，又与很多人相关］以及上下文，《论演说家》1.235）。纽顿的疏忽之所以值得留意，是因为它变更了读者的理解，即西塞罗怎样对他的儿子也就是《论义务》中的受教者说教。在这里，西塞罗要求其子思考多种情况中所蕴含的道理，以唤起其哲学上的自信，同时还强调一定要洞悉个中就里，否则哲学上的自信就是自取其辱，因为绝大多数人不费吹灰之力就能靠近其中的道理。

这类失误并不常见，译本就整体而言十分忠实于原文，不仅体现在词语的选择和连贯上，风格亦是惟妙惟肖。纽顿在导言中说，西塞罗"以绚丽环复的散文而非简练整严的铭文写作"（页10），其实，他自己已然成功地用出色的文字再现了西塞罗的文风。

纽顿长达二十六页的疏论（interpretive essay）没有列于译本封面，但却是不可多得的研究，与精雕细琢的《论义务》相得益彰。

出于对原著的维护,译者暂时假定,他可以避免一种普遍倾向,即一些人认为此书仅仅为西塞罗率尔操觚之作,由此他们想当然地觉得其中必有恍惚之处和潜在矛盾。恰恰相反,纽顿说这部作品存在着双重张力:名、利愈明,智、义愈微(页180－181)。《论义务》中,智慧和正义的紧张表现在整全的明智举动和寻常的明智举动之间的冲突,西塞罗一般会不动声色地呈现这种确定的矛盾,例如他表面上支持某种常识,但是紧随其后便提出质疑(页184)。纽顿论证说,西塞罗在别处亦如法炮制,他在为寻常的明智之举规定准则(如义与利)时,又"让读者考虑整全的明智之举,就好像在否定寻常的明智之举"(页198)。问题是,整全的明智之举即智慧的明智之举可能最终会导致某种区分,西塞罗转弯抹角地以两种泾渭分明的智慧定义加以处理:首先是"神意的认知"(廊下派的定义),其次为"人神之知以及形成人神之知的因由"(页199,引1.153及2.5),与前者不同,后者未将智慧次列于神意之下,而是坚决将智慧奠基于人性之知上。我们或许会说,神是什么(quid sit deus?)的问题涵盖了人是什么(quid sit homo?)的问题。

单单纽顿的研究疏论就令译文更值得阅读。通过对《论义务》(以及其他西塞罗作品)的整体和各个部分的细致考察,我们就会发现译本自身就会展现出深富的洞见,这样的译作当然就不能简单地视为一个二手文献了。显然,这是经年浸淫于西塞罗整部作品得出的成果,当中还有悉心的思考。

不过,还是会有人怀疑,是否就没有什么疑问存在,而这种质疑是否就不会改进或拓展纽顿的出色解释。例如,在一处脚注中(页144注释122),纽顿有一段解释西塞罗评价其子的文字:西塞罗有时传达的说法,可能会抑制沉思性的问题,因为"这些说法对大家和马尔库斯都有意义，他们更渴望生活的要义而非沉思问题"（纽顿同样在疏论开头做出这番解释，页173）。鉴于西塞罗在《论义务》每卷开篇（也在整本书的结尾）都是发言者——"吾儿，马尔库斯"，我们可以认为西塞罗希望不断地提醒本书的读者注意特殊的听者马尔库斯，并进而认为在西塞罗看来听者是谁的问题至关重要。纽顿不失时机地吸引读者注意到这一点，但是，笔者不相信，像马尔库斯这样的人确实只追求生活的规范，却不追求西塞罗期待他们所做的事情。西塞罗在《论义务》中试图引导的问题当中，或许有些问题是这些人也怀有深思的渴望的，渴望这些问题依旧对他们认为的"沉思"领域敞开——因此也就是让这些问题在道德层面上悬而未决，也就是在一般意义上悬而未决；他们如此渴求的原因，就是为了不受某种道德命令的确定性的束缚，因为在这种具体的道德命令中，反抗道德命令的强烈渴望又在驱使着他们（对比3.72 - 81，有人也可能想到《王制》中的格劳孔和阿德曼图斯）？笔者看来，在很大程度上这就是西塞罗所谓乖异的审慎模仿（perverse imitation of prudence），他将这种模仿等同于某种糟糕的信念（比如3.113，对照《论法律》1.50）。从这一层面说，笔者与纽顿的分歧在于，他把整个卷三的 malitia 译为"恶意"，但这个翻译上的小问题也许会遗祸无穷。Malitia，简言之即"糟糕的信念"，而恶意特指蓄意伤害他人，malitia 以及 dolo malo（故意欺骗，3.92）仅仅意味这种念头：有从他人的损失中获利的意愿却无行动的念头（fide，凭靠［善良的］念头）。西塞罗提醒我们，他的儿子一直在修习哲学，而哲学所能唤起的某种道德质疑极易表现得像是一种对道德规定的裁断。西塞罗写作时突出政治，这种做法的目的和原因是同一的，这样就极大地促成了哲学审判道德的危险。如果西塞罗怀疑糟糕的信念——但非实际的恶意——会对其子产生莫大的不良影响,而他的儿子竟未意识到自己的糟糕信念,那么,他为自己的儿子规定和证明"责任"的正当性最有可能揭示出,自己凭借善意构想着真正哲人族的"明智之举"。另一方面,西塞罗对明智之举和道德义务(通常的明智之举)之间关系的理解,读者要想接近的话,很大程度上依赖读者本人接近文本中的这些可能。

尽管笔者与纽顿在个别地方稍有分歧,但是其译本堪称典范,这也许是首次小心翼翼地以英语的形式复活西塞罗的名著。译本值得至高的称赞:迄今为止,纽顿所译《论义务》就是西塞罗的原著。

福特所译的《论共和国》和《论法律》同样令人印象深刻。他和纽顿面对同一位作者,但面临着不同的问题。拙文只关注一个主要的差异。《论义务》的抄本几乎完全保存下来,但《论共和国》和《论法律》有相当重要的一部分未能留存下来——大段的缺损经常打断现存的文本(《论共和国》尤甚)。此外,现存的西塞罗著述中,他没有提到《论法律》,也许他从未写完。"看看我的业绩(works)吧,纵然是一世之雄也定然会颓然而绝望。"①

即便如此,我们还是可以窥见西塞罗残篇中一位与他人对谈的卓越思考者。例如,西塞罗萃取了柏拉图《法义》中对个人虔敬的献祭和献身活动的看法,很明显,西塞罗的做法带有并举的意味,柏拉图在《法义》中教导说,道德越轨和违法犯罪的习惯,要予以

---

① [译按]语出雪莱《奥西曼迭斯》一诗,采用江枫,见《雪莱诗选》,江枫译,北京:中央编译出版社,2004,页57。查良铮译为"强悍者,谁能和我的业绩相比",见《雪莱抒情诗选》,查良铮译,北京:人民文学出版社,1993,页37;另有译为"看我丰功伟绩,强者,快自叹弗如",见《雪莱诗选》,杨熙龄译,济南:山东大学出版社,1999,页36。

谴责，还要处以相应的惩罚（《论法律》2.43-5，《法义》955e-956c）。①西塞罗显然比柏拉图更加强调的是，相比神的正义，个人向神献祭或许与接受明显更低的人类正义相冲突。但是，人类正义的可能——甚至，或许根本上成为人的可能——从根基上以某种或另外的形式依赖于神与人的对比（《论法律》2.16）。尽管切断了柏拉图《法义》中呈现出的问题所做的一劳永逸的唯一解决方案，但是，西塞罗还是表示柏拉图本人关注这一经久不变的问题仍属正当。

另一方面，西塞罗以稍许微妙——或者比较微妙——的方式构造《论共和国》的框架，令读者对文本的开篇疑窦丛生：交谈伊始只有两人（包括对话的发起者斯基皮奥），之后其他人逐次加入，遂而改变了交谈的进程。刚开始的两人交谈过后，公认的"这次谈话的权威来源"接踵而至（《论共和国》1.17，对比1.13），可是西塞罗又复述了刚才两人的谈话，几乎是逐字逐句地复述（1.14-6）。这也几乎预示了斯基皮奥稍后叙述罗马共和国取得辉煌的方式，尤其是公认无法说清的罗慕路斯建城的起源（可对比斯基皮奥的公开说法，他曾多次表明他只愿意依赖罗慕路斯建城的历史传统），继而说建城的起源真实清楚（斯基皮奥在《论共和国》2.5的所有叙述中都删去了"据说"，并继续把罗慕路斯的整个历史当作事实叙述，直至2.17；就在这里，仅仅在某次不得不说罗慕路斯厕身于众神之中时，他使用了"据认为"或"据说"）。斯基皮奥说过罗马的起源后，接着讨论统治者的问题，即谁能承继罗慕路斯的衣钵。每一位继任者前赴后继，罗马共和国即以这种方式达至辉煌的顶峰。斯基

---

① 提及《论共和国》《论法律》指西塞罗的著作，提到柏拉图的《理想国》《法义》时则冠以作者的名字。

皮奥在对话中所叙述的，反映了各位交谈者进行对话时的一举一动。这些彼此相映的内容让彼此的假设都成了疑问。

总之，《论共和国》和《论法律》即便在残缺的情况下，也值得并足以引起严肃的思考。在此，越过雪莱，我们想到丁尼森的诗句："尽管已经达到的多，未知的也多。"①

因此，我们由衷感谢福特优异的忠实翻译。福特依据鲍威尔（J. G. F. Powell）新校勘的文本②——鲍威尔的译本是首个贴近的英文译本，③但他也使用齐格勒（Ziegler）早先校勘本标准的章节划分，尽管齐格勒本与鲍威尔本多有出入，还是颇为有用（《论共和国》卷3-6，以及未确定的残篇）。既然鲍威尔的校勘本取代齐格勒（半个世纪以前的通用本）有待时日，那么对于福特的读者来说，将齐格勒考虑在内就意味深长。同样，福特对鲍威尔的语文学洞见善加利用，却不迁就其人时常自负的文本猜想和修正。福特晓得一位优秀译者的质素，尽管一时与抄本相异，或觉得经过修正也许比抄本要好，但也未敢轻易动手。福特基本依照鲍威尔大量重新排布后的文本次序，因此鲍威尔将齐格勒归入卷五的相当一部分章节，

---

① ［译按］出自丁尼生的《尤利西斯》一诗，采用飞白的译文，见《维多利亚诗选》上卷，飞白编译，长沙：湖南文艺出版社，2015，页84。另一译法为"已经提取的虽然多，留下的也多"，见《丁尼生诗选》，黄果炘译，上海：译文出版社，1995，页97。

② 见西塞罗，《论共和国》《论法律》《论老年》《论友谊》（*De re publica*, *De legibus*, *Cato Maior De senectute*, *Laelius De amicitia*），鲍威尔（J. G. F. Powell）校勘，New York：Clarendon，2006。

③ 蔡策尔最近在鲍威尔编辑本的基础上对1999年剑桥版的翻译做了小幅度修订，但是他没有打算与拉丁文保持一致。西塞罗，《论共和国》《论法律》（*De re publica*, *De legibus*），蔡策尔（James E. G. Zetzel）编译，Cambridge University Press，2017。

经推证后纳入卷三，福特也一仍其旧。但是，当他怀疑鲍威尔的论证时，便遵从抄本的读法，这一点尤为重要。

用福特自己的话说，他的生生之愿乃是"希望读者能够尽量用作者自己的语言理解作者"（页18，强调为福特本人所加）。这一愿望需要可读性很高的英文表达，适时用一个词语对应每个关键术语，尽量不用同义词（同上）。所以，genus 总指"类型"（type），除去西塞罗说到人类（genus hominum）的地方（例如《论共和国》1.39，《论法律》1.30），这些地方为了英文的可读，当然需要说人的"种类"（species）。Exemplum 一般指"模型"（model）（例如，《论共和国》2.55、2.66），virtus 经常指"德性"（virtue）。没有略去也未变更口头语（"众神在上"，"赫拉克勒斯在上"）以反映非异教的感觉。小心翼翼地处理 res publica：没有任何英文可以时时不打折扣地对译这个词，除非不介意丧失特殊意涵；福特权衡"共和国"（在可能的时候）和变化多端的"民有"（thing of the people），以让读者领会 res publica 出现的每一个地方所采取的译词，与此同时还保留了西塞罗原文的谈话节奏。其结果是，合辙而又清晰的译文如期而至，西塞罗指不定会把这种写作风格当作自己的风格。

即便如此，福特通篇采用"形式"（form）对译频频出现的 status（如《论共和国》1.33-34、1.68、2.30），笔者在一定程度上感到困惑：译本中的对话者经常说到"共和国的形式""城邦的形式"等等。鉴于《论共和国》《论法律》和柏拉图的《王制》《法义》在题名上明显关联，"形式"一词负载过重，而且 status 不可能在任何时候都类似于柏拉图的"形式"。西塞罗自己在别处一律将柏拉图的 eidos 和 idea 分别译为拉丁文 forma 和 species（《学园派》1.8-9，《论演说家》3.10，《论义务》1.15），在笔者看来，意图很明显，西塞罗很少将这些词运用到《论共和国》中——现存的文本中只出现过四次（《论共和国》1.52、2.51、5.1、6.30）。不过用"形式"翻译 status，forma 译为形状，species 译作表象，英语读者不会注意这种欠妥的译法。对于普通的拉丁语译成普通英语，这些译法不是错误（它们确实十分准确），可是柏拉图指涉的特殊意涵就消失了。福特较少用到 status 的对应词"状况"（condition）（如《论共和国》1.43 处第二次使用 status），笔者觉得这个词适用于 status 出现的每一个地方（如"共和国的状况""城邦的状况"等等），此外，"状况"表明永恒流变过程中一种暂时的状况，却不意味着发展的稳定基础。笔者在此不甚清楚，为什么译者没有首选"状况"并等闲视之。

像对纽顿的译本稍有异议一样，笔者就一些特殊用语与福特持有相异的看法，目的都是为了强调福特殚精竭虑的努力，正是由于这种努力，他的译本才能够取得最大可能的前后一致。尽管笔者对些许用语（却又很重要）持有不同看法，但它们的裁取并非福特率性所至。比如，"形式"和"形状"虽未列入术语索引中（笔者可能不同意这一点），然而处处对应 status 和 forma 这两个拉丁文。译本还显示出，福特对一些他认为无关紧要的词语亦倾心倾力使之在译文中保持高度一致。他假定西塞罗的文本字字珠玑，决然地拒绝呈现自己对这些文本的发挥，并赋以这些用语的首要意义、次要及再次意义同等的关注。如此谨小慎微正是一流译者的象征，福特的翻译异常突出地忠实于西塞罗的政治名著。正如纽顿的译本，出于同样的理由，福特的译本获得至高赞誉乃实至名归。

《以美为鉴》与中国问题

贺晴川

在日益喧嚣的文化市场上,学人要么像斯宾诺莎那样闭门不出,埋首学术,要么像苏格拉底那样到处找人论辩,吸引和教育好学青年——刘小枫先生为文劝学的风格更似后者。其新著《以美为鉴》的论辩对手是当代西方学术的一座重镇,即以波考克和斯金纳为首的剑桥学派。剑桥学派专事政治思想史研究,特色是强调历史中话语和行动的实际社会影响,而非伟人经典自身的说理和意图。凭借这种方法,他们发掘了一种从意大利文艺复兴直到美利坚立国的"公民共和主义"传统。

刘小枫则力图透过施特劳斯学派与剑桥学派的论争,批判斯金纳和波考克在经典解读和政治史研究方面的主观曲解;但这只是《以美为鉴》表面的学术兴趣。为什么刘小枫要向中国读者介绍这场美国学界的争论呢?他的主要意图是透过施特劳斯学派之眼,揭批剑桥学派骨子里迎合的西方政治思想新潮——"激进民主"。激进民主源于上世纪60年代的学运和民权运动，经过几十年的理论积淀，将扩大民主参与这一观念打造成了新的政治理想，如今时常透过"政治正确"、"公民自决"等形式爆发出来。剑桥学派几乎同时兴起于60年代风潮，他们的"公民共和主义"也是激进民主的弄潮儿，从学术象牙塔逐渐影响到了一般的美国大学教育。就其意识形态来看，剑桥学派大声呼吁人们走出私人领域，参与公共政治事务，实现全体公民的自主统治。

可是，这必然冲撞了现代政治的主流制度，尤其目前公认为未来政治两条道路的中美大国。美国和中国一样是实行代议制的民主国家，只不过美国的特色是三权分立，中国是人民代表大会制度。中国学人一直对"美国立国原则"抱有学习亲近的态度：两国同为民主国家，治国理政的实际主体都是人民依法委任的政治代表，而非人民本身。但是，随着激进民主观念在欧美公共领域里越发强势，代议制普遍遭到了严重冲击，走中国特色民主道路的有识之士自然也会抱有同样的忧患。这就启示我们重新翻看美国政治传统，尤其留心美国如何发生了从自由民主到激进民主的转变。《以美为鉴》认为，美国的激进民主与主流的自由民主制度一脉相承，根本上暴露了自由民主制本身的弊病。因此，反思自由民主的基础理念"个人自由"和"政治平等"，搞清楚西方民主与近代启蒙历史的真正关系，也许有助于中国反省自身的民主进程。

一

众所周知，美国的立国原则载于《独立宣言》和联邦宪法这两大基础文本中，而传统一直将洛克哲学视为美国立国的精神源头，坚持所有人天然拥有追求自由、平等和私有财产的权利。就意识形态层面而言，洛克的自然权利论可以呈现出保守和激进的不同面向，事实上也在美国不同历史时期产生了不同的影响。例如南北战争时期，林肯坚持宪法规定的联邦统一，武力镇压了南方奴隶州诉诸自由优先的宪法原则来退出联邦的企图；而到了上世纪中叶，随着黑人、妇女以及少数群体的权利意识高涨，宪法解释则越来越朝着扩大民权、保障人民政治参与的方向发展。

刘小枫对比了两个耐人寻味的现象：美国的历史道路是"从右到左"，中国的历史道路则是"从左到右"（页360）。在普通公民看来，左翼政治有着法国大革命时期雅各宾统治的历史污点，危害个人自由，不啻为黑暗的极权专政。刘小枫则提醒我们，中国历史有着不同于西方现代史的特殊性：

> 我们从"左"到"右"的运动模式仅仅表明，我们在外敌煎逼的危难处境中要形成民族国家性质的共和国，就不得不反其道而行。（页361）

中国走上了社会主义革命道路，对人民开展广泛的政治动员，这更多是出于"救亡"而非"启蒙"的动机。纵览中国近代史，国家自由显然优先于个人自由。这足以表明，中国语境的左右两派其实不像西方那样，仅仅围绕个人自由的厚薄多寡来划定敌友，而是共同背负着国家自由和民族独立的历史使命。

不过，美国的激进民主派——尤其是剑桥学派力倡的公民共和主义——同样援引国家自由作为理据。波考克强调，唯有激发全体公民共同参政的热情，捍卫自主统治的"积极自由"，才能有效克服权力腐败，实现国家的强大和自由。相反，代议制一味严守公共领域与私人领域之别，保护个人追求生命、安全和财产的"消极自由"不受侵犯，这无异于将全体人民的权力拱手让给少数代表，必将导致国家的腐败和衰弱。

剑桥学派拟制了一种据说源于古希腊罗马、由马基雅维利复兴的"个体公民积极参与政治的美德"（页1），认为它才是奠定美国强大的真正基础。但是，基于政治史的常识和专业研究，刘小枫指出：美国的强大未必与民主政治有什么关系，反倒是因为其远离欧陆的优越地理位置，以及两次世界大战造成东西方文明整体衰落的机运。更重要的是，年轻的美国不仅运气好，行事也像马基雅维利给大胆年轻人的建议一样，"偶尔背离自由和正义原则"，信奉"马基雅维利主义"（页27）；这不禁令人想起这个"自由帝国"如今的霸权主义行径。至于民主本身与国家强大的关系而言，雅典毁于民主盛期的扩张野心，神圣罗马帝国也因基督教下层民主运动引发的宗教改革而四分五裂，意大利崇尚民主共和的诸邦国更是从未登上欧洲列强的世界历史舞台；纵览西方历史，也足以证明这两者其实没什么直接联系。

相比于盛衰一时的成败机运，我们中国人倒是更看重帝王将相、人杰事功的"道德品质"。因此，刘小枫要对无论代议制民主还是激进民主一道展开道德审查，而这两者共享的道德理想都是"个人自由"。有一种意见认为，自由民主是"尽责的政体"，会教育公民为了自由"负责"甚至于"牺牲"（页294）……但怎么教育？多数天性耽于自保和享乐欲望的人，只是凭借自由追求私欲，却几乎不会为了自由而牺牲欲望，所以，打着"自由"旗号的公民德性教育难有实效。此外，自由民主的国家在法理上也无权强制塑造公民的献身精神，否则就会惹来侵害私人领域的专制骂名。至于少数天性有献身精神的人，他们献身是因为坚信某种绝对正确的价值，但自由主义否认一切价值的绝对性，这就等于说自由本身也不过是一种相对的价值，没有绝对正确的根据；面对"自己选择"却没道理坚信不疑的"自由价值"（页294），这类天性纯粹者难免遭遇韦伯式的精神冲突，直到陷入虚无。

二

自由需要美德的救护，所以应该让有德者的统治来填补自由，扶助民主。在很多人看来，美国的宪政体制就是民主原则下精英统治的典范，颇有罗马共和的古风。如何选举精英呢？自由民主除了坚持个人自由优先的原则，还强调所有人在参政权利上的机会均等，通过一人一票的民众选举体制，让所有人的"政治平等"成为选举"贤能"的基础条件（页165）。

但是如上所述，个人自由毕竟鼓励了多数人天生的欲望本性，以及道德相对主义的放任态度。这样一来，自由民主的体制不仅容易扭曲衡量人之优良中差品质的选拔标准，而且大多数民众参与选举的出发点实际上不过是私人的利益，民众选举只能"选出各方实际利益的权利代表"（页166）；按先贤荀子对这类政治人的人性辨识来看，他们往往是"志不免于曲私而冀人以己为公也"（《儒效篇》）。即便代表能够集合民众的意志，但这种意志最多只能表达为集体的私利，却无法保证美德政治。

以美国为例，这种代议制的弊病已经暴露了出来：一方面，私人化的利益和欲望总是会彼此冲突，挑起各方政治代表的不断党争，进而严重挫伤统治的权威与效率；更根本的是，民众选举其实只会让低层次的自然欲望而非自然美德成为衡量贤能的唯一标准，这不啻为扼杀贤人好德的天性，逼迫统治精英要么离开政治舞台，要么实际成为"商业和工业精英"（页171），最终仍然加剧了政治分裂、道德虚无和文明矮化。所以刘小枫认为，美国"在建制上是精英统治，在文化上是大众统治"（页159），但这一点差异其实意味着前者只是"形式"，后者才是"实质"（页299），因为贤人的培养和教育根本上已经接受了大众文化的统治。

刘小枫主张有德者统治，背后则是有如下常识性观点作为前提：

> 贤人好德是因为美德本身值得追求，常人则往往为了种种实际利益才好德。（页165）

常人没有热爱美德的天性，因为在常人看来，好德不等于有德性，有德性又不等于有能力，唯有带来实际利益、满足生活需要的能力才是评判政治绩效的唯一标准。因此，现代政治区分了政治与美德，让美德无条件服务于物质生活的改善，同时人为设计了一种适合这种政治底线的"普遍道德"来抹去人们的道德差异，就像美国主流政治学表达的那样：要找到一套好的制度，哪怕人皆禽兽也能成就！他们也许忘了，人并非天然即为禽兽，好坏都是教育的结果。美国的自由民主很难提出像孔子那样因材施教的"道德教育问题"，而是一心考虑"解决人的生存条件和生存机遇"的体制问题（页190）。

自由民主制一味强求平等，无异于压抑贤人的好德天性。相反，古典政治始终考虑和安顿不同人在智识和道德性情上的自然差异。人与人的自然差异，归根结底就是爱欲的差异：常人爱欲利益，这是人性自然较低的、不牢靠的一面，要想使其塑造为"低且稳固"

的基础，那就要靠礼法的强制约束；贤人爱欲美德，相信有最高意义的美德——亦即有自然或神圣作为根基的美德本身存在，所以需要有德性教育甚至于更高的哲学教育来养护和引导。一高一低的自然人性，实乃政治生活的永恒张力，所以，现实最可行的理想只能是维持一个"和光同尘"（页171）的混合政制。但美国的自由民主制显然不够混合，正如文化保守主义者常常注意到一个事实：大众文化甚至已经浸染到了离世俗社会最远的大学，放任各种激进的平权意识和"政治正确"主导课堂。知识界的有识之士显然面临一个十字路口的抉择，要么屈服于学院内外的政治激情和民主教育，摇身成为民众意见的领袖；要么坚守自身的贤人性情和判断力，同时身体力行地将传统大学的博雅教育理念保管和传承下去。

三

在刘小枫笔下，美国作为历史上"第一个凭靠一套政治观念来建立的国家"（页6），立国原则尚且还有严重的道德缺陷。于是我们不禁想到：民主观念是启蒙运动的产物，也是启蒙哲学家教育大众摆脱传统束缚、实现自由平等后的历史成果。既然民主政治普遍存在这些道德困难，那是否意味着我们对启蒙历史的认识也有不足？

刘小枫强调，只有将"启蒙"理解为一个永恒的哲学问题（而非单纯的思想史问题），批判地考察和还原其本相，才有利于"历史"尚未终结的中国认清自己未来的道路。民主启蒙的历史，不是什么古已有之的民主观念在革命精神的推动下逐渐燃遍大西洋两岸一直到全世界的简单历史，而是启蒙哲人在动员和教导全体人民参与政治后，启蒙教育越来越追不上人民不断扩张的政治自由的历史。

刘小枫援引施特劳斯的一个绝妙比喻，称其为启蒙教育与自由民主的赛跑：

> 自上而下的启蒙与人民行使其自由的方式之间，终究存在着一种滞后。人们甚至可以谈论一种赛跑。（页192）

这场赛跑看似喜剧，但在西方近代历史上带来了剧烈的政治动荡和文化变革。举例而言，在英国人民弑君很久之后，洛克直到晚年才以革命权学说"追认人民有弑君的政治权利"（页203）；法国大革命确立了人民主权，康德紧接着试图普及极其艰深的"道德形而上学论证"，承认每个人单凭"良好意图"就能自称"道德存在者"（页196），但大革命时期民众的暴动和雅各宾派恐怖统治，无异于给康德的道德理想蒙上了深刻的阴影；美国革命毫无现实传统的负担，而是基于所有人的自然权利作为最高的观念原则，虽然有几位国父最初设计了代议制宪政来约束自然权利论隐含应许给所有人的政治自由，但在两百年以后，还是有阿伦特等人听到了"直接民主"（页207）呼声的幽暗诱惑，呼吁将政治权力重新交给所有人。对于知识人而言，现代性的道德蜕化不能完全归因于技术文明或者商业生活之类的外在因素，而是首先要检讨自己是否坚守了独立的人格和道德品质，自己的教育是否还承载着文明的理想，否则难免沦为民众的谄媚者，进而让启蒙逐渐失去教育的内涵，甚至失去了道德意图。

启蒙哲学家放弃了由道德教育保证的贤能政治，把捍卫人民的政治自由视为唯一目的，同时将看护道德的义务丢给了实际上没有能力追问道德价值的技术专家和官僚。在关心美国未来的政治哲学家看来，美国的地缘条件和历史机运如此之好，却被大众文化的统治逐渐侵蚀了文明的理想,实在可惜。但对于背负着悠久历史的中国来说,刘小枫以美为鉴体察中国得失,归根结底透露了他对中国文明传统的士人关切:

> 中国的文明传统如此高贵、如此雅正,人民被教育得如此良善,如此嫉恶如仇,若有一天被"大众文化统治"彻底败坏,难道我们不会痛心疾首?(页218)

像启蒙赛跑这样的悲喜剧,难道还要在未来的中国再度重演吗?

(作者为中国人民大学古典学博士生)

图书在版编目（CIP）数据

地缘政治学的历史片段/娄林主编. --北京：华夏出版社，2018.12
（经典与解释）
ISBN 978-7-5080-9611-7

Ⅰ.①地… Ⅱ.①娄… Ⅲ.①政治地理学-思想史-世界 Ⅳ.①K901.4-091

中国版本图书馆CIP数据核字(2018)第267232号

地缘政治学的历史片段

主　　编	娄　林
责任编辑	马涛红
责任印制	刘　洋
出版发行	华夏出版社
经　　销	新华书店
印　　刷	三河市少明印务有限公司
装　　订	三河市少明印务有限公司
版　　次	2018年12月北京第1版 2018年12月北京第1次印刷
开　　本	880×1230　1/32
印　　张	9.375
字　　数	210千字
定　　价	59.00元

华夏出版社　地址:北京市东直门外香河园北里4号　邮编:100028
网址:www.hxph.com.cn　电话:(010)64663331(转)
若发现本版图书有印装质量问题，请与我社营销中心联系调换。

西方传统：经典与解释
Classici et Commentarii
HERMES
刘小枫◎主编

古今丛编
货币哲学 [德]西美尔 著
孟德斯鸠的自由主义哲学
——《论法的精神》疏证 [美]潘戈 著
莫尔及其乌托邦 [德]考茨基 著
试论古今革命 [法]夏多布里昂 著
但丁：皈依的诗学 [美]弗里切罗 著
在西方的目光下 [英]康拉德 著
大学与博雅教育 董成龙 编
探究哲学与信仰
——基尔克果与苏格拉底 [美]郝岚 著
民主的本性
——托克维尔的政治哲学 [法]马南 著
梅尔维尔的政治哲学
——《切雷诺》及其解读 李小均 编/译
席勒美学的哲学背景 [美]维塞尔 著
果戈里与鬼 [俄]梅列日科夫斯基 著
自传性反思 [美]沃格林 著
黑格尔与普世秩序 [美]希克斯 等著
新的方式与制度
——马基雅维利的《论李维》研究
[美]曼斯菲尔德 著
科耶夫的新拉丁帝国 [法]科耶夫 等著
《利维坦》附录 [英]霍布斯 著
或此或彼（上、下） [丹麦]基尔克果 著
海德格尔式的现代神学 刘小枫 选编
双重束缚 [法]基拉尔 著
古今之争中的核心问题
——施米特的学说与施特劳斯的论题 [德]迈尔 著
论永恒的智慧 [德]苏索 著
宗教经验种种 [美]詹姆斯 著
尼采反卢梭 [美]凯斯·安塞尔-皮尔逊 著
舍勒思想评述 [美]弗林斯 著
诗与哲学之争 [美]罗森 著

神圣与世俗 [罗]伊利亚德 著
但丁的圣约书 [美]霍金斯 著

古典学丛编
探究希腊人的灵魂 [美]戴维斯 著
尤利安文选 马勇 编/译
论月面 [古罗马]普鲁塔克 著
雅典谐剧与逻各斯
——《云》中的修辞、谐剧性及语言暴力
[美]奥里根 著
莱园哲人伊壁鸠鲁 罗晓颖 选编
《劳作与时日》笺释 吴雅凌 撰
希腊古风时期的真理大师 [法]德蒂安 著
古罗马的教育 [英]葛怀恩 著
古典学与现代性 刘小枫 编
表演文化与雅典民主政制
[英]戈尔德希尔、奥斯本 编
西方古典文献学发凡 刘小枫 编
古典语文学常谈 [德]克拉夫特 著
古希腊文学常谈 [英]多佛 等著
撒路斯特与政治史学 刘小枫 编
希罗多德的王霸之辨 吴小锋 编/译
第二代智术师
——罗马帝国早期的文化现象 [英]安德森 著
英雄诗系笺释 [古希腊]荷马 著
统治的热望
——修昔底德笔下的阿尔喀比亚德和帝国政治
[美]福特 著
论埃及神学与哲学
——伊希斯与俄赛里斯 [古希腊]普鲁塔克 著
凯撒的剑与笔 李世祥 编/译
伊壁鸠鲁主义的政治哲学
[意]詹姆斯·尼古拉斯 著
修昔底德笔下的人性 [美]欧文 著
修昔底德笔下的演说 [美]斯塔特 著
古希腊政治理论 [美]格雷纳 著
神谱笺释 吴雅凌 撰
赫西俄德：神话之艺
[法]居代·德·拉孔波 等著

赫拉克勒斯之盾笺释　罗逍然 译笺
《埃涅阿斯纪》章义　王承教 选编
维吉尔的帝国　[美]阿德勒 著
塔西佗的政治史学　曾维术 编

古希腊诗歌丛编
古希腊早期诉歌诗人　[英]鲍勒 著
诗歌与城邦　[美]费拉格、纳吉 主编
阿尔戈英雄纪（上、下）
[古希腊]阿波罗尼俄斯 著
俄耳甫斯教祷歌　吴雅凌 编译
俄耳甫斯教辑语　吴雅凌 编译

古希腊肃剧注疏集
希腊肃剧与政治哲学　[美]阿伦斯多夫 著

古希腊礼法
希腊人的正义观　[英]哈夫洛克 著

廊下派集
廊下派的神和宇宙　[墨]里卡多·萨勒斯 编
廊下派的城邦观　[英]斯科菲尔德 著

希伯莱圣经历代注疏
希腊化世界中的犹太人　[英]威廉逊 著
第一亚当和第二亚当　[德]朋霍费尔 著

新约历代经解
属灵的寓意　[古罗马]俄里根 著

基督教与古典传统
保罗与马克安
——一种思想史考察　[德]文森 著
加尔文与现代政治的基础　[美]汉考克 著
无执之道
——埃克哈特神学思想研究　[德]文森 著
恐惧与战栗　[丹麦]基尔克果 著
托尔斯泰与陀思妥耶夫斯基
[俄]梅列日科夫斯基 著
论宗教大法官的传说　[俄]罗赞诺夫 著
海德格尔与有限性思想（重订版）
刘小枫 选编
上帝国的信息　[德]拉加茨 著
基督教理论与现代　[德]特洛尔奇 著

亚历山大的克雷芒　[意]塞尔瓦托·利拉 著
中世纪的心灵之旅
——波纳文图拉神学著作选　[意]圣·波纳文图拉 著

德意志古典传统丛编
彭忒西勒亚　[德]克莱斯特 著
穆佐书简　[奥]里尔克 著
纪念苏格拉底　哈曼文选　刘新利 选编
夜颂中的革命和宗教
——诺瓦利斯选集卷一　[德]诺瓦利斯 著
大革命与诗话小说
——诺瓦利斯选集卷二　[德]诺瓦利斯 著
黑格尔的观念论　[美]皮平 著
浪漫派风格——施勒格尔批评文集　[德]施勒格尔 著

美国宪政与古典传统
美国1787年宪法讲疏　[美]阿纳斯塔普罗 著

世界史与古典传统
西方古代的天下观　刘小枫 编
从普遍历史到历史主义　刘小枫 编

启蒙研究丛编
浪漫的律令
——早期德国浪漫主义概念　[美]拜泽尔 著
现实与理性　[法]科维纲 著
论古人的智慧　[英]培根 著
托兰德与激进启蒙　刘小枫 编
图书馆里的古今之战　[英]斯威夫特 著

荷马注疏集
不为人知的奥德修斯　[美]诺特维克 著

品达注疏集
幽暗的诱惑
——品达、晦涩与古典传统　[美]汉密尔顿 著

欧里庇得斯集
自由与僭越
——欧里庇得斯《酒神的伴侣》绎读　罗峰 编译

阿里斯托芬集
《阿卡奈人》笺释　[古希腊]阿里斯托芬 著

色诺芬注疏集
居鲁士的教育　[古希腊]色诺芬 著
色诺芬的《会饮》　[古希腊]色诺芬 著

柏拉图注疏集

柏拉图书简　彭磊 译著

克力同章句　程志敏 郑兴凤 撰

哲学的奥德赛——《王制》引论　[美]郝兰 著

爱欲与启蒙的迷醉
——论柏拉图的《会饮》　[美]贝尔格 著

为哲学的写作技艺一辩
——《斐德若》疏证　[美]伯格 著

柏拉图式的迷宫——《斐多》义疏　[美]伯格 著

哲学如何成为苏格拉底式的　[美]朗佩特 著

苏格拉底与希琵阿斯　王江涛 编译

理想国　[古希腊]柏拉图 著

谁来教育老师——《普罗塔戈拉》发微　刘小枫 编

立法者的神学
——柏拉图《法义》卷十绎读　林志猛 编

柏拉图对话中的神　[法]薇依 著

厄庇诺米斯　[古希腊]柏拉图 著

智慧与幸福
——柏拉图的《厄庇诺米斯》　程志敏 选编

论柏拉图对话　[德]施莱尔马赫 著

柏拉图《美诺》疏证　[美]克莱因 著

政治哲学的悖论
——苏格拉底的哲学审判　[美]郝岚 著

神话诗人柏拉图　张文涛 选编

阿尔喀比亚德　[古希腊]柏拉图 著

叙拉古的雅典异乡人
——柏拉图《书简七》探幽　彭磊 选编

阿威罗伊论《王制》　[阿拉伯]阿威罗伊 著

《王制》要义　刘小枫 选编

柏拉图的《会饮》　[古希腊]柏拉图 等著

苏格拉底的申辩（修订版）　[古希腊]柏拉图 著

苏格拉底与政治共同体　[美]尼柯尔斯 著

政制与美德——柏拉图《法义》疏解　[美]潘戈 著

《法义》导读　[法]卡斯代尔·布舒奇 著

论真理的本质　[德]海德格尔 著

哲人的无知　[德]费勃 著

米诺斯　[古希腊]柏拉图 著

亚里士多德注疏集

亚里士多德《政治学》中的教诲　[美]潘戈 著

品格的技艺　[美]加佛 著

亚里士多德哲学的基本概念　[德]海德格尔 著

《政治学》疏证　[意]托马斯·阿奎那 著

尼各马可伦理学义疏
——亚里士多德与苏格拉底的对话　[美]伯格 著

哲学之诗
——亚里士多德《诗学》解诂　[美]戴维斯 著

对亚里士多德的现象学解释　[德]海德格尔 著

城邦与自然——亚里士多德与现代性　刘小枫 编

论诗术中篇义疏　[阿拉伯]阿威罗伊 著

哲学的政治
——亚里士多德《政治学》疏证　[美]戴维斯 著

普鲁塔克集

普鲁塔克的《对比列传》　[英]达夫 著

普鲁塔克的实践伦理学　[比利时]胡芙 著

阿尔法拉比集

政治制度与政治箴言　阿尔法拉比 著

莎士比亚绎读

莎士比亚的历史剧　[英]蒂利亚德 著

莎士比亚戏剧与政治哲学　彭磊 选编

莎士比亚的政治盛典　[美]阿鲁里斯/苏利文 编

丹麦王子与马基雅维利　罗峰 选编

洛克集

上帝、洛克与平等　[美]沃尔德伦 著

卢梭集

论哲学生活的幸福　[德]迈尔 著

致博蒙书　[法]卢梭 著

政治制度论　[法]卢梭 著

哲学的自传
——卢梭的《孤独漫步者的遐思》　[美]戴维斯 著

文学与道德杂篇　[法]卢梭 著

设计论证
——卢梭的《社会契约论》　[美]吉尔丁 著

卢梭的自然状态　[美]普拉特纳 等著

卢梭的榜样人生
——作为政治哲学的《忏悔录》　[美]凯利 著

莱辛注疏集
- 汉堡剧评 [德]莱辛 著
- 关于悲剧的通信 [德]莱辛 著
- 《智者纳坦》研究版 [德]莱辛 等著
- 启蒙运动的内在问题
  ——莱辛思想再释 [美]维塞尔 著
- 莱辛剧作七种 [德]莱辛 著
- 历史与启示——莱辛神学文选 [德]莱辛 著
- 论人类的教育
  ——莱辛政治哲学文选 [德]莱辛 著

尼采注疏集
- 尼采引论 [德]施特格迈尔 著
- 尼采与基督教
  ——尼采的《敌基督》论集 刘小枫 编
- 尼采眼中的苏格拉底 [美]丹豪瑟 著
- 尼采的使命
  ——《善恶的彼岸》绎读 [美]朗佩特 著
- 尼采与现时代
  ——解读培根、笛卡尔与尼采 [美]朗佩特 著
- 动物与超人之间的绳索 [德]A.彼珀 著

施特劳斯集
原著
- 论僭政（重订本）——色诺芬《希耶罗》义疏 [美]施特劳斯 [法]科耶夫 著
- 苏格拉底问题与现代性（增订本）
  ——施特劳斯讲演与论文集：卷二
- 犹太哲人与启蒙（增订本）
  ——施特劳斯演讲与论文集：卷一
- 霍布斯的宗教批判
- 斯宾诺莎的宗教批判
- 门德尔松与莱辛
- 哲学与律法——论迈蒙尼德及其先驱
- 迫害与写作艺术
- 柏拉图式政治哲学研究
- 论柏拉图的《会饮》
- 柏拉图《法义》的论辩与情节
- 什么是政治哲学
- 古典政治理性主义的重生（重订本）
- 回归古典政治哲学——施特劳斯通信集
- 苏格拉底与阿里斯托芬

研究作品
- 论源初遗忘
  ——海德格尔、施特劳斯与哲学的前提 [美]维克利 著
- 政治哲学与启示宗教的挑战 [德]迈尔 著
- 阅读施特劳斯 [美]斯密什 著
- 施特劳斯与流亡政治学 [美]谢帕德 著
- 隐匿的对话
  ——施米特与施特劳斯 [德]迈尔 著
- 驯服欲望
  ——施特劳斯笔下的色诺芬撰述 [法]科耶夫 等著

施米特集
- 宪法专政
  ——现代民主国家中的危机政府 [美]罗斯托 著
- 施米特对自由主义的批判 [美]约翰·麦考米克 著

伯纳德特集
- 古典诗学之路（第二版）
  ——相遇与反思：与伯纳德特聚谈 [美]伯格 编
- 弓与琴（重订本）
  ——从柏拉图解读《奥德赛》 [美]伯纳德特 著
- 神圣的罪业 [美]伯纳德特 著

布鲁姆集
- 巨人与侏儒（1960-1990）
- 人应该如何生活——柏拉图《王制》释义
- 爱的设计——卢梭与浪漫派
- 爱的戏剧——莎士比亚与自然
- 爱的阶梯——柏拉图的《会饮》
- 伊索克拉底的政治哲学

沃格林集
- 自传体反思录 [美]沃格林 著

大学素质教育读本
- 古典诗文绎读 西学卷·古代编（上、下）
- 古典诗文绎读 西学卷·现代编（上、下）

中国传统：经典与解释
Classici et Commentarii
家亚再再
刘小枫 陈少明◎主编

《孔丛子》训读及研究 / 雷欣翰 撰
论语说义 / [清]宋翔凤 撰
周易古经注解考辨 / 李炳海 著
浮山文集 / [明]方以智 著
药地炮庄 / [明]方以智 著
药地炮庄笺释·总论篇 / [明]方以智 著
青原志略 / [明]方以智 编
冬灰录 / [明]方以智 著
冬炼三时传旧火 / 邢益海 编
《毛诗》郑王比义发微 / 史应勇 著
宋人经筵诗讲义四种 / [宋]张纲 等撰
道德真经藏室纂微篇 / [宋]陈景元 撰
道德真经四子古道集解 / [金]寇才质 撰
皇清经解提要 / [清]沈豫 撰
经学通论 / [清]皮锡瑞 著
松阳讲义 / [清]陆陇其 著
起凤书院答问 / [清]姚永朴 撰
周礼疑义辨证 / 陈衍 撰
《铎书》校注 / 孙尚扬 肖清和 等校注
韩愈志 / 钱基博 著
论语辑释 / 陈大齐 著
《庄子·天下篇》注疏四种 / 张丰乾 编
荀子的辩说 / 陈文洁 著
古学经子 / 王锦民 著
经学以自治 / 刘少虎 著
从公羊学论《春秋》的性质 / 阮芝生 撰

刘小枫集
以美为鉴：注意美国立国原则的是非未定之争
海德格尔与中国
古典学与古今之争［增订本］
这一代人的怕和爱［第三版］
沉重的肉身［珍藏版］
圣灵降临的叙事［增订本］
罪与欠
儒教与民族国家
拣尽寒枝
施特劳斯的路标
重启古典诗学
共和与经纶
设计共和
现代性与现代中国：现代性社会理论绪论
诗化哲学［重订本］
拯救与逍遥［修订本］
走向十字架上的真
卢梭与我们
西学断章
现代人及其敌人
好智之罪：普罗米修斯神话通释
民主与爱欲：柏拉图《会饮》绎读
民主与教化：柏拉图《普罗塔戈拉》绎读
巫阳招魂：《诗术》绎读

编修［博雅读本］
凯若斯：古希腊语文读本［全二册］
古希腊语文学述要
雅努斯：古典拉丁语文读本
古典拉丁语文学述要
危微精一：政治法学原理九讲
琴瑟友之：钢琴与古典乐色十讲

译著
普罗塔戈拉

经典与解释辑刊

1 柏拉图的哲学戏剧
2 经典与解释的张力
3 康德与启蒙
4 荷尔德林的新神话
5 古典传统与自由教育
6 卢梭的苏格拉底主义
7 赫尔墨斯的计谋
8 苏格拉底问题
9 美德可教吗
10 马基雅维利的喜剧
11 回想托克维尔
12 阅读的德性
13 色诺芬的品味
14 政治哲学中的摩西
15 诗学解诂
16 柏拉图的真伪
17 修昔底德的春秋笔法
18 血气与政治
19 索福克勒斯与雅典启蒙
20 犹太教中的柏拉图门徒
21 莎士比亚笔下的王者
22 政治哲学中的莎士比亚
23 政治生活的限度与满足
24 雅典民主的谐剧
25 维柯与古今之争
26 霍布斯的修辞
27 埃斯库罗斯的神义论
28 施莱尔马赫的柏拉图
29 奥林匹亚的荣耀
30 笛卡尔的精灵
31 柏拉图与天人政治
32 海德格尔的政治时刻
33 荷马笔下的伦理
34 格劳秀斯与国际正义
35 西塞罗的苏格拉底
36 基尔克果的苏格拉底
37 《理想国》的内与外
38 诗艺与政治
39 律法与政治哲学
40 古今之间的但丁
41 拉伯雷与赫尔墨斯秘学
42 柏拉图与古典乐教
43 孟德斯鸠论政制衰败
44 博丹论主权
45 道伯与比较古典学
46 伊索寓言中的伦理
47 斯威夫特与启蒙
48 赫西俄德的世界
49 洛克的自然法辩难
50 斯宾格勒与西方的没落
51 地缘政治学的历史片段